新迈腾汽车
维修与保养速查手册

杨智勇 刘 波 主编

化学工业出版社
·北京·

图书在版编目（CIP）数据

新迈腾汽车维修与保养速查手册/杨智勇，刘波主编.—北京：化学工业出版社，2019.6
ISBN 978-7-122-34047-4

Ⅰ.①新… Ⅱ.①杨…②刘… Ⅲ.①汽车-车辆修理-手册②汽车-车辆保养-手册 Ⅳ.①U472-62

中国版本图书馆CIP数据核字（2019）第043937号

责任编辑：周　红　　　　　　　文字编辑：冯国庆
责任校对：张雨彤　　　　　　　装帧设计：王晓宇

出版发行：化学工业出版社（北京市东城区青年湖南街13号　邮政编码100011）
印　　刷：北京京华铭诚工贸有限公司
装　　订：三河市振勇印装有限公司
787mm×1092mm　1/16　印张16½　字数413千字　2019年7月北京第1版第1次印刷

购书咨询：010-64518888　　　　　售后服务：010-64518899
网　　址：http://www.cip.com.cn
凡购买本书，如有缺损质量问题，本社销售中心负责调换。

定　　价：99.00元　　　　　　　　　　　　　　　　　　　版权所有　违者必究

前言

大众全新迈腾 B8L 轿车在 2014 年 10 月的巴黎车展上全球首发,一汽大众全新迈腾于 2017 年 9 月在长春上市,这也是大众集团第八代 B 级车。迈腾 B8L 以高端风尚的外形设计、智能创新的科技装备以及无与伦比的尊享体验,领创 B 级车市场新格局。该车型基本延续了海外版帕萨特车型的造型设计,相比于上款迈腾 B7 轿车,造型设计无疑更为年轻时尚。

作为大众全球领先的 MQB 平台最新力作,全新一代迈腾是一款既能彰显商务身份及领导者气魄,又能兼顾年轻风尚和品位生活的精英专属座驾,为追求高品质汽车生活的精英人群带来了一份惊喜,一份期待。

随着该车保有量的增加及技术不断升级换代,各型轿车配置和性能均有较大的不同。由于主要总成各异和电控部件增多,为了帮助广大维修人员、有关院校师生了解该车型的新结构和全面掌握该系列车型的维修方法,特编写本书。

本书以具有一定经验的汽车维修工人为目标读者群,围绕维修工人所关心的问题,全面、系统地介绍了大众全新迈腾系列轿车的使用与修理,着重分析了大众全新迈腾轿车各大总成、系统可能出现的各种故障,简要地阐明了排除故障的途径、判断故障的技巧,同时指出了维护保养及修理的方法。重点包括维修注意事项、重要部位的拆装检修、故障诊断方法、故障排除、电控系统维修注意事项、控制单元联网信息等内容。

本书内容简明实用、可读性强,可供从事大众全新迈腾系列轿车使用与维修方面工作的广大维修人员、驾驶人员以及大中专院校有关专业的师生阅读和参考。

本书由杨智勇、刘波主编,裴春良、郭大民、林景威和吴海龙副主编。杨智勇统稿。参加编写的还有冷天宇、赵金磊、邵旺、杨鑫、赵金昊、边伟、汪涛、尚丽、杨泽宇、王仕博、虎晓文、李洪安、姜义佳等。

在编写过程中,我们参考并引用了一些汽车厂家的技术资料和有关出版物,在此对参考文献的作者和为本书编写过程提供帮助的同志表示衷心的感谢。

由于笔者水平所限,书中不足之处在所难免,敬请广大读者批评指正。

编　者

目 录

第一章 整车部分 … 1
  一、车型简介 … 1
  二、常见故障维修 … 4
  三、车辆的使用与维护 … 6

第二章 发动机机械部分 … 9
  第一节 发动机结构与基本技术数据 … 9
    一、发动机结构与主要特点 … 9
    二、发动机基本技术数据 … 10
    三、发动机编号 … 11
  第二节 曲柄连杆机构 … 11
    一、气缸体 … 11
    二、气缸盖 … 12
    三、曲轴 … 15
    四、平衡轴 … 19
    五、活塞与连杆 … 19
  第三节 配气机构 … 22
    一、气门机构的结构 … 22
    二、新结构——凸轮轴相位调节及电子气门升程切换（AVS）… 22
    三、气门机构的检修 … 25
    四、链条传动机构 … 29
  第四节 润滑系统 … 34
    一、润滑系统的结构 … 34
    二、润滑系统的检修 … 36
    三、曲轴箱通风装置 … 39
    四、进、排气系统 … 40
  第五节 冷却系统 … 42
    一、冷却系统的结构 … 42
    二、冷却系统的检修 … 43

第三章　发动机电控系统 ………………………………………………… 46
第一节　发动机电控系统的结构及主要部件简介 …………………………… 46
　　一、发动机电控系统的结构 ……………………………………………… 46
　　二、发动机电控系统主要部件简介 ……………………………………… 51
第二节　发动机电控系统的检修 ……………………………………………… 55
　　一、发动机电控系统自诊断 ……………………………………………… 55
　　二、发动机电控系统的拆装 ……………………………………………… 61
　　三、发动机电控系统的检测 ……………………………………………… 67
第三节　点火装置 ……………………………………………………………… 70
　　一、点火装置的结构 ……………………………………………………… 70
　　二、带功率输出级点火线圈的拆装 ……………………………………… 71
第四节　废气涡轮增压装置 …………………………………………………… 72
　　一、废气涡轮增压装置的结构 …………………………………………… 72
　　二、废气涡轮增压器的拆装 ……………………………………………… 74
　　三、废气涡轮增压器的调整 ……………………………………………… 76
　　四、增压空气冷却器的拆装 ……………………………………………… 78
　　五、增压系统密封性的检查 ……………………………………………… 79

第四章　DSG 双离合自动变速器 ……………………………………… 82
第一节　基本知识 ……………………………………………………………… 82
　　一、认识 DSG 双离合自动变速器 ……………………………………… 82
　　二、2018 年款迈腾 B8L 双离合自动变速器简介 ……………………… 82
　　三、双离合器自动变速器的工作原理 …………………………………… 83
　　四、结构特点与优点 ……………………………………………………… 83
第二节　DQ380 双离合变速器 ……………………………………………… 84
　　一、DQ380 双离合变速器的结构 ……………………………………… 84
　　二、动力传递路线 ………………………………………………………… 90
　　三、液压系统 ……………………………………………………………… 92
　　四、控制系统 ……………………………………………………………… 94
　　五、DQ380 双离合变速器的拆装 ……………………………………… 101
第三节　DQ200 双离合变速器 ……………………………………………… 110
　　一、DQ200 双离合变速器的基本信息 ………………………………… 110
　　二、双离合变速器维修注意事项 ………………………………………… 111
　　三、DQ200 双离合变速器的拆装 ……………………………………… 112

第五章　电气设备 ……………………………………………………… 119
第一节　车载网络 ……………………………………………………………… 119
　　一、数据总线的布置 ……………………………………………………… 119
　　二、组件保护装置和防盗锁止系统 ……………………………………… 126
　　三、接线端控制 …………………………………………………………… 127
第二节　充电系统与启动系统 ………………………………………………… 128

  一、充电系统 ………………………………………………………………… 128
  二、蓄电池 …………………………………………………………………… 128
  三、交流发电机 ……………………………………………………………… 135
  四、启动系统 ………………………………………………………………… 143
 第三节 照明系统 ………………………………………………………………… 155
  一、卤素大灯 ………………………………………………………………… 155
  二、标准版 LED 大灯 ……………………………………………………… 156
  三、高配版 LED 大灯 ……………………………………………………… 160
  四、照明系统的联网 ………………………………………………………… 163
  五、尾灯 ……………………………………………………………………… 164
 第四节 舒适电气系统 …………………………………………………………… 164
  一、组合仪表 ………………………………………………………………… 164
  二、平视显示系统 …………………………………………………………… 166
  三、一键启动与无钥匙进入系统 …………………………………………… 168
  四、电子转向柱锁 …………………………………………………………… 173
  五、倒车摄像头 R189 ……………………………………………………… 174
  六、加热式方向盘 …………………………………………………………… 175
  七、乘员保护 ………………………………………………………………… 176

第六章 整车线束及电路图 ……………………………………………… 178
 第一节 整车线束及熔丝 ………………………………………………………… 178
  一、整车线束搭铁点 ………………………………………………………… 178
  二、整车电路中接线柱的含义 ……………………………………………… 180
  三、熔丝 ……………………………………………………………………… 181
  四、继电器 …………………………………………………………………… 191
  五、整车控制单元 …………………………………………………………… 193
  六、线束连接位置 …………………………………………………………… 211
 第二节 主要系统的电路图 ……………………………………………………… 216
  一、1.8L 发动机（CUFA）车型电路图 …………………………………… 216
  二、2.0L 发动机（CUGA）车型电路图 …………………………………… 233
  三、LED 大灯电路图 ………………………………………………………… 255

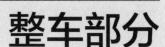

第一章 整车部分

一、车型简介

大众全新迈腾 B8L 轿车在 2014 年 10 月的巴黎车展上全球首发，基于大众 MQB 平台打造，一汽大众全新迈腾于 2017 年 9 月在长春上市，该车型基本延续了海外版帕萨特车型的造型设计，相比于上款迈腾 B7 轿车，造型设计无疑更为年轻时尚。如图 1-1 所示，全新迈腾采用大众新的前脸设计，前大灯与前格栅为一体式，大灯的形状更加犀利，采用了贯通式的下进气格栅，运动感更强。

图 1-1　全新迈腾的前脸设计

1. 车身尺寸

如图 1-2 所示，车身尺寸部分，全新迈腾的长×宽×高为 4866mm×1832mm×1464mm。轴距达到 2871mm，比海外车型加长了 80mm，相比原款迈腾 B7 轿车增加了 59mm。

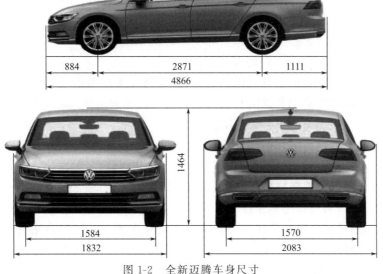

图 1-2　全新迈腾车身尺寸

2. 动力方面

在动力系统方面，全新迈腾搭载三款发动机，即 280TSI 车型搭载的 EA211 1.4T 发动机，330TSI 车型搭载的 EA888 1.8T 发动机，380TSI 车型搭载的 EA888 2.0T 发动机，EA888 发动机如图 1-3 所示（本书主要介绍 EA888 发动机的内容）。其中，1.8T 发动机的最大功率可达 132kW/4300～6250r/min，最大扭矩可达 300N·m/1450～4100r/min；2.0T 发动机的最大功率可达 162kW/4500～6200r/min，最大扭矩可达 350N·m/1500～4400r/min。

全系标配的 SSR 2.0 第二代发动机启停及制动能量回收技术，以及大众 MQB 平台带来的整车轻量化，全系油耗比上一代平均降低 20%～25%。

在传动系统方面，1.4T 发动机匹配代号为 DQ200 的 7 速干式双离合变速箱，1.8T 和 2.0T 发动机匹配代号为 DQ380 的 7 速湿式双离合变速箱，如图 1-4 所示。

图 1-3　EA888 发动机

图 1-4　DQ380 的 7 速湿式双离合变速箱

3. 内饰方面

全新迈腾内饰设计相比现款车型有了很大变化。高配车型的仪表盘采用一块 12.3in（1in=2.54cm）的全液晶显示屏取代了传统仪表盘设计，方向盘则运用了家族式最新的三辐式多功能方向盘。此外，新车中控台还采用大面积的木纹饰板，并辅以两条镀铬条进行装饰，而新车的空调出风口也融入了装饰条之中，造型非常别致。

4. 配置方面

（1）第三代智能泊车辅助系统（PLA）　全新迈腾高配车型搭载了大众第三代智能泊车辅助系统，不仅可以实现横向和纵向自动泊车，还增加了驶离横向泊车位的功能，解决泊车难题的同时，结束了狭小车位不易驶出的尴尬。

第三代智能泊车辅助系统在前杠与后杠上各装备了 8 个超声波传感器（探头），识别车位更加精准，在仅比车身长 0.8m 的狭小空间内完成泊车与自动驶离。在泊车过程中，驾驶者可以随时制动干预，360°全景式摄像头完全解除驾驶者的后顾之忧。

（2）第三代 ACC 自适应巡航系统带碰撞预防功能　全新迈腾高配车型搭载了大众第三代 ACC 自适应巡航系统，运用先进的巡航控制理论和车辆自动控制技术，对车辆的纵向行驶速度进行自动控制，具有同时控制车速与车距的功能。ACC 自适应巡航系统可以在紧急状态下将行驶速度降至 0，即代替驾驶者刹车至停车，最大限度保证驾乘安全。

(3) LA 车道偏离（保持）系统　全新迈腾高配车型装备了大众最新的 LA 车道偏离（保持）系统，可利用数字摄像机记录车道标记，并实时监测全新迈腾在道路上的位置。当车辆偏离车道时，系统会通过方向盘震动提示驾驶者；如驾驶者未能及时处理偏离行驶的情况，LA 车道保持系统将进行转向干预，时刻确保行车安全。若行车中要变线行驶，则需要提前开启转向灯，否则 LA 车道偏离（保持）系统也会用震动的方式提示驾驶者。

(4) SA 并线（变道）辅助系统　全新迈腾高配车型不仅可以监测前方车辆，还配备了可以监测后方车辆的 SA 并线（变道）辅助系统。该系统通过雷达传感器，可以实时监测本车侧后方的区域，在一定的范围内可以探测到临近车道上其他车辆的当前位置、行驶速度和行驶方向等信息，如果其他车辆处于视角盲区位置或以很快的速度从后面接近本车，那么车外后视镜上的警告信号就会持续点亮提醒驾驶者。如果此时驾驶者拨动了转向灯，那么车外后视镜上的警告信号就会闪烁，提醒驾驶者请勿强行变线，避免行车危险。

(5) 全系标配胎压监测　全新迈腾车型标配胎压监测系统，实时监测胎压，及时消除危险隐患。全新迈腾配备的智能胎压监测系统通过汽车 ABS 系统的轮速传感器来比较轮胎之间的转速差别，以达到监测胎压的目的。当轮胎压力降低时，车辆的重量会使轮胎直径变小，导致车轮转速发生变化，进而触发警报系统，向驾驶者发出警告。该系统可实时监控胎压情况，及时提醒胎压异常，为驾乘人员消除安全隐患，降低事故风险。

(6) 全方位气囊　如图 1-5 所示，全新迈腾车型标配了全方位安全气囊，不仅为驾驶席和副驾驶席配备了安全气囊，而且增加了前排侧面安全气囊、后排侧面安全气囊（可选装）、左侧和右侧头部安全气囊、驾驶员侧膝部安全气囊（可选装）、前排可逆式安全带预紧器（可选装）、前排安全带限力器、儿童安全座椅固定装置（TOP-TETHER 系统）等，形成全面的安全保护。

(7) 空调系统　如图 1-6 所示，全新迈腾采用三区全自动空调，允许驾驶者、前乘客和后排乘客互不影响地设置自己最舒适的温度。温度的调节完全自动化。

图 1-5　全新迈腾全方位气囊　　　　　图 1-6　采用三区全自动空调

5. 其他装备

全新迈腾高配车型配备有全 LED 前大灯、AFS 弯道辅助照明系统、12 扬声器、DCC 动态底盘控制系统、电动后备厢盖、HUD 抬头显示系统、MKB 多碰撞预防系统、EPB 智能电子手刹自动驻车（Autohold）系统、第五代智能在线防盗系统，以及大众最新一代 ESP 车身稳定系统等科技装备。不仅打造全方位安全防护，更刷新了 B 级车全系标配的科技含量。

超大全景天窗与电动天窗遮阳帘，除了舒适型选装之外，全新迈腾其他车型均为标配。

另外，全新迈腾全系标配的全 LED 尾灯，视觉识别度极高。

二、常见故障维修

全新迈腾轿车常见故障现象、原因及诊断与排除如表 1-1～表 1-3 所示。

表 1-1　燃油喷射系统故障现象、原因及诊断与排除

故障现象	故障原因	故障诊断与排除
发动机不启动	发动机真空管路或电气线路连接不良	修复连接处
	燃油品质差	更换质量有保障的燃油
	蓄电池电压过低	检查蓄电池
	燃油压力低	测试调节器燃油压力
	冷却液温度传感器工作不良	测试温度传感器或控制线路
	喷油器无供电电压	检查喷油器继电器
怠速不稳或加速无力	空气滤清器脏	清洁或更换空气滤清器
	进气压力传感器信号不良	清洁进气压力传感器及其管路；测试进气压力传感器或控制线路
	怠速控制阀工作不良	检查怠速控制阀或控制线路
	火花塞工作不正常	更换火花塞
	燃油压力不正常	检查燃油管、燃油泵或燃油压力调节器
	冷却液温度传感器工作不良	检查冷却液温度传感器或控制线路
	炭罐电磁阀不工作	更换炭罐电磁阀
	喷油器喷嘴阻塞	清洗喷油器
	车速传感器信号输入不稳定	火花塞高压线与线束连接太近
	氧传感器信号不良	检查氧传感器或控制线路
	燃油品质差	更换规范燃油
	气门密封不严	测缸压，清除积炭或更换气门
发动机高速工作不良	燃油泵流量不足	燃油泵或燃油滤清器故障
	进气压力传感器信号不良	测试进气压力传感器或控制线路
发动机加速时产生爆燃	爆燃传感器信号不良	测试爆燃传感器或控制线路
	点火正时不准确	调整正时
	发动机过热	检查冷却系统
	燃油品质不良	更换质量有保障的燃油
	积炭	清除积炭

表 1-2　点火系统故障现象、原因及诊断与排除

故障现象	故障原因	故障诊断与排除
火花塞积炭	空气滤清器阻塞	更换空气滤清器
	点火系统线路故障	更换点火线路
	发动机经常低转速运行	保证发动机处于正常转速
	点火提前角不正确	调整点火提前角

续表

故障现象	故障原因	故障诊断与排除
火花塞工作不良	火花塞湿	吹干或擦干
	火花塞短路	重新调整合适的间隙
	火花塞松动	清洁/紧固火花塞
	火花塞热值超出范围	安装正确的火花塞
	火花塞破裂	更换火花塞
	火花塞不跳火	更换火花塞
	火花塞积炭	清除或更换火花塞

表 1-3　启动系统故障现象、原因及诊断与排除

故障现象	故障原因	故障诊断与排除
起动机不工作	蓄电池电压过低	检查或更换蓄电池
	连接插头或导线故障	修理插头或导线
	点火开关故障	检查点火开关及控制电路
	电磁线圈故障	更换电磁线圈
	搭铁故障	检查或修理搭铁线
起动机转动，发动机不转动	起动机驱动机构故障	更换起动机驱动机构
	驱动机构壳体损坏	更换驱动机构壳体
	齿轮轴故障	清洁或更换齿轮轴
	飞轮故障	检查飞轮或起动机
起动机带动发动机旋转缓慢	蓄电池故障	更换蓄电池
	插头或导线故障	修理插头或导线
	起动机线圈被接地	测试或修理起动机
	起动机轴承故障	更换轴承
	接地故障	检查或修理搭铁线
	发动机过热	检查冷却系统
	起动机电磁线圈故障	更换起动机电磁线圈
	驱动机构壳体损坏	更换驱动机构壳体
起动机带不动发动机	驱动机构故障	更换驱动机构
	驱动机构壳体损坏	更换驱动机构壳体
	飞轮缺齿	更换飞轮
	搭铁故障	检查或修理搭铁线
	发动机被卡	检查发动机
起动机驱动机构不能分离	起动机螺栓松动	拧紧起动机螺栓
	飞轮缺齿	检查飞轮或驱动机构
	点火开关故障	更换点火开关
电磁开关发出"咔哒"声	蓄电池电量不足	充电或更换蓄电池
	电磁线圈接触不良	更换电磁线圈
	插头或导线故障	修理插头或导线
	电磁线圈故障	更换电磁线圈

续表

故障现象	故障原因	故障诊断与排除
起动机启动电流低	起动机电刷磨损	更换电刷
	电刷弹簧弹力减弱	更换电刷弹簧
	发动机接地故障	检查地线
	蓄电池正极电缆高阻	更换电缆
行车时启动机有异响	起动机未对中	检查起动机对中
	起动机与飞轮距离太远	确保飞轮或起动机正常
启动后起动机有异响	起动机未对中	检查起动机对中
	起动机与飞轮距离太近	确保飞轮或起动机正常

三、车辆的使用与维护

1. 保养周期表

一汽大众全新迈腾的质保期为 3 年或 10 万千米（以先到者为准），厂家提供免费首保，保养周期为 5000km，最长不要超过 7500km，二保为 1 万千米或 1 年。保养周期表如表 1-4 所示。

表 1-4　保养周期表

保养里程/km	首保 5000	每 5000	每 10000	每 15000	每 20000	每 25000	每 30000	每 35000	每 40000
更换机油及机油滤清器	●	●							
更换空气滤清器	○	○	○	○	●	○	○	○	●
更换空调滤清器	○	○	○	○	○	○	●	○	○
清洗粉尘及花粉过滤器外壳,更换滤芯	首次 30000km 或 2 年,之后每 30000km 或每 2 年								
检查多楔皮带的状态,必要时更换	首次 30000km 或 2 年,之后每 30000km 或每 2 年								
更换燃油滤清器	60000km 首次保养,以后每 60000km 保养一次								
更换火花塞	○	○	○	○	●	○	○	○	●
对带气体放电灯泡的大灯(氙灯)进行基本设置	首次 60000km 或 4 年,之后每 60000km 或每 4 年								
更换变速器油	60000km 首次保养,以后每 60000km 保养一次								
更换制动液	24 个月首次保养,以后每 24 个月保养一次								

注：●表示需要更换；○表示检查。
一汽大众官方规定，7 速 DSG 变速箱油每 60000km 或 4 年检查一次，必要时更换（表内为 6 速 DSG 变速箱油保养周期）。

2. 在行驶距离为 5000km 时进行的作业范围

在行驶距离为 5000km 进行的首次换油保养工作时，还应检查表 1-5 的内容。为避免不必要的作业中断，必须遵守该顺序。

表 1-5　在行驶距离为 5000km 时进行的作业范围

顺序	检查内容
1	查询自诊断系统故障存储器
2	目测检查发动机及机舱内的其他部件是否有泄漏或损坏(从上面)
3	检查蓄电池固定情况,电眼颜色(免维护蓄电池无电眼应检查蓄电池电压)
4	检查制动液液位,必要时添加制动液
5	检查风窗清洗液液面高度,必要时添加清洗液
6	检查冷却液液面高度及浓度(防冻能力),如必要,添加冷却液或调整浓度
7	更换发动机机油及机油滤清器
8	检查前、后制动摩擦衬块厚度
9	检查所有轮胎(包括备胎)的花纹深度、磨损形态,清除轮胎上的异物
10	目测检查车身底部防护层和底饰板是否破损
11	目测检查制动系统是否有泄漏和损坏
12	目测检查变速箱、主减速器及等速万向节防护套有无泄漏或损坏(从下面)
13	检查转向横拉杆球头的间隙、紧固程度及防尘套状况
14	检查喷油嘴状态,必要时采取相应的维修保养措施
15	进行轮胎换位,按要求检查轮胎气压,必要时校正,检查车轮螺栓拧紧力矩
16	润滑车门止动器和车门铰链
17	加注燃油添加剂 G17(备件号:G 001 700 03)
18	保养周期指示器复位
19	试车:检查脚制动器、手制动器、变速箱、离合器、转向及空调等功能,查询故障存储器,终检

3. 每行驶 10000km 或每年的定期保养作业范围

每行驶 10000km 或每年的定期保养作业时,还应检查表 1-6 的内容。为避免不必要的作业中断,必须遵守该顺序。

表 1-6　每行驶 10000km 或每年的作业范围

顺序	检查内容
1	查询自诊断系统故障存储器
2	目测检查发动机及机舱内的其他部件是否有泄漏或损坏(从上面)
3	检查蓄电池固定情况,电眼颜色(免维护蓄电池无电眼应检查蓄电池电压)
4	检查制动液液位,必要时添加制动液
5	检查风窗清洗液液面高度,必要时添加清洗液
6	检查冷却液液面高度及浓度(防冻能力),如必要,添加冷却液或调整浓度
7	更换发动机机油及机油滤清器
8	检查前、后制动摩擦衬块厚度

续表

顺序	检查内容
9	检查所有轮胎(包括备胎)的花纹深度、磨损形态,清除轮胎上的异物
10	目测检查车身底部防护层和底饰板是否破损
11	目测检查制动系统是否有泄漏和损坏
12	目测检查变速箱、主减速器及等速万向节防护套有无泄漏或损坏(从下面)
13	检查转向横拉杆球头的间隙、紧固程度及防尘套状况
14	检查喷油嘴状态,必要时采取相应的维修保养措施
15	进行轮胎换位,按要求检查轮胎气压,必要时校正,检查车轮螺栓拧紧力矩
16	润滑车门止动器和车门铰链
17	加注燃油添加剂 G17(备件号:G 001 700 03)
18	检查安全气囊和安全带状态及安全气囊罩壳是否损坏
19	检查车内所有开关、车内照明、手套箱照明、用电器、显示器和仪表各警报指示灯的功能
20	检查滑动天窗功能,清洗导轨并用专用润滑脂润滑
21	检查车外前部、后部、后备厢照明灯等所有灯光状态和闪烁报警装置,以及静态弯道行车灯、自动行车灯控制功能
22	检查风窗刮水器、清洗器及大灯清洗装置功能,如必要,调整喷嘴
23	检查火花塞状态,必要时采取相应的维修保养措施
24	清洗空气滤清器壳体,检查滤芯状态,必要时采取相应的维修保养措施
25	粉尘及花粉过滤器:清洗外壳,检查滤芯状态,必要时采取相应的维修保养措施
26	检查 DSG-6 挡直接换挡变速箱齿轮油油位,如必要,添加 DSG 变速箱齿轮油
27	检查排气系统是否有泄漏或损坏及紧固程度
28	检查大灯光束,如必要,调整大灯光束
29	保养周期指示器复位(保养灯归零)
30	试车:检查脚制动器、手制动器、变速箱、离合器、转向及空调等功能,查询故障存储器,终检

第二章
发动机机械部分

第一节 发动机结构与基本技术数据

一、发动机结构与主要特点

目前迈腾 B8L 轿车包括 1.8TSI 和 2.0TSI 两个动力总成,其中 1.8TSI 发动机的代号为 CUF,2.0TSI 发动机的代号为 CUG,EA888 是发动机的系列号,里面有很多的产品,在奥迪车型上也称 EA888,但具体发动机代号是不一样的(如新奥迪 A4L 2.0TSI 轿车装备的纵置 EA888 发动机,代号为 CWP)。

▶ 1. 发动机结构

EA888 发动机的结构如图 2-1 所示。

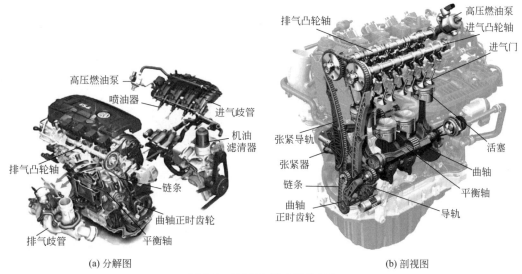

(a) 分解图　　　　　　　　　　　(b) 剖视图

图 2-1　EA888 发动机的结构

▶ 2. 发动机主要变化特点

(1) 2.0 TSI 发动机系列开发涉及的发动机机械特性

① 总计减重 7.8kg。

② 集成了排气歧管的气缸盖。
③ 滚柱轴承平衡轴。
④ 更小的曲轴主轴承，平衡块进行了减重。
⑤ 通过电动废气旁通阀驱动的涡轮增压器。
⑥ 降低了机油压力。
⑦ 机油滤清器和机油冷却器集成安装在辅助装置托架中。

（2）2.0 TSI 发动机系列中发动机管理系统的特点
① 进气凸轮轴和排气凸轮轴可调。
② 电子可变排气凸轮行程。
③ 带有直接喷射 TSI 和进气歧管喷射 MPI 相结合的双喷射系统。
④ 带有旋转阀调节的创新式热量管理（发动机温度调节执行器 N493）。
⑤ 电控活塞冷却喷嘴。

（3）2.0 TSI 发动机和 1.8 TSI 发动机的区别
① 性能数据区别：2.0 TSI 发动机功率为 162kW，扭矩为 350N·m；1.8 TSI 发动机功率为 132kW，扭矩为 300N·m。
② 燃油喷射系统区别：2.0 TSI 发动机采用进气歧管喷射和缸内直喷的双喷射技术（两个油轨，四个喷油器）；1.8 TSI 发动机只采用缸内直喷技术（一个油轨，四个喷油器）。
③ 高压燃油泵区别：由于 2.0 TSI 发动机是双喷射系统，所以高压燃油泵与 1.8 TSI 发动机不同，分别输出两根燃油管路，一根接歧管喷射的低压油轨，另一根接直喷的高压油轨。
④ 排气歧管集成区别：2.0 TSI 发动机采用缸盖集成排气歧管，集成度更高，热效率和体积能够进一步得到优化。
⑤ 电控废气旁通阀区别：2.0 TSI 发动机对涡轮旁通阀的介入区间和调校要优于 1.8 TSI 发动机。
⑥ 智能热管理区别：2.0 TSI 发动机支持大众智能热管理系统，整体热效率更高一些。

二、发动机基本技术数据

表 2-1 所示为 1.8L 和 2.0L 发动机基本技术数据。

表 2-1　1.8L 和 2.0L 发动机基本技术数据

标识字母	CUF(A)	CUG(A)
排量/L	1.8	2.0
功率 kW	132(4300～6250r/min)	162(4500～6200r/min)
扭矩 N·m	300(1450～4100r/min)	350(1500～4400r/min)
缸径/mm	82.5	82.5
行程/mm	84.1	92.8
压缩比	9.6∶1	9.6∶1
活塞直径/mm	82.42	82.42
喷射装置/点火装置	直接喷射(TSI)	直接喷射(TSI)和进气歧管喷射(MPI)
点火顺序	1-3-4-2	1-3-4-2
废气涡轮增压	是	是

续表

标识字母	CUF(A)	CUG(A)
凸轮轴调节装置	是	是
气门升程调节	是	是
每缸气门数/个	4	4
机油压力调节装置	是	是
进排气相位可调	是	是
气缸盖集成排气歧管	否	是
智能热管理	否	是
电控废气旁通阀	否	是
燃油双喷射系统	否	是
可控活塞冷却喷射	是	是

三、发动机编号

如图 2-2 所示，发动机编号（"发动机型号代码"和"序列号"）位于发动机/变速箱的前部连接处。发动机型号代码也刻印在机油滤清器后的气缸体上。另外，在正时链盖板上贴有"发动机型号代码"和"序列号"的标签。

图 2-2 发动机编号

第二节 曲柄连杆机构

一、气缸体

气缸体是发动机的装配基体。气缸为活塞在其内部做往复直线运动的圆柱形空腔，多个气缸组合成一体即为气缸体。EA888 发动机的分解图如图 2-3 所示。

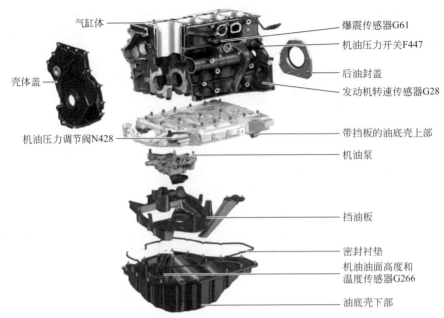

图 2-3　EA888 发动机的分解图

以 2.0TSI 发动机为例，与上一代发动机相比，气缸体减重 2.4kg。气缸壁厚度从约 3.5mm 减至约 3mm，曲轴箱排气装置的粗粒机油分离器壳体完全集成安装在气缸体中，如图 2-4 所示。

图 2-4　气缸体的新结构

图 2-5　气缸盖的位置

二、气缸盖

气缸盖的功用是封闭气缸上部，并与活塞顶部和气缸壁共同构成燃烧室。气缸盖的位置如图 2-5 所示。

气缸盖是发动机上最复杂的零件之一。在气缸盖上加工有气门座、气门导管孔、气道、摇臂轴安装座或凸轮轴安装座孔、喷油器安装座孔等。为润滑安装在气缸盖上的运动零件，在气缸盖内加工有油道。

1. 气缸盖的拆装

拆下凸轮轴后的气缸盖如图 2-6 所示。

① 如图 2-7 所示，先拆下箭头指示的 4 个螺栓（图 2-6 中的螺栓 4）。

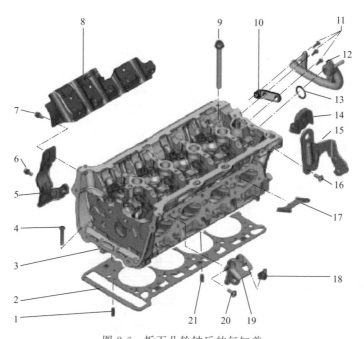

图 2-6 拆下凸轮轴后的气缸盖

1,21—定位销；2—气缸盖衬垫；3—气缸盖；4,6,7,11,16,20—螺栓；5,8—隔热板；
9—气缸盖螺栓；10—支架；12—连接管；13—O 形圈；14—定位件；
15,19—发动机吊环；17—通道隔离板；18—球头销

② 按图 2-7 所示的数字顺序，分 2～3 次拆下气缸盖螺栓。

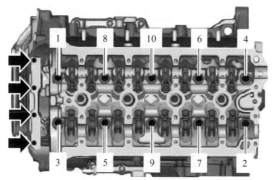

图 2-7 拆下气缸盖螺栓

1～10—气缸盖螺栓

③ 安装气缸盖时，按图 2-7 所示的相反数字顺序，分 2～3 次拧紧气缸盖螺栓，再拧紧图 2-7 中箭头指示的 4 个螺栓。气缸盖螺栓拧紧力矩及旋转角度如表 2-2 所示。

表 2-2 气缸盖螺栓拧紧力矩及旋转角度

步骤	螺栓	拧紧力矩/继续旋转角度
1	1～10	用手拧到底
2	1～10	40N·m
3	1～10	继续旋转 90°

续表

步骤	螺栓	拧紧力矩/继续旋转角度
4	1～10	继续旋转 90°
5	箭头	8N·m
6	箭头	继续旋转 90°

2. 气缸盖的检查

（1）气缸盖接合面的检查

① 气缸盖与气缸体连接表面的平面度检查。刀口尺 VAS 6075 按图 2-8 所示放于平面上，用塞尺测量刀口尺与平面间的间隙。测量平面度时，应在被测平面选取如图 2-9 所示的 6 个位置测量，取测量的最大值作为平面度误差，极限值不得超过 0.05mm。

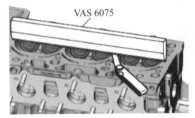

图 2-8 平面度误差的测量

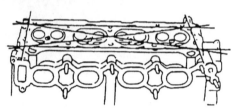

图 2-9 平面度误差的测量位置

② 气缸盖与进、排气歧管连接表面的平面度检查。刀口尺按图 2-10 所示放置，用塞尺测量其接合面的平面度。平面度极限值不得超过 0.10mm。

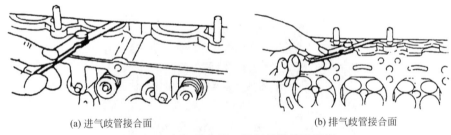

(a) 进气歧管接合面　　　　(b) 排气歧管接合面

图 2-10 气缸盖与进、排气歧管的平面度

（2）气缸盖接合面变形的修理　当气缸盖与气缸体接合面的平面度误差超过 0.05mm，或气缸体与进、排气歧管接合面的平面度误差超过 0.10mm 时，可用平板和 400 号砂纸研磨接合面，磨去高的地方，使气缸盖的平面度达到规定值；若平面变形过大，则应更换气缸盖。

（3）燃烧室积炭的清洁　用煤油浸泡燃烧室积炭部位，然后用钢丝刷清除燃烧室积炭，并用清洗油清洁燃烧室表面，如图 2-11 所示。

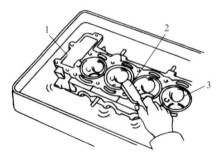

图 2-11 燃烧室积炭的清洁
1—气缸盖；2—钢丝刷；3—燃烧室

3. 气缸压缩压力的检查

① 先预热发动机，使发动机达到正常的工作温度。

② 拆下燃油泵熔丝，使燃油泵不工作，拆下发动

机上的所有火花塞。

③ 使节气门全开，启动发动机，用气缸压力表分别测量发动机各个气缸的压缩压力。应符合标准值。气缸压缩压力的标准值如表 2-3 所示。

表 2-3 气缸压缩压力的标准值

项目	标准值/kPa
规定气缸压力	1100～1400
磨损极限（最低气缸压缩压力）	700
气缸间的最大压力差值	≤300

三、曲轴

EA888 发动机曲轴主轴承直径从 52mm 减至 48mm，平衡块的数量减少，上部和下部主轴瓦采用双层无铅涂层。曲轴的安装位置如图 2-12 所示。

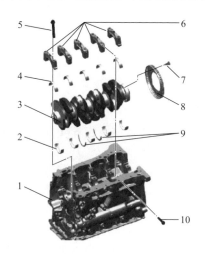

图 2-12 曲轴的安装位置
1—气缸体；2—轴瓦（带润滑槽）；3—曲轴；4—轴瓦（无润滑槽）；5,7,10—螺栓；6—曲轴轴承盖；8—脉冲信号轮（用于发动机转速传感器 G28）；9—止推垫片

如图 2-13 所示，曲轴轴承盖通过螺栓固定到油底壳上部，这可以降低发动机在运行时的噪声和减少振动，提高乘坐的舒适性。

1. 曲轴轴承盖螺栓拧紧顺序

如图 2-14 所示，按照如下顺序拧紧曲轴轴承盖的固定螺栓。

① 用手旋入螺栓 1～10 和气缸体两侧的螺栓（图中箭头所指，一侧 3 个螺栓，见图 2-12 中的 10）。

② 以 65N·m 的力矩预拧紧螺栓 1～10。

③ 用扭力扳手继续旋转螺栓 1～10 到 90°。

④ 以 20N·m 的力矩拧紧气缸体两侧的螺栓。

⑤ 用扭力扳手继续旋转气缸体两侧的螺栓到 90°。

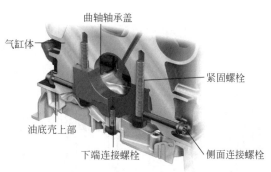

图 2-13 曲轴轴承盖的安装

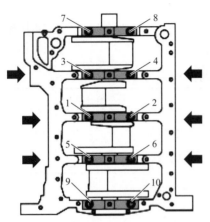

图 2-14 拧紧曲轴轴承盖的固定螺栓

1~10—螺栓的拧紧顺序号

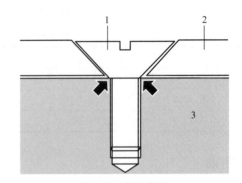

图 2-15 拆下螺栓

1—螺栓；2—脉冲信号轮；3—曲轴

2. 脉冲信号轮的拆装

如图 2-15 所示，拆下曲轴后，用旋具拆下螺栓 1，取下脉冲信号轮。

维修提示

★ 每次松开螺栓 1 后，原则上都要更新脉冲信号轮 2。

★ 第二次固定后，脉冲信号轮内埋头螺栓的固定点已严重变形，螺栓头在曲轴 3 上露出（图 2-15 中箭头），且脉冲信号轮在螺栓下面松动。

★ 只能在一个位置上安装传感器齿轮，开孔是错位的。

3. 匹配曲轴轴瓦

① 发动机出厂时已匹配轴瓦与厚度正确的气缸体。轴瓦上的彩色点表示轴瓦厚度。

② 在下部密封面或气缸体正面上，用字母标记了气缸体（上部轴瓦）上各轴瓦的安装位置。

③ 在曲轴上用字母标记了气缸体（下部轴瓦）上各轴瓦的安装位置。第一个字母表示轴承盖 1，第二个字母表示轴承盖 2，依此类推。

a. 气缸体。

ⓐ 如图 2-16 所示，气缸体上的标记也可能刻在油底壳密封面上或气缸体正面（变速箱侧）。

ⓑ 如图 2-17 所示，气缸体上的标记表示上部轴瓦（气缸体轴瓦）。记下轴瓦上的字母，字母代表的是颜色含义，不同的颜色表示轴瓦磨损的不同程度。字母颜色含义如下：S 表示黑色、R 表示红色、G 表示黄色、B 表示蓝色、W 表示白色。

b. 曲轴。如图 2-18 所示，曲轴上的标记表示下部轴瓦（轴承盖轴瓦），字母含义与图 2-17 相同。

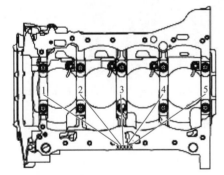

图 2-16 气缸体上的标记在油底壳密封面上或气缸体正面（变速箱侧）

1~5—轴承盖

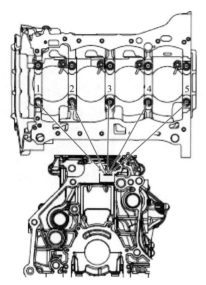

图 2-17 气缸体上的标记表示上部轴瓦

1~5—轴承盖

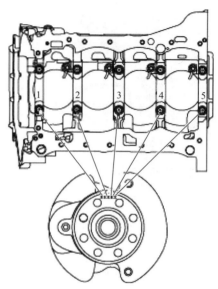

图 2-18 曲轴上的标记表示下部轴瓦

1~5—轴承盖

4. 曲轴技术数据

曲轴技术数据如表 2-4 所示。

表 2-4 曲轴技术数据 单位：mm

研磨尺寸	曲轴轴承轴颈	允许偏差	连杆轴承轴颈	允许偏差
基本尺寸	58.00	-0.017 -0.037	47.80	-0.022 -0.042
加大一级	53.75	-0.017 -0.037	47.55	-0.022 -0.042
加大两级	53.50	-0.017 -0.037	47.30	-0.022 -0.042
加大三级	53.25	-0.017 -0.037	47.05	-0.022 -0.042

5. 曲轴上滚针轴承的拆装

(1) 拆卸 如图 2-19 所示，将滚针轴承 1 用市售拉拔器（例如 Kukko 21/2）和支架（例如 Kukko 22/1）从曲轴 2 中拉出。如图 2-19 中箭头所示，拉拔器必须定位在滚针轴承保持架后方。

(2) 安装 如图 2-20 所示，用芯棒 VW 207c 将滚针轴承推入曲轴的安装深度。安装深度尺寸 $a=2$mm。

6. 曲轴轴向间隙的检测

① 在气缸体上装上曲轴、曲轴主轴承、止推片和主轴承盖，并按规定力矩拧紧曲轴主轴承盖螺栓。

② 如图 2-21 所示，将千分表 VAS 6079 与通用千分表支架 VW 387 用螺栓固定在气缸体上并与曲柄臂相对放置。

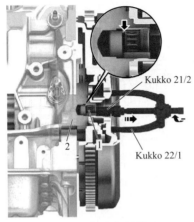

图 2-19 拔出滚针轴承

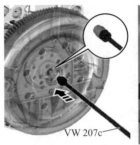

(a) 推入滚针轴承

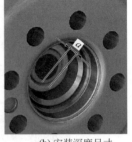

(b) 安装深度尺寸

图 2-20 安装滚针轴承

③ 用手将曲轴推向千分表，并将千分表校表归"0"。

④ 再将曲轴向反向压紧并读取千分表上的数值。

曲轴轴向间隙：正常值为 0.07～0.23mm，磨损极限为 0.30mm。

维修提示

◆ 若曲轴的轴向止推间隙超过限度时，应更换加大厚度的止推片。

7. 曲轴径向间隙的检测

① 拆卸主轴承盖并清洁轴承盖和轴颈。

② 将塑料间隙规根据轴承的宽度放置在轴颈上和轴瓦内。塑料间隙规必须位于轴瓦中央，避开油孔位置。

③ 装上曲轴主轴承盖，用 60N·m 的力矩拧紧曲轴主轴承盖螺栓，拧紧顺序见图 2-14。注意，拧紧时不要转动曲轴。

④ 重新拆卸主轴承盖，比较塑料间隙规的宽度与测量刻度。用千分尺测量塑料间隙规被压薄的最宽处厚度，该值即为配合间隙，也即为曲轴径向间隙，如图 2-22 所示。

径向间隙：正常值为 0.017～0.037mm，磨损极限为 0.15mm。

图 2-21 安装千分表

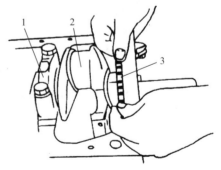

图 2-22 曲轴径向间隙的检测
1—主轴承盖；2—曲轴；3—塑料间隙规

四、平衡轴

EA888 发动机平衡轴的布置如图 2-23 所示，平衡轴增加了滚针轴承，减少了平衡轴的摩擦。平衡轴的重量减少，惯性也得到了降低。

EA888 发动机平衡轴的安装位置如图 2-24 所示。

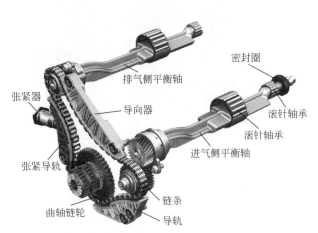

图 2-23　EA888 发动机平衡轴的布置

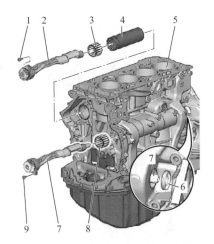

图 2-24　EA888 发动机平衡轴的安装位置

1、9—螺栓；2—排气侧平衡轴；3—滚针轴承；4—平衡轴管；
5—气缸体；6—密封圈；7—进气侧平衡轴；8—滚针轴承

五、活塞与连杆

活塞与连杆的组成如图 2-25 所示，其安装位置如图 2-26 所示。

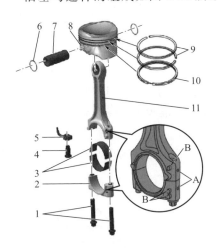

图 2-25　活塞与连杆的组成

1—连杆螺栓（M9；45N·m+90°）；2—连杆轴承盖（标出所属气缸 A，安装位置：标记 B 指向皮带轮侧）；3—轴瓦（新轴向间隙：0.10~0.35mm。磨损极限：0.40mm。用塑料间隙规测量径向间隙，新的为 0.02~0.06mm，磨损极限为 0.09mm。测量径向间隙时不能转动曲轴）；4—安全阀（拧紧力矩为 27N·m，开启压力为 160~190kPa）；5—喷油阀（用于活塞冷却）；6—卡环；7—活塞销；8—活塞（标出安装位置和所属气缸，活塞顶部上的箭头指向皮带轮侧）；9—气环（开口错开 120°，标记 "TOP" 必须向上指向活塞顶）；10—刮油环（安装时确保上部钢带环切口与相邻气环错开 120°，安装时确保刮油环零件切口相互错开）；11—连杆（只能成套更换，标出所属气缸 A，安装位置：标记 B 指向皮带轮侧）

EA888 发动机的一个重大改进就是省去了连杆小头内的青铜衬套。活塞销使用了一种专用的表面碳涂层。增加了活塞与气缸的间隙，以减少在发动机暖机过程中的摩擦。另外活塞裙部有耐磨涂层。连杆为断裂式，不含铅的双层轴瓦位于下连杆轴承盖中。

1. 活塞的检查

（1）检查活塞环端隙（开口间隙）　如图 2-27 所示，将环垂直于气缸壁从上推进下面的气缸开口，离气缸上边缘约 15mm。推入环时使用不带环的活塞，用塞尺测量。活塞环端隙的标准数据如表 2-5 所示。

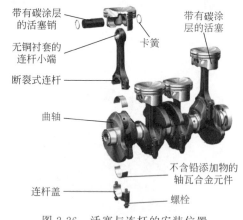

图 2-26 活塞与连杆的安装位置

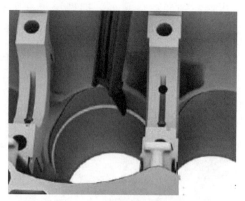

图 2-27 测量活塞环端隙

表 2-5 活塞环端隙的标准数据　　　　　　　　　　单位：mm

活塞环	新的	磨损极限
第 1 个气环	0.30～0.40	0.80
第 2 个气环	0.40～0.50	0.80
刮油环	0.20～0.40	0.80

（2）检查活塞环侧隙　活塞环侧隙是指活塞环与环槽的间隙。如图 2-28 所示，用塞尺检查活塞环侧隙。新活塞环侧隙的标准数据应符合表 2-6 的规定。

图 2-28 测量活塞环侧隙

表 2-6 新活塞环侧隙的标准数据　　单位：mm

活塞环	新的	磨损极限
第 1 个气环	0.06～0.09	0.20
第 2 个气环	0.03～0.06	0.15

（3）检测活塞直径　用外径千分尺在活塞下部离裙部底边约 15mm 且与活塞销垂直方向处测量，如图 2-29 所示。活塞直径与标准尺寸（活塞直径标准尺寸为 82.42mm）的最大偏差量为 0.04mm。

（4）活塞积炭的清除　将活塞浸泡于清洗油中约 5min 后，用刷子或软金属摩擦工具擦掉活塞顶部和环槽的积炭及机油胶质等污物，如图 2-30 所示。

图 2-29 活塞直径的测量

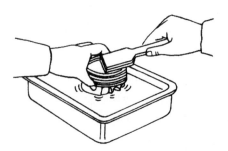

图 2-30 清除活塞积炭及机油胶质等污物

2. 检查气缸直径

使用 50～100mm 的量缸表检查气缸直径，如图 2-31 所示，检查结果与标准尺寸的偏差最大为 0.08mm。检查时应在上、中、下三个位置上，进行横向（A 向）和纵向（B 向）垂直测量，如图 2-32 所示。气缸直径的标准尺寸为 82.51mm。

如果气缸体已用 VAS 6095 装配架固定在装配台上，则不可测量缸径，因为夹紧后测量不准。

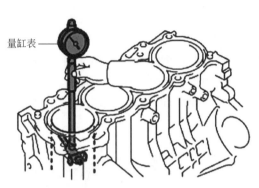

图 2-31 用量缸表检查气缸直径

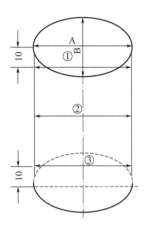

图 2-32 气缸的测量部位

A—横向；B—纵向；①～③—上、中、下三个位置

3. 连杆的检查

（1）连杆的分解

① 先标记连杆所属气缸。

② 如图 2-33 所示，用带铝制保护板的台钳略微夹紧连杆。通过旋转大约 5 圈旋出两个螺栓（箭头）。

注意事项

◆ 仅略微夹紧连杆，以避免造成损坏。

◆ 在划线下方夹紧连杆。

③ 小心地用塑料锤沿图 2-34 中箭头方向敲打连杆盖，直至其松动。取下连杆盖。

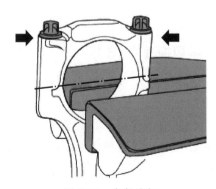

图 2-33 夹紧连杆

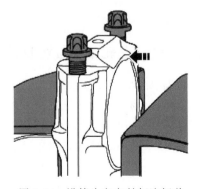

图 2-34 沿箭头方向敲打连杆盖

④ 从台钳上取下连杆杆身。

（2）连杆的检查

① 外观检查。检查连杆、螺栓、螺母、连杆盖及活塞销等外表面有无裂纹、损伤缺陷，如有不良，应予更换。

② 连杆大端与曲轴连杆轴颈的止推间隙检查。把连杆按装配状态与连杆轴颈相连接，按规定力矩拧紧连杆盖螺母。用塞尺测量连杆大端止推间隙，如图 2-35 所示。若止推间隙超过使用极限，应测量连杆大端宽度和连杆轴颈宽度，以决定是更换连杆或曲轴或两者都换。

③ 连杆的变形检查。把连杆安装到连杆校正器上，使用三点规和塞尺测量连杆的弯曲、扭曲变形，如图 2-36 所示。若连杆变形超过使用极限，应予以更换。

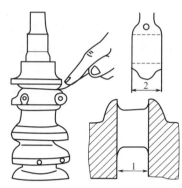

图 2-35 连杆大端止推间隙的测量
1—连杆轴颈宽度；2—连杆大端宽度

（3）轴瓦安装位置的检查 将轴瓦居中装入连杆和连杆盖内。如图 2-37 所示，左右的尺寸 a 必须一致。

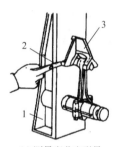

(a) 测量弯曲变形量

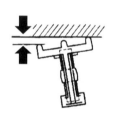

(b) 测量扭曲变形量

图 2-36 连杆变形的检查
1—连杆校正器；2—塞尺；3—三点规

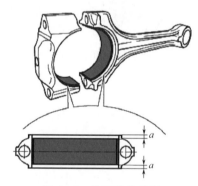

图 2-37 轴瓦安装位置

第三节　配气机构

一、气门机构的结构

气门机构的结构如图 2-38 所示。

二、新结构——凸轮轴相位调节及电子气门升程切换（AVS）

▶ 1. 功能及优点

凸轮轴相位调节及电子气门升程切换工作示意图如图 2-39 所示。通过排气凸轮轴上的电子气门升程切换以及进气和排气凸轮轴上的可变气门正时，实现了对每个气缸气体交换的优化控制。较小的凸轮轮廓仅用于低转速。何时使用凸轮轮廓以及使用哪个凸轮轮廓，均存储在图谱中。

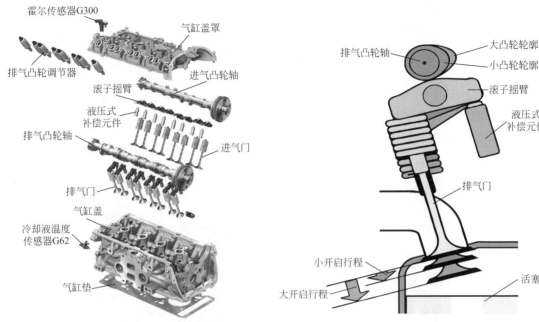

图 2-38 气门机构的结构　　图 2-39 凸轮轴相位调节及电子气门升程切换工作示意图

此功能有以下好处。

① 优化气体交换。
② 防止废气回流到之前的180°排气缸。
③ 入口打开时间更早，填充程度更佳。
④ 通过燃烧室内的正压差减少余气。
⑤ 提升涡轮增压器的响应性。
⑥ 在较低转速获得较高的扭矩，获得较高的增压压力。

2. 排气凸轮轴的结构特点

为了在排气凸轮轴上两个不同的气门升程之间相互切换，排气凸轮轴上有 4 个可移动的凸轮件（带有内花键）。每个凸轮件上都装有两对凸轮，其凸轮升程是不同的。通过电子执行器对两种升程进行切换。电子执行器接合每个凸轮件上的滑动槽，并移动凸轮轴上的凸轮件，如图 2-40 所示。

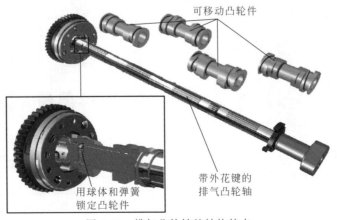

图 2-40 排气凸轮轴的结构特点

3. 电子执行器的结构和工作过程

（1）电子执行器的结构　如图 2-41 所示，电子执行器内部都有一个电磁线圈。金属销通过导管被向下移动。在收缩位置和伸展位置，金属销通过一个永磁铁被固定在执行器壳体中的相应位置。

（2）电子执行器的工作过程　如图 2-42 所示，在两个电子执行器的辅助下，每个凸轮件在排气凸轮轴上的两个切换位置之间被来回推动。每个气缸的一个执行器切换到更大的气门升程，另一个执行器切换到更小的气门升程。

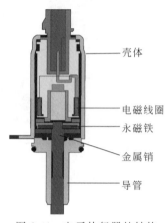

图 2-41　电子执行器的结构

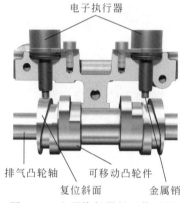

图 2-42　电子执行器的工作过程

4. 工作过程

（1）低转速的工作过程（凸轮轴位置）　为了使这个负载范围内的气体交换性能更佳，发动机管理系统通过凸轮轴调节器将进气凸轮轴提前，将排气凸轮轴延迟。气门升程切换至小的排气凸轮轮廓，如图 2-43 所示。而且右侧电子执行器金属销伸出，如图 2-44 所示。它接合滑动槽，并将凸轮件向左移至小凸轮轮廓。气门此时沿着较小的气门轮廓上下移动，从而可在低转速范围达到较高的增压压力。

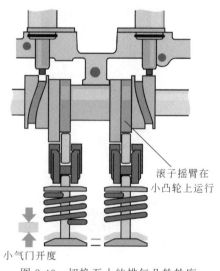

图 2-43　切换至小的排气凸轮轮廓

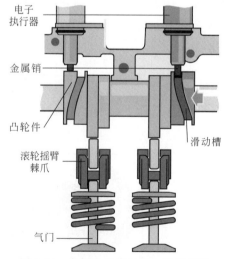

图 2-44　右侧电子执行器金属销伸出

(2) 高转速的工作过程（凸轮轴位置） 驾驶员加速并从部分负载改变为全负载。气缸内的气体交换必须适应更高的性能需求。发动机管理系统通过凸轮轴调节器将进气凸轮轴提前，将排气凸轮轴延迟。为达到最佳的气缸填充性能，排气门需要最大的气门升程。为了达到此目的，如图 2-45 和图 2-46 所示，左侧电子执行器被启动，凸轮件被向右移动，切换至大的排气凸轮轮廓。金属销通过滑动槽将凸轮件移向大凸轮。排气门以最大的升程打开和关闭，凸轮件也通过凸轮轴中的弹簧加载式球体被固定在此位置。

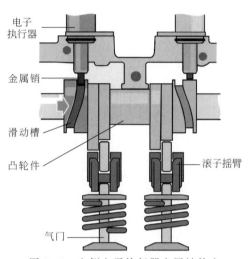

图 2-45 左侧电子执行器金属销伸出

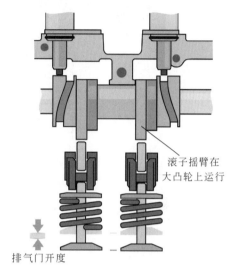

图 2-46 切换至大的排气凸轮轮廓

5. 失效影响

如果电子执行器发生故障，则无法再执行气门升程切换功能。在这种情况下，发动机管理系统会尝试将所有气缸切换为最近成功的一次气门升程。

如果所有气缸可切换至小的气门升程位置，则：

① 发动机转速限制在 4000r/min，故障存储器中记录下故障码；
② EPC（发动机电子稳定系统，也称电子节气门）警告灯亮起。

如果所有气缸可切换到大的气门升程位置，则：

① 故障存储器中也会存储故障码；
② 在这种情况下，不限制发动机转速，且 EPC 灯不亮起。

三、气门机构的检修

1. 气缸盖罩的拆装

① 如图 2-47 所示，按照图中的数字顺序松开气缸盖罩固定螺栓。
② 安装时，按照图 2-47 中的相反顺序紧固固定螺栓。

2. 凸轮轴的检修

（1）凸轮轴的外观检查 检查凸轮轴的外表面有无严重磨损、裂纹、机械损伤、表面腐蚀等缺陷，如有不良情况，应更换凸轮轴。

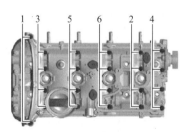

图 2-47 松开气缸盖罩固定螺栓
1～6—螺栓

（2）凸轮轴轴颈、凸轮高度的检查　用千分尺测量凸轮轴的轴颈、凸轮高度尺寸，如图 2-48 所示。轴颈、凸轮高度尺寸应符合规定标准，若超过允许极限值，则应更换凸轮轴。

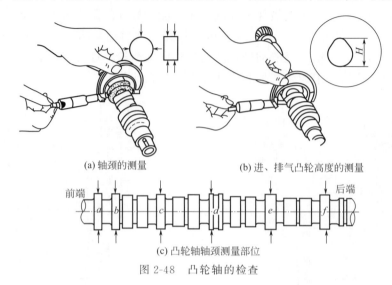

(a) 轴颈的测量　　　　(b) 进、排气凸轮高度的测量

(c) 凸轮轴轴颈测量部位

图 2-48　凸轮轴的检查

（3）凸轮轴的直线度检查　用两个 V 形架支撑于凸轮轴的两端，用千分表测量凸轮轴中间轴颈的径向圆跳动，如图 2-49 所示。其值应符合规定标准，若超过允许极限值，可用木槌冷校正或予以更换。

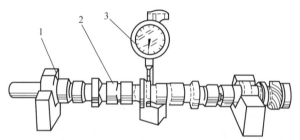

图 2-49　测量凸轮轴的径向圆跳动
1—V 形架；2—凸轮轴；3—千分表

3. 气门导管的检查

如图 2-50 和图 2-51 所示，分别测量气门导管的内径和气门杆直径，导管内径最大值与气门杆直径最小值之差，即为导管与气门杆配合间隙，应符合规定值，否则应更换气门导管或气门，必要时两者同时更换。

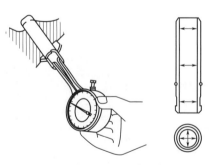 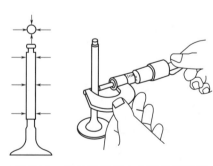

图 2-50　测量气门导管 6 个部件的内径　　　图 2-51　测量气门杆 6 个部位的直径

气门杆与气门导管的间隙也可用图 2-52 所示的方法测量,将气门插入气门导管中,气门杆末端必须和导管紧贴,用千分表支架 VW 387 固定千分表,测量气门杆端部的偏差,如超过极限值(0.80mm),则更换气门或气门导管,也可同时更换。

4. 凸轮轴轴向间隙的检测

① 在气缸盖上安装好凸轮轴,并按规定力矩拧紧轴承盖螺栓。

② 使用千分表测量凸轮轴的轴向窜动量。如图 2-53 所示,将千分表 VAS 6079 用通用千分表支架 VW 387 固定在气缸盖上。

③ 用手将凸轮轴压向千分表,将千分表设为"0"。

④ 从千分表中压出凸轮轴并读取数值,轴向间隙规定值为 0.05～0.17mm。

若凸轮轴的轴向止推间隙超过限度时,则应更换相关部件。

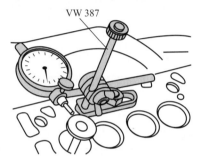

图 2-52 气门杆与气门导管间隙的测量

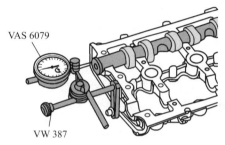

图 2-53 凸轮轴轴向间隙的检查

5. 气门组件的检修

(1) 气门组件的外观检查　检查气门、气门弹簧、气门油封有无损伤、开裂、折断等缺陷。如有外表损坏,则应更换;如有漏油现象,则应更换油封。

> **注意事项**
>
> ◆ 拆解后的气门油封,不可重新使用,应更换新件。

(2) 气门弹簧的检测

① 气门弹簧自由长度的检查。用游标卡尺测量气门弹簧的自由长度尺寸,如图 2-54 所示。其自由长度应符合规定值,否则予以更换。

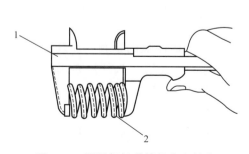

图 2-54 测量气门弹簧的自由长度
1—游标卡尺;2—气门弹簧

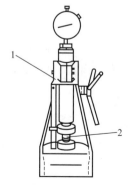

图 2-55 气门弹簧预负荷的检测
1—弹簧测试仪;2—气门弹簧

② 气门弹簧的负荷检测。把气门弹簧安装到弹簧试验仪上进行测试,如图 2-55 所示。弹簧的预负荷应符合规定值,否则应予以更换。

③ 气门弹簧垂直度的检查。用直角尺和平台测量气门弹簧的垂直度,如图 2-56 所示。其垂直度误差 Δ 不应超过允许极限值,否则应更换气门弹簧。

(3) 气门的检修 气门的标准值如图 2-57 和表 2-7 所示。

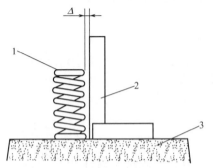

图 2-56 测量气门弹簧垂直度
1—气门弹簧;2—直角尺;3—平台

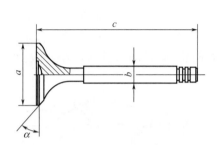

图 2-57 气门的标准值

表 2-7 气门的标准值

尺寸	进气门	排气门
a/mm	33.85±0.10	28.0±0.1
b/mm	5.98±0.01	5.96±0.01
c/mm	104.0±0.2	101.9±0.2
α/(°)	45	45

① 检查气门杆应无卡滞和损伤,若有应更换。

② 检查气门杆尾端磨损情况。如有凹陷磨损超过 0.4mm 时,应修磨尾端。

③ 气门杆直径尺寸的检查。用千分尺在规定的部位和方向上测量气门杆直径尺寸,如图 2-58 所示。其值应符合规定值,否则更换气门。

④ 气门长度尺寸的测量。用游标卡尺测量气门长度尺寸,其长度尺寸的减少不应超过允许值,否则更换气门或堆焊气门杆修复。

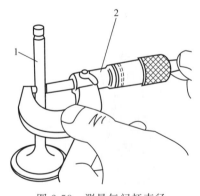

图 2-58 测量气门杆直径
1—气门杆;2—千分尺

⑤ 气门头部接触面的检修。将气门杆用 V 形架支撑,用百分表测量气门头部的斜向跳动量,如图 2-59 所示。其斜向跳动量不允许超过极限值,否则予以更换。

⑥ 气门头部接触面印痕的检查。在气缸盖的气门座圈上涂上一层红丹,将气门装入气缸盖内,测量其接触面印痕宽度 W,同时测量气门头厚度 B,如图 2-60 所示。其值应符合规定标准,否则更换或修磨气门。

⑦ 气门的修磨。当气门更换后,应对其配合表面进行配对研磨。

(4) 气门油封的检查 检查气门油封与气门杆之间

的密封性能，如有漏油时，应更换气门油封总成。拆装过的气门油封总成不允许重新装配使用，必须换用新的油封，以保证密封的可靠。

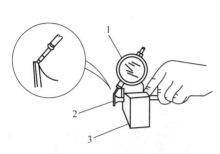

图 2-59 测量气门头部接触面斜向跳动量
1—百分表；2—气门；3—V形架

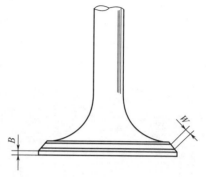

图 2-60 测量气门接触面和头部厚度
W—接触面印痕宽度；B—气门头厚度

四、链条传动机构

1. 凸轮轴正时链

凸轮轴正时链的布置如图 2-61 所示。

2. 平衡轴传动链

平衡轴传动链的布置如图 2-62 所示。

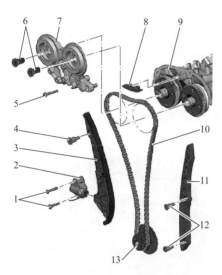

图 2-61 凸轮轴正时链的布置
1,5—螺栓；2—张紧器；3—正时链张紧导轨；4,12—导向螺栓；6—控制阀；7—轴承座；8,11—凸轮轴正时链导轨（滑轨）；9—凸轮轴壳罩；10—凸轮轴正时链；13—曲轴正时链轮（三级链轮）

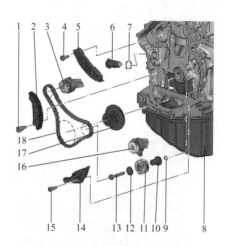

图 2-62 平衡轴传动链的布置
1,4,15—导向螺栓；2—张紧导轨；3—排气侧平衡轴；5—导向器（滑轨）；6—张紧器；7—密封环；8—油底壳；9—O形圈；10—护套；11—中间轮；12—垫圈；13—螺栓；14—导轨（滑轨）；16—进气侧平衡轴；17—曲轴正时齿轮（链轮，三级链轮）；18—平衡轴传动链（链条）

3. 凸轮轴正时链和平衡轴传动链的拆装要点

(1) 拆卸要点

① 用固定支架 T 10355 将曲轴皮带轮转到"上止点位置"。

a. 凸轮轴链轮的标记 1 必须对准气缸盖上的标记 2 和 3，如图 2-63 所示。

b. 曲轴皮带轮上的缺口和正时链下方盖板上的标记（右侧箭头）必须相互对正，如图 2-64 所示。

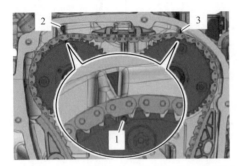

图 2-63 对正凸轮轴链轮和气缸盖上的标记

1—凸轮轴链轮的标记；2,3—气缸盖上的标记

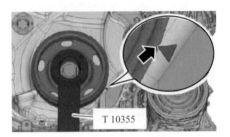

图 2-64 对正曲轴皮带轮上和正时链下方盖板上的标记

图 2-65 拆卸上面的凸轮轴正时链导轨

1—凸轮轴正时链导轨

② 如图 2-65 所示，拆卸上面的凸轮轴正时链导轨（滑轨）1 时，可用一字旋具打开卡子（箭头），然后将导轨向前推开。

(2) 安装要点

① 确定曲轴第 1 缸活塞上止点位置，如图 2-66 所示，必须使曲轴的平端（箭头）水平，然后用防水记号笔在气缸体 1 的位置上做标记。

② 如图 2-67 所示，用防水记号笔在曲轴正时齿轮（三级链轮）的齿 1 上做标记 2。

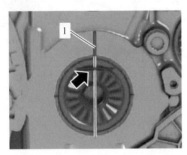

图 2-66 在曲轴 1 缸活塞上止点位置做标记

1—气缸体

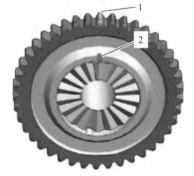

图 2-67 在曲轴正时齿轮的齿 1 上做标记

1—曲轴正时齿轮的齿；2—标记

③ 如图 2-68 所示，将中间齿轮和平衡轴齿轮转至标记（箭头）处，螺栓 1 不得松开。

提示：中间齿轮和平衡轴之间的标记不易看到。

④ 如图 2-69 所示，放上平衡轴传动链，将彩色链节（箭头）定位到链轮的标记上。

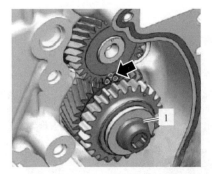

图 2-68 对正中间齿轮和平衡轴齿轮标记
1—螺栓

图 2-69 放上平衡轴传动链

⑤ 如图 2-70 所示，安装导向器（滑轨）1 并拧紧螺栓（箭头）。
⑥ 如图 2-71 所示，将带彩色链节的凸轮轴正时链（箭头）挂到凸轮轴销轴上。

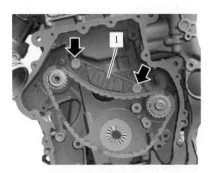

图 2-70 安装导向器（滑轨）
1—导向器（滑轨）

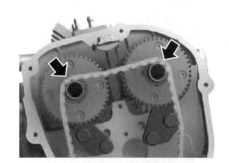

图 2-71 将凸轮轴正时链挂到凸轮轴销轴上

⑦ 将机油泵驱动装置的正时链放到三级链轮上。如图 2-72 所示，沿箭头方向将曲轴正时齿轮（三级链轮）向发动机侧翻转并插到曲轴上。标记（箭头）必须相对。

⑧ 如图 2-73 所示，安装平衡轴传动链时，将平衡轴传动链的彩色链节（箭头）定位在曲轴正时齿轮（三级链轮）的标记上。然后安装张紧导轨 1 和导轨（滑轨）2，拧紧螺栓 3。

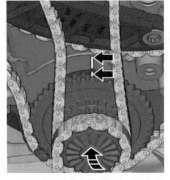

图 2-72 将曲轴正时齿轮插到曲轴上

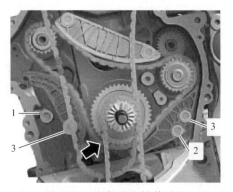

图 2-73 安装平衡轴传动链
1—张紧导轨；2—导轨；3—螺栓

⑨ 再次检查平衡轴传动链的安装情况，彩色链节（箭头）必须对准链轮的标记，如图 2-74 所示。

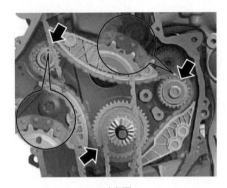

(a) 示意图

(b) 实物图

图 2-74 平衡轴传动链的安装情况检查

⑩ 将凸轮轴正时链放到进气和排气凸轮轴的正时齿轮（链轮）上，曲轴上的正时链也对正标记。如图 2-75 所示，将彩色链节（箭头）对正链轮的标记。

⑪ 再次检查凸轮轴正时链和平衡轴传动链的安装情况，确保彩色链节（箭头）对准链轮的标记，如图 2-76 所示。

图 2-75 将彩色链节（箭头）
对正链轮的标记上

图 2-76 检查彩色链节（箭头）
对准链轮的标记

4. 链条伸长诊断功能

由于发动机的使用，发动机正时链条最终会随着时间而拉伸。长期看，这会对发动机造成严重损坏。诊断正时链条张紧度的目的是了解正时链条的状态，进而避免发动机受到潜在损坏。

(1) 工作原理　如图 2-77 所示，发动机控制单元利用发动机转速传感器 G28、霍尔传感器 G300（凸轮轴位置传感器 1）和霍尔传感器 G40（凸轮轴位置传感器 2）这三个传感器的信号，通过凸轮轴与曲轴的相对位置检测链条伸长度，可以在任何给定时间获知正时链条的长度，并根据其张紧度做出两种响应。

① 拉伸 0.5%：发动机控制单元会存储一个警告事件，不需要采取任何措施。

② 拉伸 0.75%：发动机控制单元再次存储一个警告事件，并以故障码的形式存储，提示维修人员应进行诊断维修。

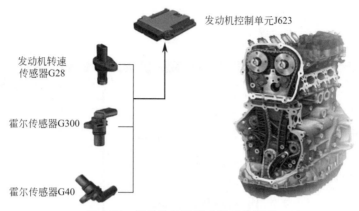

图 2-77 链条伸长诊断功能工作原理

(2) 链条张紧器的检查 链条张紧器的工作情况是用链条张紧器活塞齿数来计数的,如果伸出的活塞齿数等于或大于 7,则需要更换链条。

如图 2-78 所示为链条张紧器的安装位置,从图中可看到链条张紧器活塞伸出的齿数。

沿发动机转动方向转动曲轴皮带轮,直至链条张紧器活塞沿图 2-79 箭头所示的方向最大限度伸出。数出可见的链条张紧器活塞齿数(可见齿数是指位于张紧器壳体右侧的所有的齿),如可见齿数不超过 6 个,则不需更换正时链;如可见齿数等于或大于 7 个(图中可看到 7 圈),则必须更换正时链。

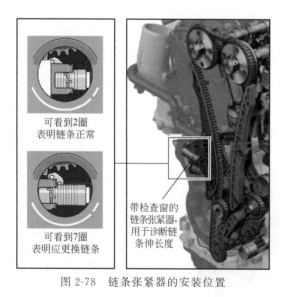

图 2-78 链条张紧器的安装位置

图 2-79 链条张紧器的检查

(3) 链条伸长诊断功能的基本设定

① 前提条件。

a. 更换了连接至链条传动装置的发动机组件。

b. 更换了正时链或整个发动机。

② 基本设定。

a. 使用故障诊断仪,选择更换链传动机构附近的部件,发动机控制单元将读取正时链条的状态。相邻部件包括凸轮轴或气缸盖等。

b. 如图 2-80 所示，选择更换新正时链条或整个发动机，选择"01-维修链条传动机构后的调校"，正时链条张紧度诊断将重置。

图 2-80　选择"01-维修链条传动机构后的调校"

第四节　润滑系统

一、润滑系统的结构

1. 润滑系统的润滑油路

EA888 发动机润滑系统的润滑油路如图 2-81 所示。机油泵从油底壳中吸取机油，经由

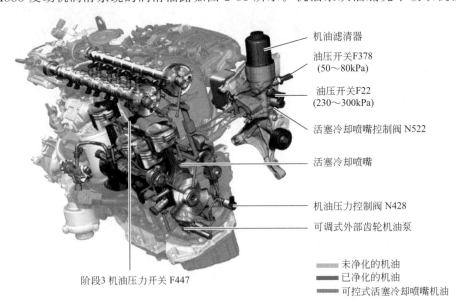

图 2-81　EA888 发动机润滑系统的润滑油路

机油滤清器后经主油道输送到发动机各润滑表面,如曲轴主轴颈、连杆轴颈、凸轮轴轴颈、活塞销等处,缸壁靠曲轴转动带起的机油飞溅润滑。

2. 机油泵与油底壳

(1) 机油泵与油底壳的安装位置　机油泵与油底壳的安装位置如图2-82所示。

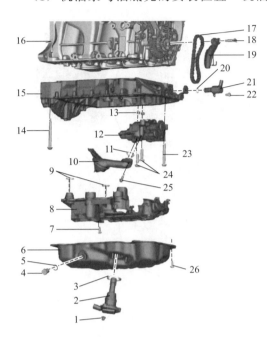

图2-82　机油泵与油底壳的安装位置

1—螺母;2—机油油位和机油温度传感器G266;3—密封圈;4—放油螺塞;5—密封垫圈;6—油底壳下部件;7,22~26—螺栓;8—挡油板;9,11,20—O形圈;10—吸油管;12—机油泵;13—定位销;14—螺栓;15—油底壳上部件;16—气缸体;17—机油泵链条;18—导向螺栓;19—机油泵链条张紧器;21—机油压力调节阀N428

(2) 机油泵　机油泵为可调式,其零件分解图如图2-83所示。

3. 机油冷却器

机油冷却器如图2-84所示。

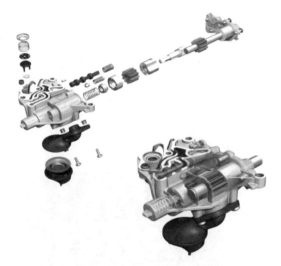

图2-83　机油泵零件分解图

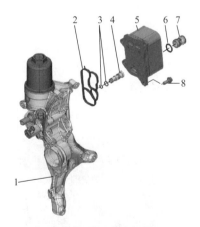

图2-84　机油冷却器

1—辅助总成支架;2—密封垫;3,6—O形圈;4—机械开关阀;5—机油冷却器;7—连接管;8—螺栓

4. 机油滤清器

机油滤清器如图 2-85 所示。

5. 油压开关、油压调节阀的位置

油压开关、油压调节阀的位置如图 2-86 所示。

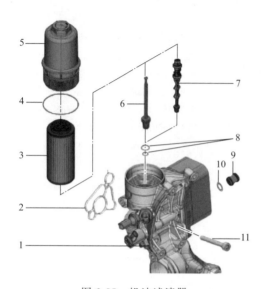

图 2-85 机油滤清器

1—辅助总成支架；2—密封垫；3—机油滤清器；
4,8,10—O 形圈；5—机油滤清器壳体；
6—排油接头（类型Ⅰ）；7—排油接头
（类型Ⅱ）；9—管接头；11—螺栓

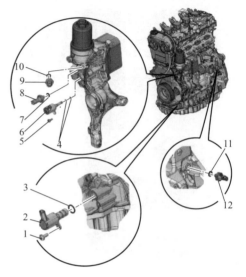

图 2-86 油压开关、油压调节阀的位置

1,5—螺栓；2—机油压力调节阀 N428；3,4—O 形圈；
6—活塞冷却喷嘴控制阀 N522；7,10,11—密封垫；
8—油压开关 F22；9—油压开关 F378；
12—油压开关 F447（阶段 3）

二、润滑系统的检修

1. 主要部件螺栓拧紧顺序

（1）油底壳下部件螺栓拧紧顺序　按图 2-87 所示的数字顺序，分三步拧紧螺栓 1~20。

① 先用手旋入螺栓。

② 以 8N·m 的力矩拧紧螺栓。

③ 将螺栓继续旋转 90°。

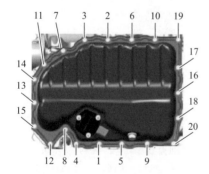

图 2-87 油底壳下部件螺栓拧紧顺序

1~20—螺栓拧紧顺序

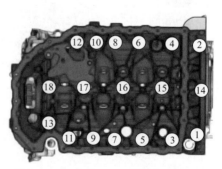

图 2-88 油底壳上部件螺栓拧紧顺序

1~18—螺栓拧紧顺序

（2）油底壳上部件螺栓拧紧顺序　按图2-88所示的数字顺序，分五步拧紧螺栓1～18，如表2-8所示。

表2-8　油底壳上部件螺栓拧紧步骤

阶段	拧紧顺序和规定力矩
1.螺栓1～18	以8N·m的力矩拧紧
2.螺栓1和2	继续旋转180°
3.螺栓3～13	继续旋转45°
4.螺栓14	继续旋转180°
5.螺栓15～18	继续旋转90°

2.检查机油油位

（1）机油加注量　车辆出厂时机油加注量为5.6L（数据包括机油滤清器），售后维修保养时机油加注量小于或等于该值，实际加注量应根据机油油位略微调整。

（2）检测条件

① 发动机机油温度至少应为60℃。

② 车辆处于水平位置。

③ 关闭发动机后等待几分钟，以便机油流回油底壳。

（3）检验流程

① 拉出机油尺，用干净的抹布擦净后将机油尺重新插入并推到底。

② 再次拔出机油尺并读出机油油位。如图2-89所示，油位不得超过最高刻度（箭头1）或低于最低刻度（箭头2）。

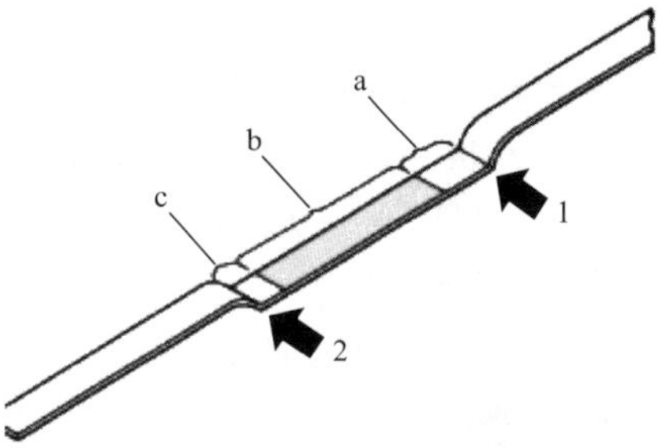

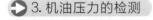

图2-89　油尺上的标记

1—最高刻度；2—最低刻度；a—不得添加机油；b—可添加机油；c—必须添加机油

3.机油压力的检测

检测的前提条件

★发动机机油油位正常。

★发动机冷却液温度最低为80℃（散热器风扇必须运行过一次）。

★点火开关接通后，机油压力报警灯约亮起3s后关闭。

★机油泵的机油压力两级可调，需要对机油压力依次进行检查。

★发动机在初始磨合期或者在紧急状态下，机油泵只会以高油压状态下运行。

★一旦旋松，需每次更换油压开关F378。

★把抹布放在组合支架下面，以接收溢出的发动机机油。

① 如图2-90所示，脱开机油压力低压开关F378上的连接插头（2），旋出机油压力低压开关F378（1）。

② 将机油压力测试仪VAG 1342取代机油压力低压开关F378拧入机油滤清器支架。

③ 如图2-91所示，将机油压力低压开关F378拧入机油压力测试仪VAG 1342。

④ 启动发动机，观察机油压力数值。

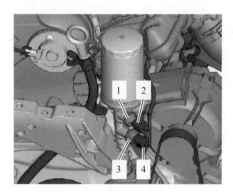

图 2-90 机油压力开关
1—机油压力低压开关 F378；2,4—连接插头；3—机油压力开关 F22

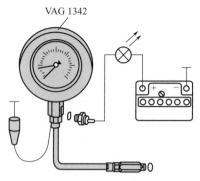

图 2-91 将机油压力低压开关拧入机油压力测试仪

a. 发动机怠速运转时的机油压力为 85～160kPa。
b. 发动机转速在 2000r/min 时的机油压力为 120～160kPa。
c. 发动机转速在 3700r/min 时的机油压力为 120～160kPa。
⑤ 关闭发动机。
⑥ 拔下机油压力调节阀 N428 的插头。

维修提示

- 注意应将拔掉的插头放置在安全位置，防止与皮带产生接触。
- 拔下插头后机油泵将以高压状态工作。

⑦ 启动发动机，检查不同转速下的机油压力。
a. 发动机怠速运转时的机油压力为 85～400kPa。
b. 发动机转速在 2000r/min 时的机油压力为 200～400kPa。
c. 发动机转速在 3700r/min 时的机油压力为 300～400kPa。
⑧ 安装新的机油压力低压开关 F378（要求每次测量之后更换新件）。
⑨ 插入机油压力调节阀 N428 的插头。
⑩ 用故障诊断仪清除故障码。

维修提示

如果低于额定值则采取以下方式。
★ 检查进油管的滤网是否脏污。
★ 检测机油压力调节阀 N428。
★ 检查机械性损伤，例如轴承损伤也可能造成机油压力过低。
★ 如果未确定故障，则更换机油泵。

4. 活塞冷却喷嘴机油压力的检测

检测的前提条件

★ 发动机机油油位正常。
★ 发动机冷却液温度最低为80℃（散热器风扇必须运行过一次）。
★ 一旦旋松，需每次更换油压开关F447。
★ 把抹布放在水泵侧，以接收溢出的发动机机油。

① 拆卸油压开关F447。
② 在油压开关F447位置旋入机油压力测试仪VAG 1342。
③ 将油压开关F447旋入机油压力测试仪VAG 1342中。
④ 如图2-92所示，拔下活塞冷却喷嘴控制阀N522插头，并将活塞冷却喷嘴控制阀N522和插头分别与测试线（2针+3针）VAS 5571连接。
⑤ 安装所有进气管及空滤，启动发动机并怠速运转，断开活塞冷却喷嘴控制阀N522插头，此时机油压力测试仪VAG 1342显示的油压数据有明显向上的波动压力。
⑥ 检测完毕后，关闭发动机。
⑦ 拆下检测设备，安装拆下的部件。

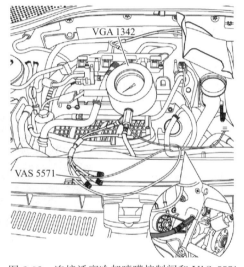

图2-92 连接活塞冷却喷嘴控制阀和VAS 5571

三、曲轴箱通风装置

1. 安装位置与结构

曲轴箱通风装置中的油气分离器安装位置如图2-93所示，其内部结构如图2-94所示。

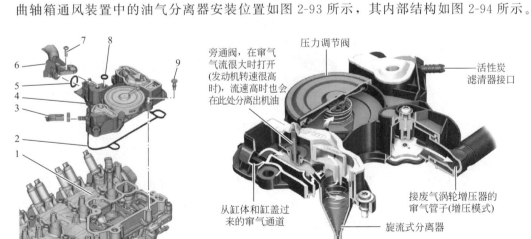

图2-93 油气分离器安装位置
1—气缸盖罩；2—密封圈；3,6—软管；
4—油气分离器；5,8—密封垫；7,9—螺栓

图2-94 油气分离器内部结构

2. 油气分离器的拆装

油气分离器上的螺栓拧紧顺序如图 2-95 所示。

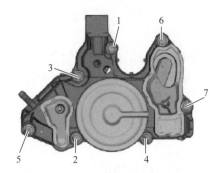

图 2-95 油气分离器上的螺栓拧紧顺序
1~7—螺栓拧紧顺序

四、进、排气系统

1. 进气系统

EA888 发动机的进气系统如图 2-96 所示。气体流动情况如图 2-97 所示。

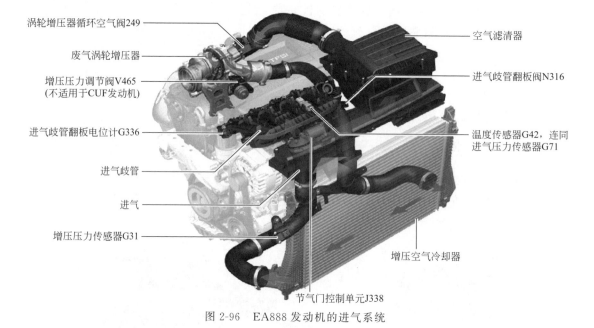

图 2-96 EA888 发动机的进气系统

2. 集成式排气歧管

EA888 发动机的一个重要改进就是使用了带有点火顺序分隔装置的冷却式排气歧管，该歧管直接集成在气缸盖内，如图 2-98 所示。由于使用了这种集成式排气歧管，与普通的歧管相比，涡轮前部的废气温度则明显降低，因此使用了耐高温涡轮增压器。

通过这种改进后的组合，就可以（尤其是在高转速时）基本上取消了用于保护涡轮的全负荷加浓工况。因此，在正常行驶工况以及以运动方式驾车行驶时，燃油消耗明显降低。

另外，如图 2-99 所示，集成式排气歧管附近有冷却水道，使得冷却液能得到快速预热，因此该歧管是温度管理的重要组件。

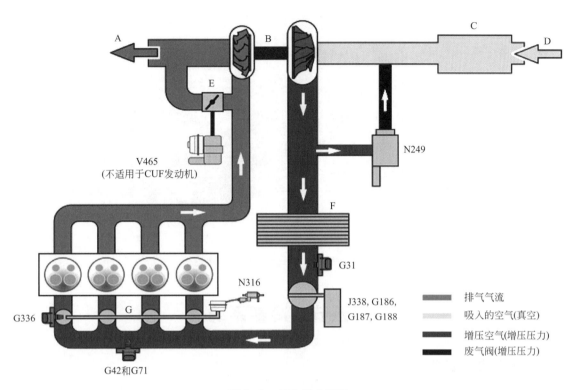

图 2-97 气体流动情况

G31—增压压力传感器；G42—进气温度传感器；G71—进气歧管压力传感器；G186—电子油门的节气门驱动器；G187—电子油门的节气门驱动器的角度传感器 1；G188—电子油门的节气门驱动器的角度传感器 2；G336—进气歧管翻板电位计；J338—节气门控制单元；N249—涡轮增压器循环空气阀；N316—进气歧管翻板；V465—增压压力调节器；A—废气气流；B—废气涡轮增压器；C—空气滤清器；D—新鲜空气气流；E—废气泄放阀；F—增压空气冷却器；G—进气歧管翻板

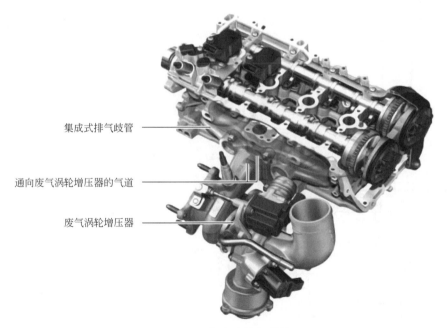

图 2-98 集成式排气歧管

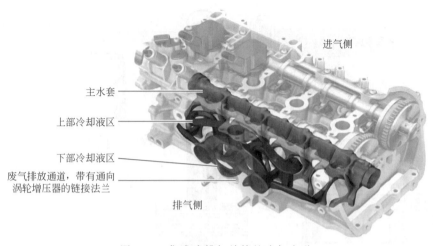

图 2-99 集成式排气歧管的冷却水道

第五节　冷却系统

一、冷却系统的结构

1. 冷却液软管连接

冷却系统主要由冷却液泵（水泵）、冷却液温度传感器、散热器等组成，冷却液软管连接图如图 2-100 所示。

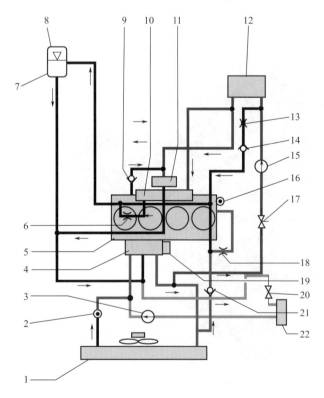

图 2-100　冷却液软管连接图
1—散热器；2—冷却液温度传感器 G83（散热器出口处）；3—冷却液继续循环（补给）泵 V51；4—发动机温度调节伺服元件 N493；5—气缸盖；6、13、18—限流阀；7—冷却膨胀罐；8—冷却液膨胀罐密封盖；9、21—单向阀；10—排气歧管；11—废气涡轮增压器；12—暖风装置的热交换器；14—单向阀；15—增压空气冷却泵 V188；16—冷却液温度传感器 G62；17—冷却液断流阀 N82；19—冷却液泵（水泵）；20—变速器冷却液阀 N488；22—变速器油冷却器

2. 冷却液泵的结构

冷却液泵的结构如图 2-101 所示。

3. 发动机温度调节伺服（执行）元件 N493

发动机温度调节伺服（执行）元件 N493 的结构如图 2-102 所示。

发动机温度调节伺服（执行）元件 N493 采用两个机械连接的旋转滑阀来调节冷却液液流。旋转阀角度位置的调节是按照发动机控制单元内的各种特性曲线进行的。通过旋转阀的相应位置，可实现不同的切换状态。因此，可让发动机快速预热，也就使得发动机冷车状态下磨损变小（因此燃油消耗就小）。另外，可使发动机温度控制在 85～107℃之间。该元件还有一个安全装置即紧急模式恒温器，在冷却系统发生故障时，可在冷却液温度达 113℃ 时启动，来冷却发动机。

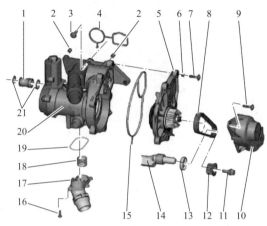

图 2-101 冷却液泵的结构

1—连接套管；2—定位销；3,7,9,11,16—螺栓；4,15,19—密封垫；5—冷却液泵；6—螺栓衬套；8—齿形皮带；10—齿形皮带盖罩；12—齿形皮带驱动轮；13—进气侧平衡轴密封圈；14—进气平衡轴；17—管接头；18—弹簧；20—发动机温度调节伺服元件 N493；21—O 形圈

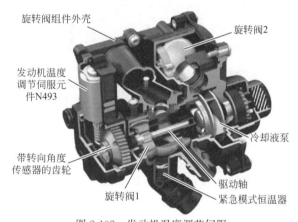

图 2-102 发动机温度调节伺服（执行）元件 N493 的结构

二、冷却系统的检修

维修提示

◆在发动机热态时，冷却系统处于压力状态，修理时需要卸压。可用抹布盖住冷却液膨胀罐的密封盖并小心地打开，以卸除压力。

◆软管接头是用弹性卡箍紧固的，修理时只可使用弹性卡箍。

◆安装时，冷却液和冷却液软管末端上的标记必须相对。

◆热蒸气和热冷却液可能会造成烫伤。

◆所添加的冷却液，其牌号应与现用的冷却液相同。不得加水，因为加水后，冷却液中的防冻剂浓度降低，会使冷却液冰点上升，冷却系统产生锈蚀、结垢等。

◆原厂冷却液 G13 能够更好地保护整个冷却系统，降低沉积和锈蚀的风险。G13 可将沸点提高到 135℃，并具有较好的散热性。

1. 冷却液的排放与添加

（1）排放

① 如图 2-103 所示，打开冷却液膨胀罐（储液罐）的膨胀罐盖。

② 拆卸隔声垫。

③ 将收集冷却液的容器（如收集盘 VAS 6208）置于发动机下方。

④ 如图 2-104 所示，拔下散热器出口处的冷却液温度传感器 G83 的插头，脱开散热器下部冷却液管 1，将冷却液放掉。

图 2-103　打开膨胀罐盖

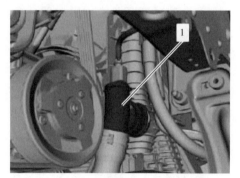

图 2-104　脱开散热器下部冷却液管

1—散热器下部冷却液管

⑤ 将冷却液继续循环泵 V51 下面的冷却液软管脱开，并将剩余的冷却液放掉。

（2）添加

① 先按拆卸的相反顺序安装拆下来的零件，将下部冷却液管连接到散热器上。安装散热器出口处的冷却液温度传感器 G83 的插头。将冷却液软管连接至冷却液继续循环泵 V51 上。安装增压空气导管。安装隔声垫。

② 使用冷却系统加注装置 VAS 6096（图 2-105）加注冷却液。可使用折射计（图 2-106）确定当前的冷却液浓度。

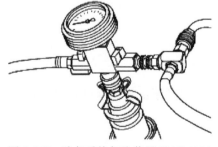

图 2-105　冷却系统加注装置 VAS 6096

图 2-106　折射计

③ 无冷却系统加注装置 VAS 6096 时加注冷却液的方法如下。

a. 先将冷却液添加到膨胀罐上最高标记处（图 2-107 中上横线处）。

b. 装回膨胀罐盖，确保膨胀罐密闭。关闭暖风鼓风机。

c. 启动发动机，使发动机转速约为 2000r/min，并保持约 3min。

d. 使发动机运转至风扇启动。检测储液罐中冷却液的液位。

e. 发动机暖机时冷却液液位必须位于最高标记处，而冷机时则必须位于最低和最高标记之间（图 2-107）。

f. 必要时添加冷却液。

2. 冷却系统密封性的检查

维修提示

★检查前的条件是发动机已达到正常的工作温度。

（1）检查冷却系统密封性

① 打开冷却液膨胀罐的膨胀罐盖。

② 如图 2-108 所示，将冷却系统检测设备 FVN VAG 1274 连同冷却系统检测设备的适配接头 FVN VAG 1274/8 安装在冷却液膨胀罐上。

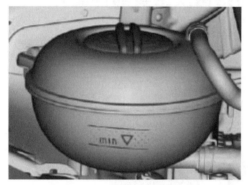

图 2-107 冷却液膨胀罐标记

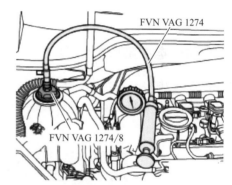

图 2-108 冷却系统检测设备安装在冷却液膨胀罐上

③ 用检测设备的手动泵产生一个约 150kPa 的压力。不允许压力在 10min 内下降 20kPa 以上。如果压力下降 20kPa 以上，应查找泄漏点并将故障排除。

（2）膨胀罐盖中安全阀的检查

① 如图 2-109 所示，将冷却系统检测设备 FVN VAG 1274 连同冷却系统检测设备的适配接头 FVN VAG 1274/9 安装在膨胀罐盖上。

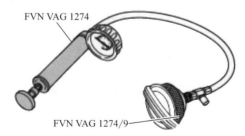

图 2-109 冷却系统检测设备安装在冷却液膨胀罐盖上

② 启动冷却系统检测设备 FVN VAG 1274。

③ 当过压达到 160～180kPa 时，安全阀必须打开。若安全阀未打开，表明膨胀罐盖中的安全阀损坏，应更换膨胀罐盖。

第三章 发动机电控系统

第一节　发动机电控系统的结构及主要部件简介

一、发动机电控系统的结构

1. 发动机电控系统主要部件安装位置

发动机电控系统主要部件安装位置如图3-1和图3-2所示。

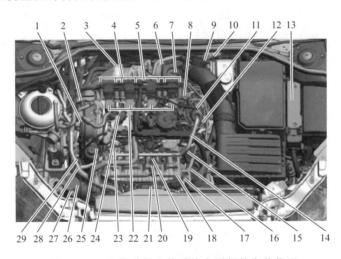

图3-1　1.8L发动机电控系统主要部件安装位置

1—进气凸轮轴调节阀1 N205；2—排气凸轮轴调节阀1 N318；3—尾气催化净化器后的氧传感器1 GX7（包括尾气催化净化器下游的氧传感器G130、尾气催化净化器后的氧传感器1加热装置Z29）；4—排气凸轮调节器（N580、N581、N588、N589、N596、N597、N604、N605）；5—尾气催化净化器前的氧传感器1 GX10（包括氧传感器G39和氧传感器加热Z19）；6—涡轮增压器循环空气阀N249；7—增压压力限制电磁阀N75；8—霍尔传感器3 G300；9—制动信号灯开关F和制动踏板开关F47；10—氧传感器GX10和GX7连接插头；11—带燃油压力调节阀N276的高压油泵；12—冷却液温度传感器G62；13—发动机控制单元J623；14—霍尔传感器G40；15—气流控制风门（进气歧管风门）的真空罐；16—进气管风门阀门N316；17—发动机转速传感器G28；18—用于以下用途的连接插头（爆震传感器1 G61、进气管风门阀门N316、燃油压力传感器G247、进气管风门电位计G336、霍尔传感器G40、喷油器N30～N33）；19—爆震传感器1 G61；20—进气管传感器GX9；21—节气门控制单元GX3（包括节气门驱动装置G186、节气门驱动装置角度传感器1 G187和节气门驱动装置角度传感器2 G188）；22—带功率输出级的点火线圈；23—燃油压力传感器G247；24—活性炭罐电磁阀1 N80；25—进气管风门电位计G336；26—散热器出水口冷却液温度传感器G83；27—增压压力传感器G31；28—机油压力调节阀N428；29—油压开关F22、机油压力降低开关F378及活塞冷却喷嘴控制阀N522

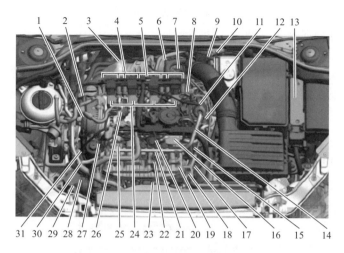

图 3-2 2.0L 发动机电控系统主要部件安装位置

1—进气凸轮轴调节阀 1 N205；2—排气凸轮轴调节阀 1 N318；3—尾气催化净化器后的氧传感器 1 GX7（包括尾气催化净化器下游的氧传感器 G130、尾气催化净化器后的氧传感器 1 加热装置 Z29）；4—排气凸轮调节器（N580、N581、N588、N589、N596、N597、N604、N605）；5—尾气催化净化器前的氧传感器 1 GX10（包括氧传感器 G39 和氧传感器加热 Z19）；6—涡轮增压器循环空气阀 N249；7—增压调节器 V465；8—霍尔传感器 3 G300；9—制动信号灯开关 F 和制动踏板开关 F47；10—氧传感器 GX10 和 GX7 连接插头；11—带燃油压力调节阀 N276 的高压油泵；12—冷却液温度传感器 G62；13—发动机控制单元 J623；14—霍尔传感器 G40；15—气流控制风门（进气歧管风门）的真空罐；16—喷油器（进气歧管）对接插头；17—进气管风门阀门 N316；18—发动机转速传感器 G28；19—用于以下用途的连接插头（爆震传感器 1 G61、进气管风门阀门 N316、燃油压力传感器 G247、进气管风门电位计 G336、霍尔传感器 G40、喷油器 N30～N33）；20—爆震传感器 1 G61；21—低压燃油压力传感器 G410；22—进气管传感器 GX9；23—节气门控制单元 GX3（包括节气门驱动装置 G186、节气门驱动装置角度传感器 1 G187 和节气门驱动装置角度传感器 2 G188）；24—带功率输出级的点火线圈；25—燃油压力传感器 G247；26—活性炭罐电磁阀 1 N80；27—进气管风门电位计 G336；28—散热器出水口冷却液温度传感器 G83；29—增压压力传感器 G31；30—机油压力调节阀 N428；31—油压开关 F22、机油压力降低开关 F378 及活塞冷却喷嘴控制阀 N522

2. 2.0L 发动机电控系统的工作原理（输入与输出信号）

2.0L 发动机电控系统的工作原理（输入与输出信号）如图 3-3 所示。

3. 2.0L 发动机燃油双喷系统

新 2.0L TSI 发动机具有燃油双喷系统，也就是说有两种油气混合方法。第一种方法是使用高压燃油喷射系统在气缸内进行直接喷射（TSI）；第二种方法是使用进气歧管燃油喷射系统（MPI）。

采用燃油双喷系统，一方面可以兼顾发动机在不同工况下的效率；另一方面还可以降低排放，满足日益苛刻的排放法规要求。

新 2.0L TSI 发动机将燃油系统的高压喷射系统从 15000kPa 提高到 20000kPa，包括 MPI 单喷射、高压单喷射、高压双喷射和高压三重喷射等喷油模式。发动机在不同工况下的运行模式如下。

（1）发动机启动 当发动机处于冷态且冷却液温度低于 45℃ 时，每次发动机启动，就在压缩循环中通过高压喷射系统进行三重直喷。

（2）发动机在部分负荷范围下运行 如果发动机温度高于 45℃，并且发动机在部分负荷范围中被驱动，则发动机切换到 MPI 模式。进气歧管翻板在大多数情况下保持关闭。

（3）发动机在高转速全负荷下运行 基于高性能需求，系统切换到高压模式。在进气和压缩循环中进行双重直喷。

（4）暖机和催化转换器加热　此阶段，在进气和压缩循环中进行双重直喷。点火点有一定的延迟。进气歧管翻板关闭。

（5）发动机在低转速全负荷下运行　基于高性能需求，系统切换到高压单喷模式。

（6）紧急运行功能　如果任一喷油系统发生故障，发动机使用另一个系统由发动机控制单元驱动，从而确保车辆仍可继续行驶。组合仪表中的红色发动机指示灯亮起。

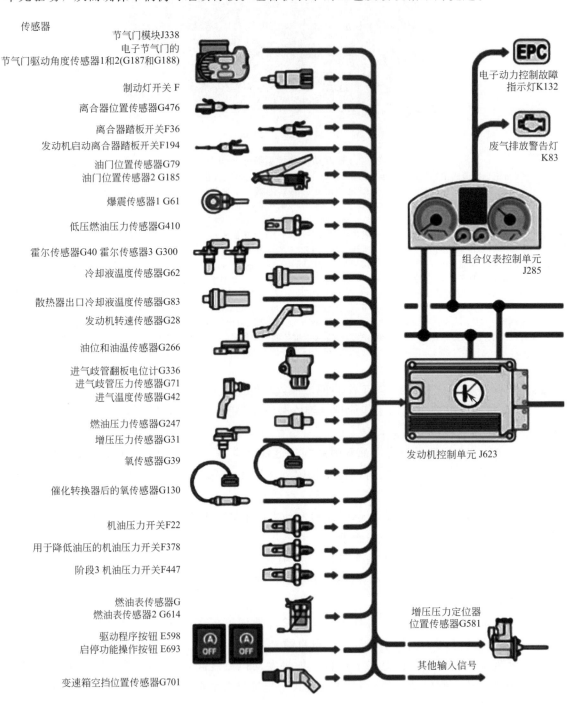

(a)

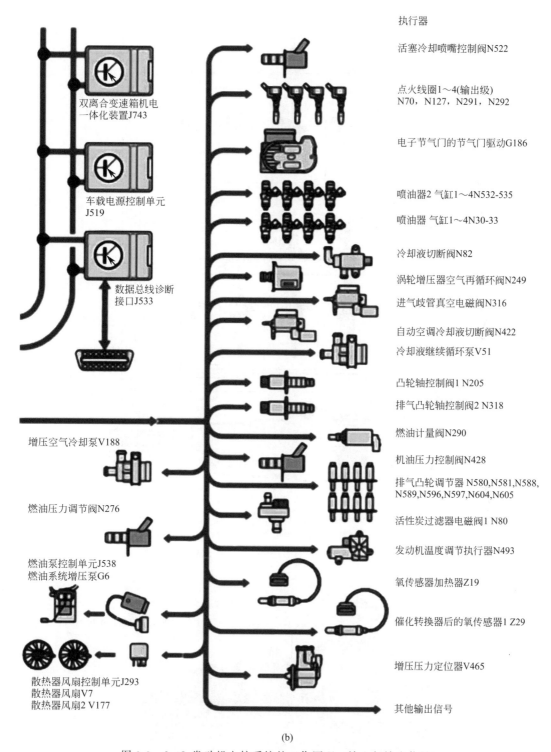

图 3-3 2.0L 发动机电控系统的工作原理（输入与输出信号）

如图 3-4 所示为 2.0L 发动机燃油双喷系统示意图，如图 3-5 所示为 2.0L 发动机燃油双喷系统结构图，如图 3-6 所示为 2.0L 发动机燃油双喷系统进气歧管零件布置图，如图 3-7 所示为 2.0L 发动机燃油双喷系统喷油器与油轨零件布置图，如图 3-8 所示为 2.0L 发动机燃油双喷系统高压油泵。

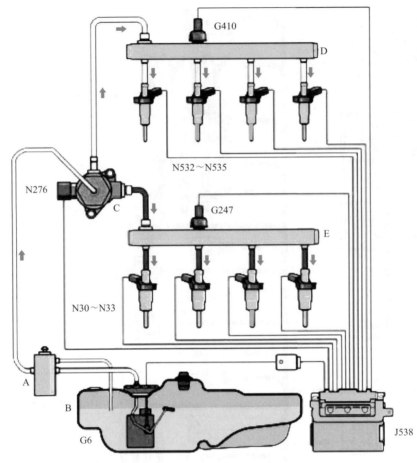

图 3-4 2.0L 发动机燃油双喷系统示意图

G6—燃油系统增压泵；G247—燃油压力传感器；G410—低压燃油压力传感器；J538—燃油泵控制单元；
N276—燃油压力调节阀；N30~N33—TSI 喷油器（高压喷油器）；N532~N535—MPI 喷油器（低压喷油器）；
A—燃油滤清器；B—燃油箱；C—高压（燃）油泵；D—低压燃油油轨；E—高压燃油油轨

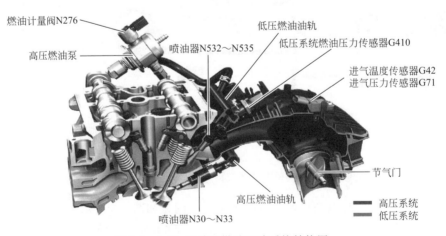

图 3-5 2.0L 发动机燃油双喷系统结构图

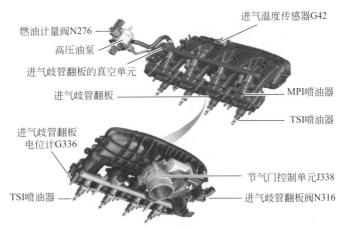

图 3-6　2.0L 发动机燃油双喷系统进气歧管零件布置图

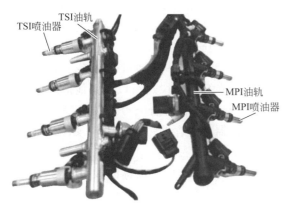

图 3-7　2.0L 发动机燃油双喷系统喷油器与油轨零件布置图

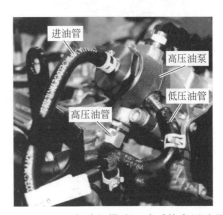

图 3-8　2.0L 发动机燃油双喷系统高压油泵

二、发动机电控系统主要部件简介

1. 凸轮轴位置传感器 G40 和 G300

（1）安装位置　如图 3-9 所示，霍尔传感器 G40（进气凸轮轴位置传感器）通过螺钉固定在气缸盖进气侧，霍尔传感器 G300（排气凸轮轴位置传感器）用螺钉固定在气缸盖上。

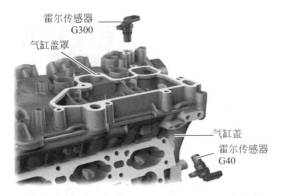

图 3-9　凸轮轴位置传感器 G40 和 G300 的安装位置

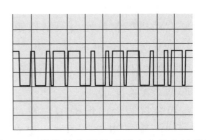

图 3-10　凸轮轴位置传感器产生的方波信号

(2) 功用 两个传感器读取两个凸轮轴信号发生器盘的转数，根据齿轮齿数或缺口数，两个传感器内部的电子装置可生成一个介于 0~5V 的方波信号（波形），如图 3-10 所示。

这些信号的频率随凸轮轴的转速变化而变化，将每个凸轮轴的位置报告给发动机控制单元。

(3) 故障影响 如果该信号缺失，则发动机启动时间延长可变正时停用。

2. 机油压力开关 F378、F22 和 F447

机油压力开关 F378 和 F22 的位置如图 3-11 所示。

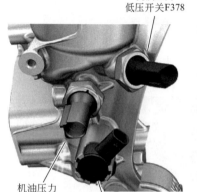

图 3-11 机油压力开关 F378 和 F22 的位置

(1) 机油压力低压开关 F378

① 信号的用途和任务。利用该信号，发动机管理系统会监控两段式外部齿轮机油泵的压力控制情况。

② 故障的影响。如果没有来自用于机油压力低压开关 F378 的信号，则无法进行两段式油压控制。如果机油压力开关故障，故障存储器中会存储一条故障记录且机油警告灯亮起，然后机油泵仅在高压阶段下运行。

(2) 机油压力高压开关 F22

① 信号的用途和任务。发动机管理系统通过此传感器检查机油泵是否在高油压段运行以及其他情况。

② 故障的影响。如果机油压力开关故障，发动机控制单元的故障存储器中会存储一条故障记录，且机油警告灯亮起。

(3) 机油压力开关 F447（也称阶段 3 或 3 级机油压力开关）

机油压力开关 F447 的安装位置见图 2-81，该开关用螺钉固定在发动机气缸体进气侧，与机油喷射器接触。当处于静止状态时，该开关打开，并且在油压为 60kPa 时关闭。

① 信号的用途和任务。发动机控制单元使用来自开关的信号，获知活塞的冷却状态。

② 故障的影响。当信号丢失时，活塞冷却功能保持启用，以确保安全。

3. 活塞冷却喷射控制阀 N522

活塞冷却喷射控制阀 N522 的位置见图 3-11，如图 3-12 所示为其实物图。

(1) 信号的用途和任务 活塞顶并不是在任何工况下都需要冷却的，有针对性地关闭活塞冷却喷嘴，停止活塞冷却，可降低机油泵功耗，降低油耗，进而降低污染排放。

(2) 故障的影响 导致活塞冷却喷射控制阀 N522 不工作的故障，会引起下述应急反应。

a. 发动机控制单元会限制扭矩和转速。

b. 如果发生断电或对正极短路，则活塞冷却喷射控制阀 N522 将始终启用；如果出现搭铁（接地）短路，则活塞冷却喷射控制阀 N522 停止。

c. 组合仪表上出现提示，发动机转速被限制到 4000r/min，出现嘟嘟的提示声响，EPC（发动机电子稳定系统，也称电子节气门）灯亮起。

图 3-12 活塞冷却喷射控制阀实物图

(3) 控制方式　发动机控制单元使用来自冷却液温度传感器 G62、油门踏板模块 GX2 和发动机转速传感器 G28 的信号控制活塞冷却喷嘴控制阀 N522 的通、断电。活塞冷却喷射控制阀的控制方式如图 3-13 所示，其控制原理如图 3-14 所示。

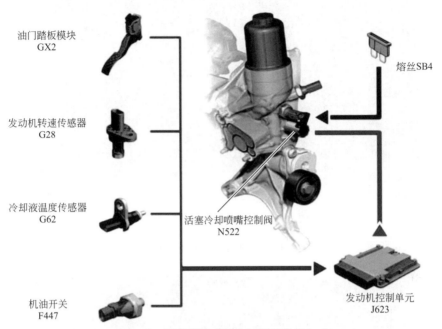

图 3-13　活塞冷却喷射控制阀的控制方式

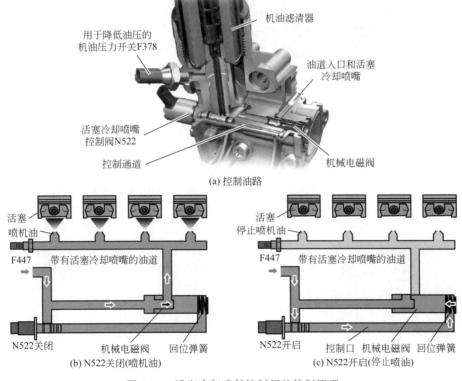

图 3-14　活塞冷却喷射控制阀的控制原理

(4) N522 的工作波形

① 如图 3-15 所示，负荷较小时 N522 的波形不随转速变化。高电位时电磁阀断电。

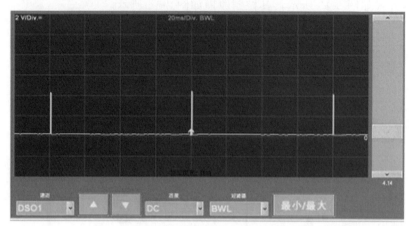

图 3-15　负荷较小时 N522 的波形

② 如图 3-16 所示，N522 的高电位波形做时间和电压分度值调整。

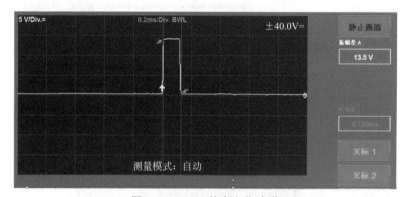

图 3-16　N522 的高电位波形

4. 燃油压力传感器 G247

（1）安装位置　燃油压力传感器为带有压阻元件的膜片式传感器，位于燃油高压分配轨上，与内部燃油接触。如图 3-17 所示为其实物图。

图 3-17　燃油压力传感器实物图

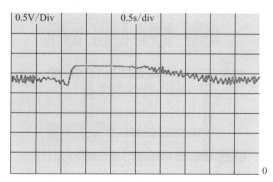

图 3-18　燃油压力传感器工作波形

(2) 功用 根据燃油高压分配通道内部的压力,该传感器生成一个介于 0~5V 的线性信号。发动机控制单元使用传感器发出的信号,获知燃油高压分配通道内部的压力。

(3) 故障影响 若信号中断,发动机控制单元会存储故障,并用固定的 5000kPa 压力信号作为替代。

(4) 工作波形 燃油压力传感器工作波形如图 3-18 所示。

5. 排气凸轮调节器 N580~N587

(1) 功用 排气凸轮调节器 N580~N587 通过螺钉固定在气缸盖罩上。其功能是驱动排气凸轮轴凸轮支架。

(2) 故障影响 如果其中一个排气凸轮调节器出现故障,则气门升程系统停用,且可以感觉到发动机扭矩下降。

(3) 控制原理 排气凸轮调节器的控制原理如图 3-19 所示。

(4) 排气凸轮调节器的工作波形 如图 3-20 所示。

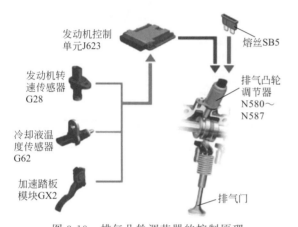

图 3-19 排气凸轮调节器的控制原理

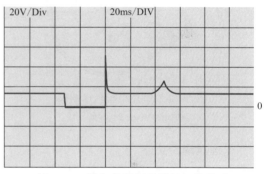

图 3-20 排气凸轮调节器的工作波形

第二节 发动机电控系统的检修

一、发动机电控系统自诊断

> **维修提示**
>
> ★发动机控制单元装备有自诊断系统。在维修前以及进行故障查询时,必须首先查询故障存储器记录。同样必须检查真空软管和接头(渗入空气)。
>
> ★发动机舱内的燃油软管只允许用弹簧卡箍固定,不允许使用固定卡箍或螺纹卡箍。
>
> ★为使电气部件功能正常,需要至少 11.5V 的电压。
>
> ★不要使用含硅树脂的密封剂。被发动机吸入的少量硅树脂成分在发动机内不燃烧,可能损坏氧传感器。
>
> ★汽车具有碰撞燃油切断功能。它通过燃油泵控制单元断开燃油输送单元的供电,从而降低碰撞后汽车失火的危险。同时使用该设备也能改善发动机在启动过程的舒适性。在打开驾驶员车门时燃油输送单元受控 2s,以便压力在燃油系统中形成,注意安全措施。

1. 查询并删除发动机控制单元故障存储器的内容

① 如图 3-21 所示，连接车辆自诊断、测量与信息系统 VAS 5051B 或车辆诊断和维修信息系统 VAS 5052A。将诊断导线的插头插到驾驶员脚部空间的诊断接口上。

② 只在发动机不启动时打开点火开关。

a. 选择操作模式：按下显示器上的 车辆自诊断 按钮。

b. 选择汽车系统：按下显示器上的 发动机电控系统 按钮。

如图 3-22 所示，显示器上显示控制单元识别码与故障码，以及在中部区域内显示底盘编号和防盗锁止系统的识别号码。必要时可以打印输出。可按下 打印 按钮。

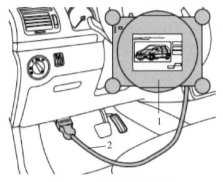

图 3-21 连接车辆诊断仪
1—诊断仪；2—诊断导线

图 3-22 显示器上的显示
1,2—显示的信息

c. 选择诊断功能。

ⓐ 按下显示器上的 故障码存储器 按钮。

ⓑ 按下显示器上的 查询故障存储器 按钮。

ⓒ 如果发动机控制单元中未存储故障，则显示器上显示"识别到 0 个故障"。

ⓓ 如果有故障存储在发动机控制单元中，则故障会在显示器上依次显示。

ⓔ 按下 ← 按钮。

ⓕ 按下显示器上的 清除故障存储器 按钮。

ⓖ 按下 结束输出 功能。

2. 发动机电控系统故障码

发动机电控系统故障码如表 3-1 所示。

表 3-1 发动机电控系统故障码

故障码	含义	检查与排除
16395	凸轮轴提前调整机构未达到规定值	检查凸轮轴调整机构
16396	凸轮轴调整机构未达到规定值	
16485	空气流量计 G70 信号不可靠	检查空气流量计
16486	空气流量计 G70 信号太弱	
16487	空气流量计 G70 信号太强	

续表

故障码	含义	检查与排除
16490	进气压力/空气压力 G71[①] 信号不可靠	检查带增压器的增压空气系统
16496	进气温度传感器 G42 信号太弱	检查进气温度传感器
16497	进气温度传感器 G42 信号太强	
16500	冷却液温度传感器 G62 信号不可靠	检查冷却液温度传感器
16501	冷却液温度传感器 G62 信号太弱	
16502	冷却液温度传感器 G62 信号太强	
16514	λ 传感器 1 电路有故障	检查催化净化器前面的 λ 传感器和 λ 调节
16515	λ 传感器 1 电压过低	
16516	λ 传感器 1 电压过高	
16517	λ 传感器 1 信号过缓	
16518	λ 传感器 1 不工作	
16519	λ 传感器 1 加热线路有故障	
16520	λ 传感器 2 电路有故障	检查催化净化器后面的 λ 传感器
16521	λ 传感器 2 电压过低	
16522	λ 传感器 2 电压过高	
16523	λ 传感器 2 信号过缓	
16524	λ 传感器 2 不工作	
16620	增压压力传感器 G31 信号不可靠	检查带增压器的增压空气系统
16621	增压压力传感器 G31 信号过弱	
16622	增压压力传感器 G31 信号过强	
16684	识别出燃烧中断	检查燃油压力 检查喷油器 检查火花塞与点火线圈 检查带输出放大器的点火线圈 检查中断识别
16685	1 缸识别出燃烧中断	
16686	2 缸识别出燃烧中断	
16687	3 缸识别出燃烧中断	
16688	4 缸识别出燃烧中断	
16705	发动机转速传感器 G28 信号不可靠	检查发动机转速传感器
16706	发动机转速传感器 G28 无信号	
16711	爆燃传感器 1 G61 信号太弱	检查爆燃传感器
16712	爆燃传感器 1 G61 信号太强	
16716	爆燃传感器 2 G61 信号太弱	
16717	爆燃传感器 2 G61 信号太强	
16725	凸轮轴位置传感器 G40 信号不可靠	检查霍尔传感器
16726	凸轮轴位置传感器 G40 信号过弱	
16727	凸轮轴位置传感器 G40 信号过强	
16825	油箱通风系统通过性差	检查活性炭罐电磁阀 N80
16885	车速信号不可靠	检查车速信号
16890	怠速调节转速高于规定值	检查节气门控制单元

续表

故障码	含义	检查与排除
16891	怠速调节转速低于规定值	检查进气系统密封性
16944	供电有不可靠信号	检查供电单元供电
16946	供电电压太低	
16947	供电电压太高	
16955	制动灯开关 F2 信号不可靠	检查制动灯开关和制动踏板开关 读取测量数据块 66
16985	控制单元损坏	更换发动机控制单元 J22
16988	控制单元损坏	
16989	控制单元损坏	
16990	控制单元损坏	
17069	主继电器 J271 断路	检查多点喷射供电继电器
17070	主继电器 J271 对地短路	
17071	主继电器 J271 对正极短路	
17072	主继电器 J271、负荷电路断路	
17510	λ 传感器 1 加热线路对正极短路	检查催化净化器前面的 λ 传感器的 λ 控制
17511	λ 传感器 2 加热线路功率太小	检查催化净化器后面的 λ 传感器加热器
17513	λ 传感器 2 加热线路对正极短路	
17519	λ 调节 1 太稀	检查催化净化器前面的 λ 控制
17520	λ 调节 1 太浓	
17521	λ 传感器 1 内部阻值过大	检查信号线接触电阻,如果无接触电阻,则更换 λ 传感器
17522	λ 传感器 2 内部阻值过大	
17523	λ 传感器 1 加热线路对地短路	检查催化净化器前面的 λ 传感器加热器
17524	λ 传感器 1 加热线路断路	
17525	λ 传感器 2 加热线路对地短路	
17526	λ 传感器 2 加热线路断路	
17535	混合气自适应(mult)过浓	检查燃油系统压力 检查空气流量计 检查进气系统密封性 检查催化净化器前面的 λ 传感器 检查喷油器
17536	混合气自适应(mult)过稀	
17544	混合气自适应(add)过稀	检查燃油系统压力 检查空气流量计 检查 λ 传感器 检查活性炭罐电磁阀
17545	混合气自适应(add)过浓	
17551	负荷指示超过极限	检查空气流量计 检查节气门控制单元
17557	λ 控制不可靠的控制值	检查催化净化器前部的氧传感器及 λ 调节
17579	节气门角度传感器 2G188 信号不可靠[②]	检查节气门角度传感器 检查节气门控制单元
17580	节气门角度传感器 2G188 信号太弱[②]	
17581	节气门角度传感器 2G188 信号太强[②]	

续表

故障码	含 义	检查与排除
17606	λ传感器2的加热线路有故障	检查催化净化器以后的λ传感器加热器
17621	1缸喷油器N30对正极短路	检查喷油器
17622	2缸喷油器N31对正极短路	
17623	3缸喷油器N32对正极短路	
17624	4缸喷油器N33对正极短路	
17633	1缸喷油器N30对地短路	检查喷油器
17634	2缸喷油器N31对地短路	
17635	3缸喷油器N32对地短路	
17636	4缸喷油器N33对地短路	
17645	1缸喷油器N30断路	检查喷油器
17646	2缸喷油器N31断路	
17647	3缸喷油器N32断路	
17648	4缸喷油器N33断路	
17658	燃油油面过低	清除故障码 查询组合仪表故障码 加注燃油
17695	涡轮增压器空气再循环阀N249断路	检查带涡轮增压器的增压系统 检查增压器空气再循环阀N249
17696	涡轮增压器空气再循环阀N249对正极短路	
17697	涡轮增压器空气再循环阀N249对地短路	
17705	涡轮增压器到节气门之间压力降低	
17733	1缸爆燃控制达到控制极限	排除发动机非正常噪声 检查爆燃控制 检查连接插头
17734	2缸爆燃控制达到控制极限	
17735	3缸爆燃控制达到控制极限	
17736	4缸爆燃控制达到控制极限	
17743	发动机转矩监控2超过控制极限[②]	检查软管连接 检查进气温度传感器 检查空气流量计 检查冷却液温度传感器
17744	发动机转矩监控超过控制极限	
17745	左侧凸轮轴位置传感器G163对地短路	检查霍尔传感器
17746	左侧凸轮轴位置传感器G163断路/对正极短路	
17748	凸轮轴位置/曲轴位置传感器装错	检查霍尔传感器相位 检查发动机点火正时
17763	1缸点火控制断路	检查带输出放大器的点火线圈
17764	1缸点火控制对正极短路	
17765	1缸点火控制对地短路	
17766	2缸点火控制断路	
17767	2缸点火控制对正极短路	
17768	2缸点火控制对地短路	
17769	3缸点火控制断路	

续表

故障码	含义	检查与排除
17770	3缸点火控制对正极短路	检查带输出放大器的点火线圈
17771	3缸点火控制对地短路	
17772	4缸点火控制断路	
17773	4缸点火控制对正极短路	
17774	4缸点火控制对地短路	
17794	控制单元损坏	更换发动机控制单元J2ZO
17795	控制单元损坏	
17796	控制单元损坏②	
17818	燃油箱通风阀N80对正极短路	检查活性炭罐电磁阀
17833	燃油蒸发炭罐电磁阀搭铁	检查活性炭罐电磁阀1
17834	燃油箱通风阀N80断路	
17909	燃油泵继电器J17对地短路	检查燃油泵继电器
17910	燃油泵继电器J17对正极短路	
17927	左侧凸轮轴调整功能失常	检查凸轮轴调整
17931	来自安全气囊控制单元的撞车信号不可靠	安全气囊自诊断 检查CAN总线
17937	凸轮轴调整对正极短路	检查凸轮轴调整 检查凸轮轴调整电磁阀
17938	凸轮轴调整对地短路	
17939	凸轮轴调整断路	
17947	离合器踏板开关K36信号不可靠	检查离合器踏板开关
17949	燃油泵继电器J17断路	检查燃油泵继电器
17950	节气门角度传感器G187信号不可靠	检查节气门角度传感器 检查节气门控制单元
17951	节气门角度传感器G187信号太弱	
17952	节气门角度传感器G187信号太强	
17953	节气门控制功能失常	检查节气门控制单元
17954	增压压力限制电磁阀N75对正极短路	检查增压器的增压空气系统 检查压力控制电磁阀
17955	增压压力限制电磁阀N75对地短路	
17956	增压压力限制电磁阀N75断路	
17958	增压压力调节误差	
17963	超过最大增压压力	
17964	增压压力控制低于控制极限	
17965	增压压力控制高于控制极限	
17966	节气门驱动器G186电路有故障	检查节气门控制单元
17967	节气门控制单元J338基础设定错误②	发动机控制单元与节气门控制单元自适应
17968	超过发动机最高转速	排除机械故障
17972	节气门控制单元J338基础设定时电压过低	给蓄电池充电,重新进行基本设定
17973	节气门控制单元J338没有达到下止点	检查节气门控制单元
17976	节气门控制单元J338机械故障②	

续表

故障码	含义	检查与排除
17977	车速控制开关 E45 信号不可靠	车速控制装置自诊断
17978	发动机控制单元锁止	进行电子防盗器与发动机控制单元的自适应
17987	节气门控制单元 J338 自适应未启动	按条件进行节气门控制单元自适应
18010	30 号供电线电压过低	检查控制单元供电
18011	控制单元损坏	更换发动机控制单元 J220
18012	控制单元损坏	
18014	来自 ABS 控制单元的恶劣路面信息/发动机规定转矩电路故障	检查发动机控制单元与 CAN 上控制单元间数据交换
18017	撞车切断功能关闭	完成安全气囊执行元件自诊断后，清除故障码
18018	控制单元损坏	更换发动机控制单元 J220
18020	控制单元编码错误	确定发动机控制单元编码

①进气压力由增压压力传感器 G31（而不是显示的 G71）来确定，空气压力由海拔高度传感器 F96（在发动机控制单元内）来确定。

②发生故障时，发动机控制单元接通仪表板上的 EPC 报警灯，EPC 报警灯也就是电子油门报警灯。

二、发动机电控系统的拆装

1. TSI 系统（直喷系统）喷油器的拆装

TSI 系统喷油器的安装位置如图 3-23 所示。

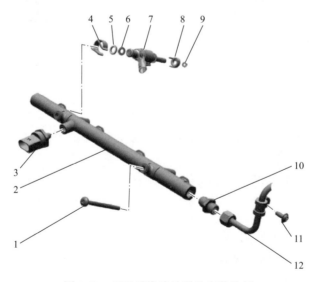

图 3-23 TSI 系统喷油器的安装位置

1、11—螺栓；2—燃油分配器（油轨）；3—燃油压力传感器 G247；4—支撑环；5—O 形圈；
6—隔离环；7—喷油器；8—密封垫圈；9—密封环；10—管接头；12—高压油管

（1）拆卸　喷油器必须在发动机冷却时拆卸。

① 拆卸进气歧管。

② 剪断捆绑导线的扎带。

③ 脱开燃油压力传感器 G247 上的电气连接插头 1，拧下图 3-24 中箭头所示的固定螺栓。

④ 脱开燃油分配器上导线槽 2，从喷油器上拔下燃油分配器。

> **小提示**
>
> ◆如果喷油器仍插在燃油分配器内，则脱开相关的电气连接插头；如果喷油器仍插在气缸盖内，则拔下喷油器。
>
> ◆用干净的抹布盖住敞开的进气通道。

（2）安装　安装以倒序进行，注意按规定力矩紧固固定螺栓。

在安装时将所有的导线扎带重新扎在相同的位置。

① 如图 3-25 所示，用手直接安装喷油器时，喷油器上的凸耳 1 和气缸盖内的孔（箭头）必须相互对齐。

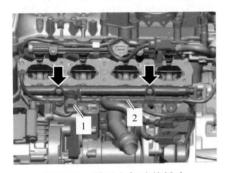
图 3-24　脱开电气连接插头
1—电气连接插头；2—导线槽

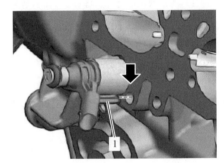
图 3-25　对齐喷油器上的凸耳和气缸盖内的孔

> **小提示**
>
> ◆喷油器必须能轻轻装入气缸盖，必要时需要等待，直至燃烧室密封环足够紧地压在一起。
>
> ◆注意气缸盖内喷油器的安装位置是否正确。

② 如果用手不能直接安装喷油器，如图 3-26 所示，可将冲击套筒 T10133/18 放到喷油器上方，然后用橡胶锤轻轻敲击冲击套筒，直至喷油器安装到位。

③ 将支撑环插到喷油器上。

④ 在喷油器 O 形圈上涂覆发动机机油。

⑤ 将燃油分配器装到喷油器上并均匀地压入。

⑥ 安装燃油分配器。

⑦ 安装进气歧管。

2. MPI 系统（进气歧管喷射系统）喷油器的拆装

MPI 系统喷油器的安装位置如图 3-27 所示。

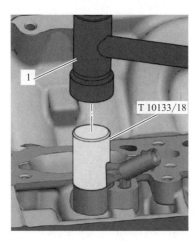

图 3-26　用橡胶锤轻轻敲击冲击套筒
1—橡胶锤

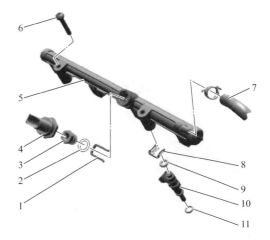

图 3-27　MPI 系统喷油器的安装位置
1,8—固定夹；2,9,11—O 形圈；3—转换接头；4—低压的燃油压力传感器 G410；5—燃油分配器（油轨）；6—螺栓；7—燃油供油管路；10—喷油器

（1）拆卸
① 拆卸发动机罩。
② 松开卡止装置，将导线槽从支架上拔出。
③ 打开固定夹，脱开线束。
④ 将上部冷却液管向上抬起。
⑤ 拔下燃油压力传感器 G410、进气管传感器 GX9 和所有喷油器的电气插头。
⑥ 脱开发动机吊环处的导线束，拧下燃油分配器上的螺栓，拧下电气连接插头支架上的螺栓，小心地向上拔出燃油分配器和喷油器。
⑦ 如图 3-28 所示，脱开电气连接插头 4，拔下固定夹 2，将喷油器 3 从燃油分配器 1 上拔出。
（2）安装　喷油器的安装如图 3-29 所示。
① 更换喷油器 2 上的 O 形圈 1、4。
② 安装前用干净的发动机机油浸润 O 形圈。
③ 用固定夹 3 将喷油器固定在燃油分配器内。
④ 插入电气连接插头。
⑤ 用手将燃油分配器和喷油器压入到进气歧管的孔中直到极限位置（不得沾上机油和油脂）。

其余的安装以倒序进行。注意按照规定力矩拧紧紧固螺栓。

图 3-28　拔出喷油器
1—燃油分配器；2—固定夹；
3—喷油器；4—连接插头

3. 高压油泵（高压油泵）的拆装

高压油泵的结构如图 3-30 所示。

图 3-29 喷油器的安装

1,4—O 形圈；2—喷油器；3—固定夹

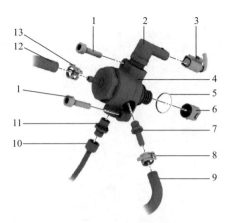

图 3-30 高压油泵的结构

1—紧固螺栓；2—燃油压力调节阀 N276；3—电气连接插头；4—高压油泵；5—O 形圈；6—滚轮挺杆；7—燃油管路连接件；8,13—弹簧卡箍；9—低压油管；10—高压油管；11—高压管路连接件；12—进（供）油管

> **维修提示**
>
> ★燃油系统有压力！在打开喷射装置的高压部件之前，必须将燃油压力减小到一定范围之内（泄压）。
>
> ★降低压力：释放燃油系统中的高压，用干净的抹布围住连接处并小心地松开连接处。
>
> ★出于安全原因，当"未"断开蓄电池连接时，必须在打开燃油系统之前将燃油泵控制单元 J538 的熔丝拆下，因为燃油输送单元是通过驾驶员车门的接触开关激活的。
>
> ★只有在发动机冷却后，才能对高压油泵进行拆卸和安装。
>
> ★安装高压油泵时请注意，不要让污物进入到燃油系统中。
>
> ★用一块抹布收集流出的燃油。
>
> ★必须每次都更换 O 形环。

（1）拆卸

① 拆卸发动机罩，拆卸空气滤清器壳体，断开蓄电池负极线。

② 如图 3-31 所示，脱开空气导管上的线束 1 和 2。松开螺旋卡箍 3。拧出图中箭头所示的螺栓。

③ 如图 3-32 所示，松开图中箭头所示的软管卡箍，并拆下增压空气软管 1，将增压空气导管拆下。脱开高压管固定夹。

④ 如图 3-33 所示，用开口宽度为 17mm 的套筒扳手接头 T 10456 松开燃油分配器上的锁紧螺母（图中箭头）。

⑤ 如图 3-34 所示，固定住六角管路连接件 A，并松开图中箭头所示的锁紧螺母，拆卸高压管路。

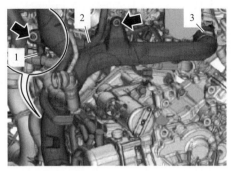

图 3-31 脱开空气导管上的线束

1,2—线束；3—螺旋卡箍

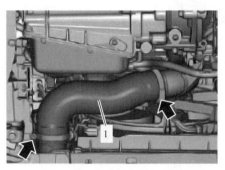

图 3-32 拆下增压空气软管

1—增压空气软管

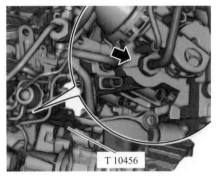

图 3-33 松开燃油分配器上的锁紧螺母

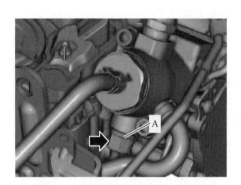

图 3-34 固定住六角管路连接件

A—六角管路连接件

⑥ 如图 3-35 所示，将电气连接插头 1 从燃油压力调节阀 N276 上拔下。拆下燃油软管 2 和 3。拧出图中箭头所示的螺栓。小心地拉出高压油泵（滚子挺杆可能仍插在真空泵中）。

（2）安装

① 检测高压油泵的 O 形圈，并用干净的发动机机油稍稍浸润。插入滚子挺杆前检查有无损坏，必要时更换。如图 3-36 所示，对正滚子挺杆上的标记 A 与真空泵上的标记 B，将滚子挺杆装入真空泵。

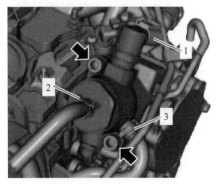

图 3-35 拔下电气连接插头

1—电气连接插头；2,3—燃油软管

图 3-36 对正 A 与 B 的标记

A,B—标记

> **小提示**
> ◆ 安装高压油泵时，滚子挺杆必须位于最深的位置。
> ◆ 如果高压管路管接件松动，则必须更换。

② 尽量转动曲轴，直到滚子挺杆位于最低点。
③ 将高压油泵插入真空泵。
④ 用手以交叉方式拧紧图 3-35 中箭头所指的螺栓，然后以规定力矩交叉拧紧螺栓。
⑤ 插上燃油软管并用弹簧卡箍固定。
⑥ 插上燃油压力调节阀 N276 的电气连接插头。
⑦ 用发动机机油浸润高压管路的球头并安装高压管路。用手拧紧锁紧螺母并校准高压管路使其无应力。
⑧ 其他安装工作大体上与拆卸顺序相反。
结束所有工作后，检查燃油系统的密封性。

4. 喷油器的清洗

所需要的专用工具和维修设备为超声波清洁仪 VAS 6418、喷射模块的定位板 VAS 6418/1、清洁液 VAS 6418/2。
① 拆下喷油器。
② 将清洁液 VAS 6418/2 加注到超声波仪器内。清洁液必须加到该超声波仪器注口的上边缘处（图 3-37）。
③ 如图 3-38 所示，将喷油器 1 插到底，直至插入喷射模块的定位板（VAS 6418/1）2 中。

图 3-37　加注清洁液

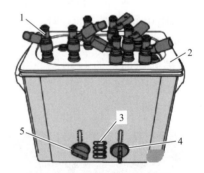

图 3-38　操作超声波仪器
1—喷油器；2—定位板；3—按钮；
4—温度旋钮；5—时间旋钮

④ 将喷油器和喷射模块定位板 VAS 6418/1 浸到清洁液中。
⑤ 将温度旋钮 4 调至 50℃。
⑥ 将清洁时间旋钮 5 调至 30min。
⑦ 用按钮 3 打开超声波仪器。
⑧ 清洁温度达到 50℃，超声波清洁器就开始运行，直至达到预定的时间。清洁完每一

个喷油器后都要更换燃烧室密封环。

三、发动机电控系统的检测

1. 燃油压力传感器的检测

① 拆下发动机罩盖。

② 拆卸燃油压力传感器 G247。

③ 用干净的发动机机油浸润转接头 VAS 6394/2 的密封锥体，并拧入燃油分配器中，如图 3-39 所示。拧紧力矩为 22N·m。

④ 如图 3-40 所示，旋出螺旋塞 2，并将燃油压力传感器 G247 拧入测试仪 VAS 6394/2。拧紧力矩为 22N·m。将测试仪 VAS 6394/1 的压力管连接到转接头 VAS 6394/2 上。

⑤ 如图 3-41 所示，借助测试转接头 VAS 5570 连接燃油压力传感器和燃油压力传感器的连接插头。

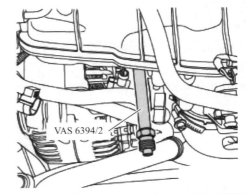

图 3-39　将转接头 VAS 6394/2 拧入燃油分配器中

图 3-40　连接测试仪
1—连接管；2—螺旋塞

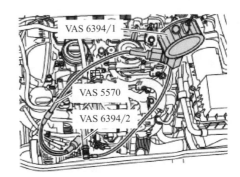

图 3-41　连接燃油压力传感器

⑥ 短促地按一下测试仪上的按钮 A，开启测试仪 VAS 6394/1。

维修提示

★ 按住按钮 A 2s，照明装置会亮起 20s。
★ 如果压力传感器测试仪 VAS 6394/2 不显示 0，将其调零。

⑦ 将车辆诊断测试仪连接到诊断接口上，打开点火开关，在车辆诊断测试仪的显示屏上依次按压以下按钮。

车辆自诊断
车载诊断（OBD）▶
01-发动机电子设备 ▶
011-数据块 ▶

⑧ 选择测量值块 |1|4|0|，并按下 |Q| 确认。在显示区 3 内显示燃油压力传感器 G247 测出的燃油压力的实际值。

⑨ 启动发动机，比较压力传感器测试仪 VAS 6394/2 的显示压力和车辆诊断测试仪上显示的实际值。压力最大允许偏差 500kPa，如果偏差大于 500kPa，则要更换燃油压力传感器 G247。

注意事项

◆ 测试仪 VAS 6394 的燃油压力较高！所以要在发动机运转过程中拔下燃油压力传感器 G247 的插头。这样，燃油压力降低至大约 600kPa。关闭点火开关，在燃油压力传感器 G247 周围放一块抹布，接着小心地松开燃油压力传感器 G247 以释放出剩余压力。

⑩ 重新检测新的燃油压力传感器 G247，并比较这两个测量值。如果测量值还不一致，则进行燃油管路检测。

▶ **2. 燃油泵的检测**

（1）燃油泵功能及供电的检查

① 检测条件如下。

a. 蓄电池电压至少为 11.5V。

b. 熔丝架上的燃油泵熔丝正常。

c. 燃油泵控制单元 J538 正常。

② 用执行元件诊断检测燃油泵的功能。连接车辆自诊断、测量与信息系统 VAS 5051B，将诊断导线的插头插到驾驶员脚部空间的诊断接口上。

③ 打开点火开关。依次在显示屏上按压"车辆自诊断""01-发动机电控系统""03-执行元件自诊断"的按钮。

④ 在显示屏上按压右侧的箭头按钮，直至显示燃油泵电子系统的元件诊断功能。燃油泵必须慢慢加速直至最高转速。燃油泵运转声很轻。关闭点火开关。

⑤ 如果燃油泵不运转，则拆卸座椅，将插头从燃油泵控制单元 J538 上拔下。

⑥ 用电压测试仪 VAG 1527B 在触点 1 和触点 6 之间（图 3-42）检测供电电压，应接近蓄电池电压值。

⑦ 如图 3-43 所示，将盖板 1 和燃油泵控制单元（J538）2 从燃油输送单元上取下。

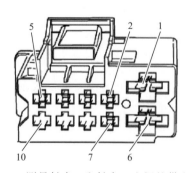

图 3-42 测量触点 1 和触点 6 之间的供电电压
1～10—触点

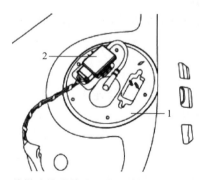

图 3-43 从燃油输送单元上取下盖板和燃油泵控制单元
1—盖板；2—燃油泵控制单元

⑧ 如图 3-44 所示，将连接插头 A 和燃油管路 B 从法兰上拔下。松开燃油管路时按压卡环。

⑨ 如图 3-45 所示，用扳手 T 10202 打开密封环，检查法兰和燃油泵间的电线是否连接。如果确定没有断路，则表明燃油泵损坏，应更换燃油输送单元。

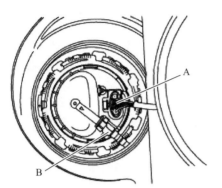
图 3-44 从法兰上拔下连接插头和燃油管路
A—连接插头；B—燃油管路

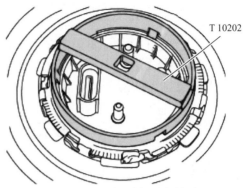
图 3-45 用扳手打开密封环

（2）燃油压力的检测　检测条件：已检测燃油泵的功能，正常。

① 如图 3-46 所示，按压开锁按钮 1，脱开燃油供油管路（箭头）。

② 如图 3-47 所示，将压力测量设备 VAG 1318（代替供油管路）用适配接头 VAG 1318/1 和适配接头 VAG 1318/17 安装上（箭头）。打开压力测量设备的闭锁栓 B，此时控制杆 A 指向流动方向。

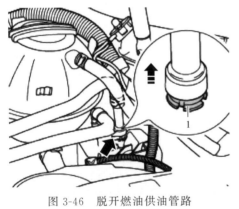
图 3-46 脱开燃油供油管路
1—开锁按钮

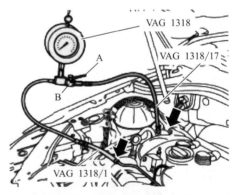
图 3-47 连接压力测量设备
A—控制杆；B—闭锁栓

③ 将点火装置频繁打开，直至压力表上的燃油压力不再上升。读取压力表上的燃油压力。

④ 如果燃油压力正常，则检查保持压力。

⑤ 如果超过标准值，则表明法兰内的压力限制阀门损坏，应更换燃油滤清器和法兰。

⑥ 如果未达到标准值，应检查燃油管路是否有弯折或者堵塞。

⑦ 如果未发现故障，应将法兰连同燃油滤清器和压力限制阀门一起更换。

⑧ 重复检测。如果再次达不到标准值，说明燃油泵损坏，应更换燃油输送单元。

（3）燃油保持压力的检查　检测条件：已检测燃油泵压力。

① 将点火装置频繁打开，直至压力表上的燃油压力不再上升。读取压力表上的燃油压力。

② 注意压力表上的压力下降。压力在 10min 后不得低于规定值。
③ 如果压力继续下降，则将点火装置频繁打开，直到压力表上的燃油压力不再上升。
④ 关闭点火开关并马上将压力测量设备闭锁栓关闭。
⑤ 如果压力再次下降（发动机侧泄漏），则检查燃油管至高压油泵是否有泄漏。
⑥ 如果未发现故障，应更换高压油泵。
⑦ 如果压力不下降（油箱侧泄漏），则检查至法兰的燃油管的密封性。
⑧ 如果在燃油管路上未发现任何故障，则表明法兰内的止回阀和燃油滤清器损坏，应更换带有燃油滤清器的法兰。

第三节　点火装置

维修提示

★ 为使电气部件功能正常，需要至少 11.5V 的电压。
★ 在发动机运转或启动时，不得接触或拔出点火导线。
★ 点火装置的导线（以及高压导线和测量仪导线）只有在点火开关关闭时才能连接和断开。
★ 在不启动发动机的情况下，用起动机驱动发动机运转（比如压缩压力检验），拔下点火线圈和喷油器的插头。在进行作业后查询故障存储器并删除故障记录。
★ 蓄电池的连接和断开只允许在点火开关关闭时进行，否则会损坏发动机控制单元。

一、点火装置的结构

点火装置主要由爆震传感器、带有功率输出级的点火线圈、火花塞（30N·m）、发动机转速传感器和霍尔传感器等组成，如图 3-48 所示。

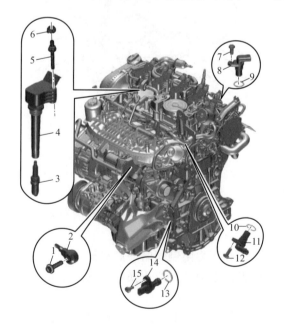

图 3-48　点火装置的组成
1,5～7,12,15—螺栓；2—爆震传感器 G61；3—火花塞；4—带有功率输出级的点火线圈；8—霍尔传感器 G300；9,10,13—O 形圈；11—霍尔传感器 G40；14—发动机转速传感器 G28

二、带功率输出级点火线圈的拆装

1. 拆卸

① 拆卸发动机盖罩。

② 如图 3-49 所示,拧下搭铁线螺母,取下搭铁线。

③ 如图 3-50 所示,松开插头,将所有插头从点火线圈上拔下。

图 3-49 拧下搭铁线螺母

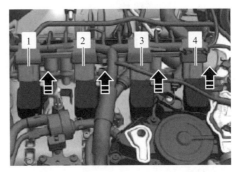

图 3-50 拔下点火线圈上的插头
1~4—插头

④ 如图 3-51 所示,将拔出器 T 10530 插入点火线圈的开孔 1 中,顺时针旋转滚花螺母 2,直至拔出器固定住。

⑤ 如图 3-52 所示,用拔出器 T 10530 小心地将点火线圈向上垂直拉出。用手将火花塞插头从点火线圈上拔下。

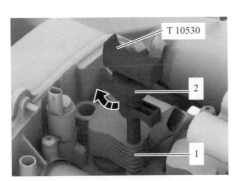

图 3-51 固定拔出器

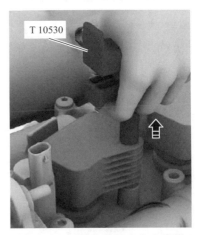

图 3-52 用拔出器拉出点火线圈

2. 安装

① 如图 3-53 所示,组装带功率输出级的点火线圈和火花塞插头。用手将火花塞插头 1 插到点火线圈上至极限位置,此时排气通道 2 必须相对插头壳 3 处于居中位置。

② 如图 3-54 所示,在点火线圈的密封软管四周涂覆一层薄薄的润滑膏 G052141 A2 (图中箭头),其厚度为 1~2mm。

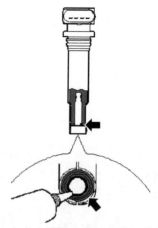

图 3-53 组装点火线圈和火花塞插头
1—火花塞插头；2—排气通道；3—插头壳

图 3-54 在点火线圈的密封软管四周涂润滑膏

③ 将所有点火线圈插入火花塞孔内，用手将点火线圈均匀地压到火花塞上（绝不能使用敲击工具）。

④ 以 10N·m 的力矩拧紧点火线圈。

⑤ 安装发动机盖罩。

第四节　废气涡轮增压装置

一、废气涡轮增压装置的结构

1. 废气涡轮增压装置部件的布置

废气涡轮增压装置部件的布置如图 3-55 所示。

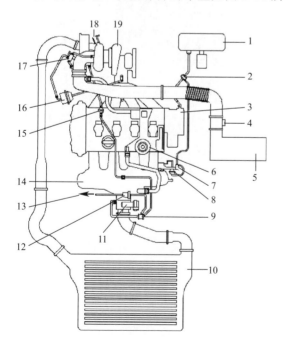

图 3-55　废气涡轮增压装置部件布置
1—助力制动器；2—止回阀；3—真空泵；4—空气流量计 G70；5—空气滤清器；6—压力调节阀；7—进气歧管转换阀 N316；8—进气歧管转换器的真空罐；9—双止回阀；10—增压空气冷却器；11—节气门控制单元 J338；12—活性炭罐电磁阀 N80；13—连接至活性炭罐；14—进气歧管；15—止回阀；16—增压压力调节单元；17—增压压力限制电磁阀 N75；18—涡轮增压器循环空气阀 N249；19—废气涡轮增压器

2. 1.8L 发动机车型废气涡轮增压装置结构

1.8L 发动机车型废气涡轮增压装置的组成如图 3-56 所示。

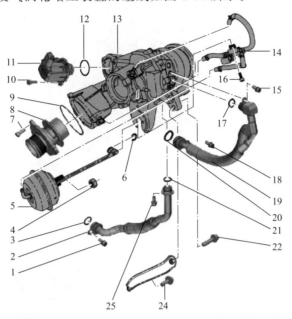

图 3-56　1.8L 发动机车型废气涡轮增压装置的组成

1,7,10,15,16,18,22,24,25—螺栓；2—回油管路；3,9,12,17,20,21—O 形圈；4—螺母；5—涡轮增压压力调节单元（压力罐）；6—防松夹；8—接头；11—涡轮增压器循环空气阀 N249；13—废气涡轮增压器；14—增压压力限制电磁阀 N75；19—冷却液回流管路

3. 2.0L 发动机车型废气涡轮增压装置结构

2.0L 发动机车型废气涡轮增压装置的组成如图 3-57 和图 3-58 所示，图 3-59 所示为 2.0L 发动机车型废气涡轮增压压力调节器的结构。

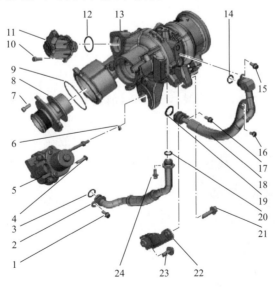

图 3-57　2.0L 发动机车型废气涡轮增压装置的组成（一）

1,4,7,10,15~17,21,23,24—螺栓；2—回油管路；3,9,12,14,19,20—O 形圈；5—增压压力调节器 V465；6—螺母；8—增压管接头；11—涡轮增压器循环空气阀 N249；13—废气涡轮增压器；18—冷却液回流管路；22—固定支架

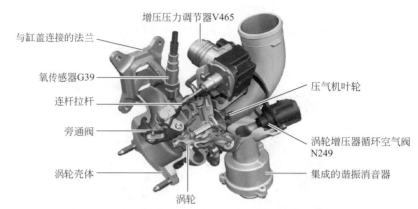

图 3-58 2.0L 发动机车型废气涡轮增压装置的组成（二）

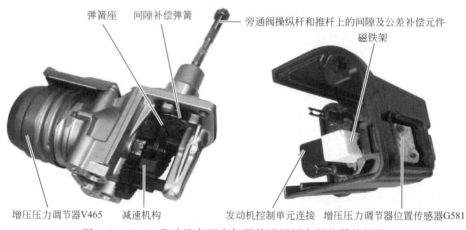

图 3-59 2.0L 发动机车型废气涡轮增压压力调节器的结构

二、废气涡轮增压器的拆装

（1）拆卸

① 排出冷却液，拆卸带尾气催化净化器的排气前管。

② 拆下发动机盖罩，拆卸右前车轮，拆卸右前轮罩外板的前部件，拆卸空气导管。

③ 如图 3-60 所示，断开插头 1 和 2，脱开卡扣（箭头），并将电线放在一旁。

④ 拆下传动轴的隔热板，拆下废气涡轮增压器支架。

⑤ 如图 3-61 所示，用接头 T 10099 或多米字 M12 头旋出带孔螺栓 2，并将冷却液管放在一旁。旋出机油回流管路上的螺栓 1、机油供油管路支架的螺栓 3。

⑥ 如图 3-62 所示，拆下隔热板位置的固定螺栓和紧固螺母（箭头），取下隔热板。将机油供油管路从废气涡轮增压器 1 上拆下。

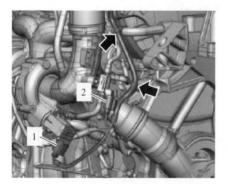

图 3-60 断开插头脱开卡扣
1、2—插头

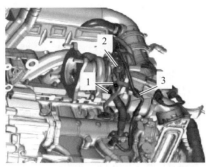

图 3-61 旋出机油回流管路上的螺栓

1—机油回流管路上的螺栓；2—带孔螺栓；3—机油供油管路支架的螺栓

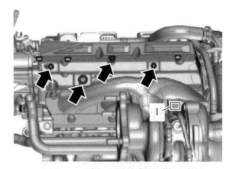

图 3-62 拆下隔热板和供油管

1—涡轮增压器

⑦ 如图 3-63 所示，旋出紧固螺栓 1 和 4。拔下冷却液软管 3，将上部小冷却液管连同冷却液软管 2、5 和接地线向前放置。

⑧ 从点火线圈上脱开连接插头。断开油雾分离器的软管接头，并向侧面摆动。拆下空气导管。断开接头，将连接至涡轮增压器的软管放在一旁。脱开冷却液软管，举升车辆后，松开排气歧管下部 4 个螺母。

⑨ 如图 3-64 所示，旋出排气歧管上部螺母（箭头），将带有排气歧管的废气涡轮增压器向上取出。

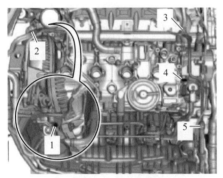

图 3-63 旋出紧固螺栓

1,4—紧固螺栓；2,3,5—冷却液软管

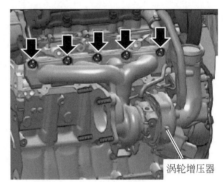

图 3-64 取出涡轮增压器

（2）安装　安装大体以倒序进行。

维修提示

★ 按规定力矩拧紧螺栓。
★ 更换密封环、密封件、O 形环和自锁螺母。
★ 在废气涡轮增压器(位于机油供油管路的连接管上)内加注机油。
★ 增压空气系统的软管接管和软管在安装前不得有油或油脂在上面。
★ 用符合系列标准的软管卡箍固定住所有软管连接。
★ 安装废气涡轮增压器后让发动机怠速运转约 1min，不要接着加速，以便确保废气涡轮增压器的供油。

三、废气涡轮增压器的调整

➡ **1. 1.8L 发动机的车型废气涡轮增压器压力单元的调整**

① 如图 3-65 所示,将软管(箭头)从废气涡轮增压器的压力单元上拔下。

② 如图 3-66 所示,将废气涡轮增压器拉杆上的防松片 1 拆下。松开防松螺母。

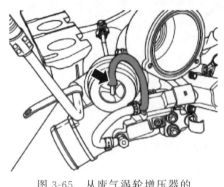

图 3-65 从废气涡轮增压器的
压力单元上拔下软管

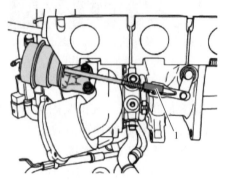

图 3-66 拆下防松片
1—防松片

③ 如图 3-67 所示,将旁通风门 1 通过调整螺母(箭头)预调整,以便正好可以用手转动旁通风门。用手将防松螺母拧上。

④ 如图 3-68 所示,将手动真空泵 VAS 6213、涡轮增压器检测设备 VAG 1397A 上的接头 2(图中箭头表示安装方向)和压力调节阀 VAS 6342 插接在一起。关闭压力调节阀 VAS 6342 上的拉杆 1。

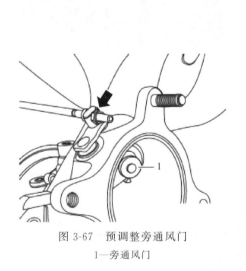

图 3-67 预调整旁通风门
1—旁通风门

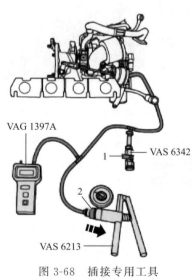

图 3-68 插接专用工具
1—拉杆;2—手动真空泵

⑤ 如图 3-69 所示,将手动真空泵 VAS 6213 的固定环 1 置于"压力"位置(箭头 B)。

⑥ 打开涡轮增压检测设备 VAG 1397A,并把滑动开关置于Ⅱ挡上。

⑦ 如图 3-70 所示，将通用千分表支架 VW 387 固定在废气涡轮增压器（箭头）位置上。

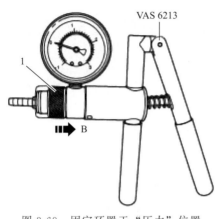

图 3-69　固定环置于"压力"位置
1—固定环

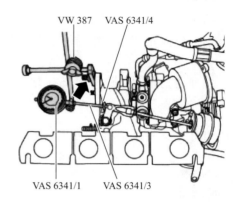

图 3-70　固定通用千分表支架

⑧ 将千分表 VAS 6341/1 连同延长件 VAS 6341/3 和平板按键 VAS 6341/4 固定在通用千分表支架 VW 387 上。

⑨ 当压力为 0 时将千分表调整到 1mm 的预应力。将千分表的显示归零，检查千分表的可操作性。

⑩ 操作手动真空泵 VAS 6213，直至废气涡轮增压器检测设备 VAG 1397A 显示 (46.0 ± 0.5)kPa［(460 ± 5)mbar］。

⑪ 千分表应显示 4.1～4.3mm 的显示范围，否则应旋转调整螺母直至显示该范围内的值。用手将防松螺母拧紧。

⑫ 重复测量过程。通过压力调节阀 VAS 6342 将压力降至 0，将千分表归零。

维修提示

★ 以下测量过程必须按顺序进行。期间，压力可以降为 0。

- 操作手动真空泵 VAS 6213，直至涡轮增压器检验设备显示 (46.0 ± 0.5)kPa。读取并记录千分表的值。
- 操作手动真空泵，直至涡轮增压器检验设备显示 65～70kPa（650～700mbar）。
- 通过压力调节阀 VAS 6342 将压力降至 (46.0 ± 0.5)kPa。
- 读取并记录千分表的值。将值 1 和值 2 加在一起除以 2，结果（中间值）必须为 (5.00 ± 0.25)mm；如果结果（中间值）不为 (5.00 ± 0.25)mm，应更正设置，则用手拧紧防松螺母并重复测量；如果结果（中间值）是 (5.00 ± 0.25)mm，则拧紧防松螺母并用密封漆封住。
- 最后将防松片通过压力单元的拉杆固定。

➢ 2. 2.0L 发动机的车型废气涡轮增压器压力单元的调整

维修提示

检测条件如下。

★ 从废气涡轮增压器经过增压压力限制电磁阀 N75 连接到压力单元的软管必须是导通的。

★ 增压压力限制电磁阀 N75 正常。

① 如图 3-71 所示,将手动真空泵 VAS 6213 连接至压力单元(箭头)。
② 将手动真空泵 VAS 6213 的固定环置于"压力"位置。

注意事项

◆ 压力不允许超出 75kPa(750mbar)。如果超压,则可能损坏压力单元。

③ 如图 3-72 所示,多次操纵手动真空泵 VAS 6213,并同时注意连杆 A。举升车辆,从车辆底部观察连杆 A 的移动状况。连杆 A 必须在 30kPa 以上运动,并在约 70kPa 时停止在限位挡块位置。连杆的行程约为 10mm。

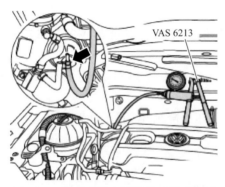

图 3-71 将手动真空泵连接至压力单元

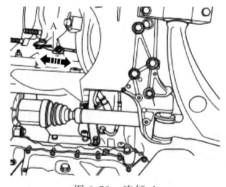

图 3-72 连杆 A
A—连杆

维修提示

★ 如果使用手动真空泵 VAS 6213 无法生成压力或压力立即重新下降,应检查手动真空泵 VAS 6213 和连接软管是否有泄漏。如果未发现故障,应更换压力单元。

四、增压空气冷却器的拆装

(1) 拆卸

① 拆卸隔音垫。拆下保险杠盖板。

② 拆卸右侧空气导流软管的卡箍，取下空气导流软管。
③ 拆卸风扇护罩。拆卸散热器。拆下锁支架上的空气导流板。
④ 如图 3-73 所示，旋出增压空气冷却器支座的螺钉 1。

> **维修提示**
>
> ★增压空气冷却器和冷凝器的紧固螺钉很难接触到，可在另一名技工的帮助下，从下部冷却器支架中撬出增压空气冷却器并接触到紧固螺钉。

⑤ 旋出增压空气冷却器右侧的冷凝器管固定螺钉，旋出增压空气冷却器和冷凝器的连接螺钉（图 3-74 中箭头）。

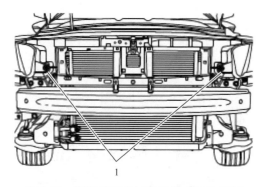
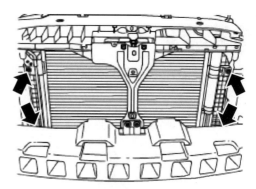

图 3-73　旋出增压空气冷却器支座的螺钉
1—螺钉

图 3-74　旋出增压空气冷却器
和冷凝器的连接螺钉

⑥ 用电缆扎带将冷凝器固定在锁支架上。
⑦ 向下取出增压空气冷却器。
（2）安装　安装大体以倒序进行。

> **维修提示**
>
> ★在安装前，增压空气系统的软管接头和软管必须无油脂。只有在连接时才需给密封环和密封面用油脂略微润滑。
> ★更换密封环。

五、增压系统密封性的检查

① 拆卸隔音垫。如图 3-75 所示，脱开防松夹 A 并从增压空气管中拔下软管 B。
② 如图 3-76 所示，将转接头 VAG 1687/5 沿箭头 A 方向插到增压空气软管上，并沿箭头 B 方向转动转接头约 90°。
③ 按如下操作准备好增压系统测试仪 VAG 1687。如图 3-77 所示，沿逆时针方向转动压力限制阀 2 直至限位位置，关闭阀门 3 和 4。

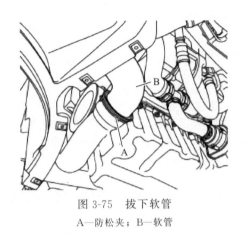
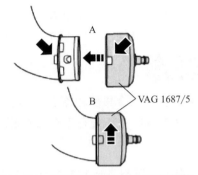

图 3-75　拔下软管
A—防松夹；B—软管

图 3-76　将转接头插到增压空气软管上
A,B—方向

> **维修提示**
>
> ★必须向上拉旋钮才能转动压力限制阀 2。

④ 如图 3-78 所示，连接增压系统测试仪 VAG 1687。

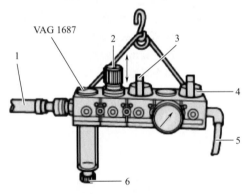
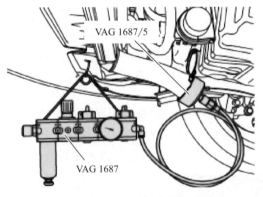

图 3-77　沿逆时针方向转动压力限制阀
1—压缩空气软管；2—压力限制阀；
3,4—阀门；5—软管；6—排水螺栓

图 3-78　连接测试仪

⑤ 如图 3-77 所示，将压缩空气软管 1（压缩空气输送管）连接到增压系统测试仪 VAG 1687 上。

> **维修提示**
>
> ★如图 3-77 所示，如果观察窗上有水，则通过排水螺栓 6 排出这些水。打开阀门 3，用压力限制阀 2 将压力调节到 50kPa。压力不允许超出 50kPa！压力调节过高会损坏发动机。

⑥ 打开阀门 4，等待空气充满检测区域。如有必要，将压力调到 50kPa。

⑦ 通过听、触摸及使用常用的检漏测试喷剂或超声波测试仪 VAG 1842 检查增压系统的泄漏位置。

> **维修提示**
> ★ 安装带插接连接的软管连接件。
> ★ 一小部分空气通过阀门进入发动机,因此无法进行恒压检测。
> ★ 在拆卸转接头 VAG 1687/5 前,先拔下增压系统测试仪 VAG 1687 的连接管路,使得检测区域无压力。
> ★ 在安装前,增压空气系统的软管接头和软管必须无油脂。

第四章 DSG双离合自动变速器

第一节 基本知识

一、认识 DSG 双离合自动变速器

双离合器自动变速器（Dual Clutch Transmission，DTC），也叫直接换挡变速器（Direct Shift Gearbox，DSG）。双离合器自动变速器是基于手动变速器发展而来的，并且综合了手动变速器与自动变速器的优点。

大众轿车采用的 DSG 双离合变速器一般分为 6 挡（速）和 7 挡（速）两款，除了挡位不同外，6 挡的为湿式双离合自动变速器，7 挡的有干式和湿式两种双离合自动变速器。

1. 湿式双离合自动变速器

湿式双离合自动变速器的多片式双离合器是在冷却油槽中采用"湿式"方式运行，通过浸泡在油中的湿式离合器摩擦片提供转矩的传递，以液压的形式来驱动齿轮。液体作用于离合器活塞内部，当离合器结合后，活塞内部的液压迫使一组螺旋弹簧分离，从而将一系列离合器片和摩擦盘推向固定的压板。摩擦盘有内部齿形，其大小和形状可与离合器从动鼓上的花键啮合。而从动鼓又与接收传动力的齿轮相连。

2. 干式双离合自动变速器

干式双离合自动变速器通过离合器从动盘上的摩擦片来传递转矩。由于节省了相关液力系统以及干式离合器本身所具有的传递转矩的高效性，干式系统很大程度地提高了燃油经济性。相关数据统计显示，同样是 77kM 的发动机，配备 7 挡双离合自动变速器要比配备 6 挡湿式双离合自动变速器节省超过 10% 的燃油。

干式双离合自动变速器除了传递效率更高外，还省去了过滤器、油冷器以及变速器壳体中的高压油管等零部件，与普通手动变速器一样，变速器油只用于变速器齿轮和轴承的润滑及冷却。因而干式双离合自动变速器油仅需要 1.7L，而湿式双离合自动变速器油则需要 6.5L。

二、 2018 年款迈腾 B8L 双离合自动变速器简介

1. 基本情况

2018 年款迈腾 B8L 的 1.4T 车型使用型号为 DQ200 的 7 速干式双离合变速器，如

图 4-1 所示，代号为 OCW；1.8TSI 及 2.0TSI 车型使用型号为 DQ380 的 7 速湿式双离合变速器，如图 4-2 所示，代号为 ODE。以下主要介绍 DQ380 的 7 速湿式双离合变速器。

图 4-1　型号为 DQ200 的 7 速干式双离合变速器　　图 4-2　型号为 DQ380 的 7 速湿式双离合变速器

2. 基本参数

双离合变速器的基本参数如表 4-1 所示。

表 4-1　双离合变速器的基本参数

项目	参数或内容	
	DQ380(代号 ODE)	DQ200(代号 OCW)
生产企业	天津自动变速器厂	
挡位数	7 个前进挡，1 个倒挡	
离合器形式	2 个多片湿式离合器	2 个多片干式离合器
最大传递转矩/N·m	420	320
换挡模式	手动/自动一体	
油泵控制形式	机械	
油量	首次充满 7.5L，换油容量约 6.0L	1.9L
换油间隔	6 万千米	终身免维护

三、双离合器自动变速器的工作原理

双离合器自动变速器的工作原理（以型号为 DQ380 的 7 挡湿式双离合变速器为例）如图 4-3 所示。它是通过将变速器挡位按奇、偶数分开布置，形成两个彼此独立的分变速器（传动单元）。每个分变速器的结构都与一个手动变速器相同，每个分变速器都配有一个湿式多片离合器，分变速器 1 通过湿式多片离合器 K1 来选择 1 挡、3 挡、5 挡和 7 挡，分变速器 2 通过湿式多片离合器 K2 来选择 2 挡、4 挡、6 挡和倒挡，因此，只需通过切换两个离合器的工作状态就可以完成换挡操作。

四、结构特点与优点

1. 结构特点

该变速器具有以下结构特点。

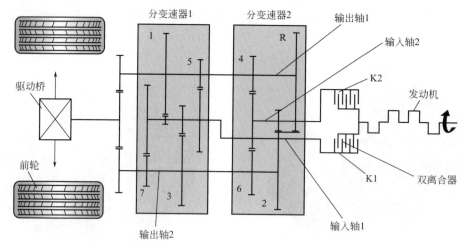

图 4-3　双离合器自动变速器的工作原理

① 有两根输入轴，挡位按奇偶数分开布置在两根输入轴上。
② 换挡方式和换挡齿轮基本结构与手动变速器一样。
③ 有两个离合器进行换挡控制。
④ 离合器的切换和挡位变换由控制单元及执行机构进行自动控制。

2. 优点

① 传动效率高，油耗低。
② 换挡时没有动力中断，换挡平稳。
③ 具有良好的驾驶舒适性、动力性和操控性。

第二节　DQ380 双离合变速器

型号为 DQ380 的 7 速湿式双离合变速器（0DE）是大众在前款 6 挡双离合器变速器（02E）的基础上研发而来的。

一、DQ380 双离合变速器的结构

1. DQ380 变速器外围件和内部零件的名称及结构

DQ380 变速器外围件和内部零件的名称及结构如图 4-4 所示。

2. 输入轴与输出轴的位置

输入轴与输出轴的位置如图 4-5 所示。

3. 双离合器的结构

（1）双离合器的内部结构　双离合器的内部结构如图 4-6 所示。图中外圈是 K1 离合器，内圈是 K2 离合器，都是通过多片摩擦片实现动力的切换，并分别通过两个输入轴实现动力输入，用 K1 来选择 1 挡、3 挡、5 挡和 7 挡，用 K2 来选择 2 挡、4 挡、6 挡和倒挡。由于之前的迈腾 B7L 轿车双离合器的摩擦片和离合器活塞设计上有不足，摩擦片很容易发硬打滑，活塞密封圈很容易老化掉渣，这就是为什么前款双离合变速器极易出现换挡冲击等现象，再加上干式变速器的散热不足等问题，容易出现变速器保护，同时也会导致阀体（滑阀箱）油路出现问题，从而出现变速器换挡异常、换挡冲击等现象。

图 4-4　DQ380 变速器外围件和内部零件的名称及结构

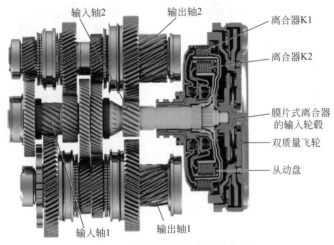

图 4-5　输入轴与输出轴的位置

（2）双离合器的内部油道　双离合器 K1 和 K2 的内部油道如图 4-7 所示。DQ380 采用的是湿式双离合器，内部有 ATF（变速油）油进行润滑散热，这是区别 DQ200 的一个重要标志。

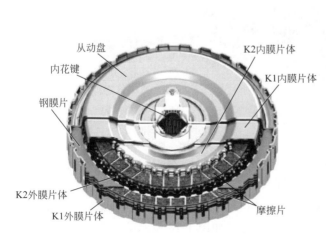

图 4-6　双离合器的内部结构

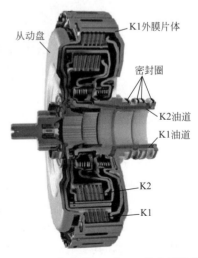

图 4-7　双离合器 K1 和 K2 的内部油道

(3) 双离合器与输入轴的连接　离合器 K1 与输入轴 1 的连接如图 4-8 所示，离合器 K1 是外离合器，它将转矩通过输入轴 1 传递给 1 挡、3 挡、5 挡和 7 挡。

离合器 K2 与输入轴 2 的连接如图 4-9 所示，离合器 K2 是内离合器，它将转矩通过输入轴 2 传递给 2 挡、4 挡、6 挡和倒挡。

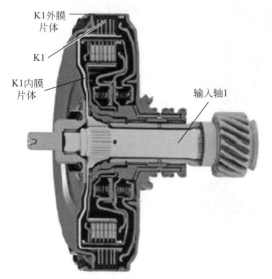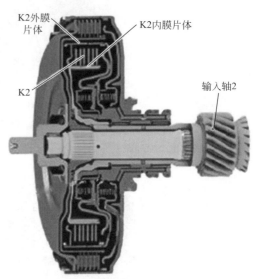

图 4-8　离合器 K1 与输入轴 1 的连接　　　　图 4-9　离合器 K2 与输入轴 2 的连接

4. 输入轴

(1) 安装位置　输入轴有 2 根，即输入轴 1 和输入轴 2，2 根输入轴是套在一起的，输入轴 1 在后，输入轴 2 在前，输入轴的连接关系如图 4-10 所示，其安装位置如图 4-11 所示。

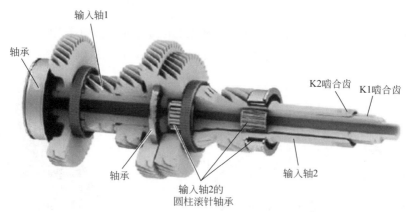

图 4-10　输入轴的连接关系

(2) 输入轴 1　输入轴 1 穿过空心的输入轴 2 后，通过啮合齿连接到离合器 K1，其上有 1 挡、3 挡、5 挡、7 挡齿轮，如图 4-12 所示。

(3) 输入轴 2　空心的输入轴 2 安装在输入轴 1 上的圆柱形滚柱轴承中，通过啮合齿连接到离合器 K2，其上有 2 挡、4 挡、6 挡、R 挡齿轮，如图 4-13 所示。

(4) 输入轴实物与示意图的对应关系

图 4-11　输入轴的安装位置

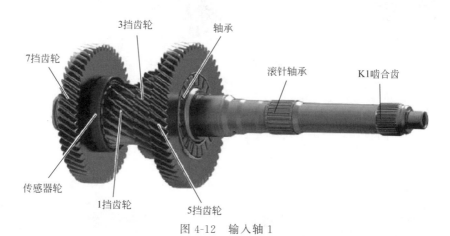

图 4-12　输入轴 1

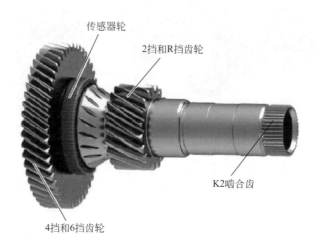

图 4-13　输入轴 2

输入轴的实物与示意图对应关系如图 4-14 所示。

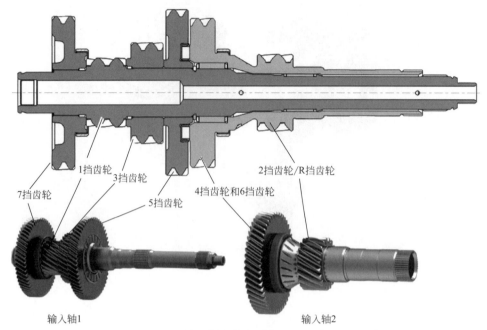

图 4-14 输入轴实物与示意图的对应关系

▶ 5. 输出轴

（1）输出轴 1　输出轴 1 上有 1 挡、4 挡、5 挡和 R 挡，1 挡和 5 挡共用一个同步器，4 挡和 R 挡共用一个同步器，一侧有驻车轮。输出轴 1 如图 4-15 所示，其安装位置如图 4-16 所示。

图 4-15　输出轴 1　　　　　　　　　图 4-16　输出轴 1 的安装位置

（2）输出轴 2　输出轴 2 上有 2 挡、3 挡、6 挡、7 挡，2 挡和 6 挡共用一个同步器，3 挡和 7 挡共用一个同步器，输出轴 2 如图 4-17 所示，其安装位置如图 4-18 所示。

▶ 6. 驻车锁止装置

驻车锁止通过选速杆和变速器上的驻车锁之间的线缆，以机械方式工作。如图 4-19 所示，驻车锁止齿轮作为固定齿轮，安装在输出轴 1 上。锁止之后的位置如图 4-20 所示。

图 4-17 输出轴 2

图 4-18 输出轴 2 的安装位置

图 4-19 驻车锁止齿轮

图 4-20 锁止之后的位置

7. 换挡拨叉

换挡拨叉及安装位置如图 4-21 所示。在每一个换挡拨叉上都有一块永磁铁,它在盖罩下方,可防止来自变速器的铁屑的干扰。通过永磁铁,机械电子控制单元内的行程传感器可以获取各个换挡拨叉的准确位置。

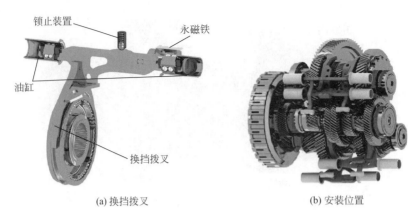

(a) 换挡拨叉　　　　　　　(b) 安装位置

图 4-21　换挡拨叉及安装位置

如果换挡成功，那么换挡拨叉切换到无压状态。通过换挡啮合齿的后销和换挡拨叉上的固定装置保持住挡位。如果未操纵换挡拨叉，那么它会通过布置在变速器壳体内的一个固定装置固定在空挡位置。

二、动力传递路线

1. 1挡动力传递路线（图4-22）

分变速器1：K1→输入轴1→输出轴1，1挡同步啮合齿轮→最终传动装置。

2. 2挡动力传递路线（图4-23）

分变速器2：K2→输入轴2→输出轴2，2挡同步啮合齿轮→最终传动装置。

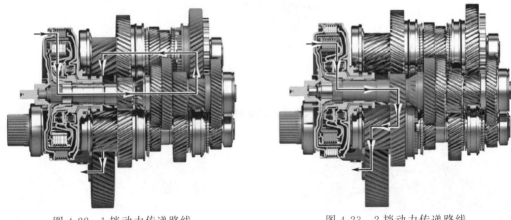

图 4-22　1挡动力传递路线　　　　　图 4-23　2挡动力传递路线

3. 3挡动力传递路线（图4-24）

分变速器1：K1→输入轴1→输出轴2，3挡同步啮合齿轮→最终传动装置。

4. 4挡动力传递路线（图4-25）

分变速器1：K2→输入轴2→输出轴1，4挡同步啮合齿轮→最终传动装置。

5. 5挡动力传递路线（图4-26）

分变速器1：K1→输入轴1→输出轴1，5挡同步啮合齿轮→最终传动装置。

6. 6挡动力传递路线（图4-27）

分变速器2：K2→输入轴2→输出轴2，6挡同步啮合齿轮→最终传动装置。

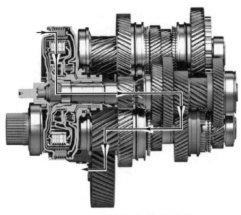

图 4-24　3 挡动力传递路线

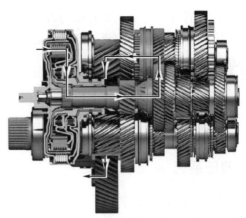

图 4-25　4 挡动力传递路线

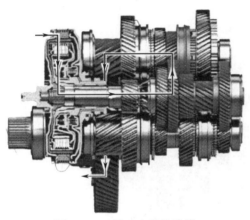

图 4-26　5 挡动力传递路线

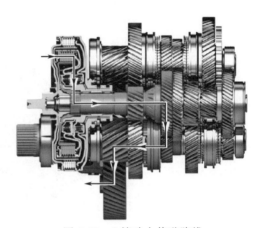

图 4-27　6 挡动力传递路线

7. 7 挡动力传递路线（图 4-28）

分变速器 1：K1→输入轴 1→输出轴 2，7 挡同步啮合齿轮→最终传动装置。

8. R 挡动力传递路线（图 4-29）

分变速器 2：K2→输入轴 2→输出轴 2，2 挡同步啮合齿轮输出轴 1，倒挡同步啮合齿轮→最终传动装置。

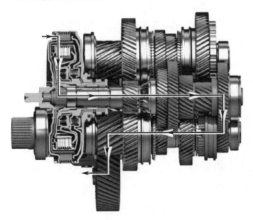

图 4-28　7 挡动力传递路线

图 4-29　R 挡动力传递路线

如需在倒挡时改变变速器的旋转方向，转矩则通过 K1 和输入轴 1 输入，然后经过未啮合的 2 挡同步啮合齿轮，到达已啮合的倒挡同步啮合齿轮，然后从那里前往最终传动装置。

> **小提示**
>
> 在大众汽车变速器中，首次不再使用倒挡轴。

三、液压系统

1. 液压系统主要部件

液压系统主要部件如图 4-30 所示。

图 4-30　液压系统主要部件

液压系统的动力源为液压泵。由于液压油滤清器有足够的表面积，所以在车辆的整个寿命阶段它可以一直使用，不需要更换。

变速器机油的任务是给双离合器、齿轮、轴、轴承、同步器润滑并冷却双离合器以及操控挡位调节器活塞。

图 4-31　液压泵安装位置

2. 液压泵（油泵）

如图 4-31 所示为液压泵的安装位置，它由双离合器轴上的传动齿轮直接驱动。

液压泵的转速与发动机的转速大致相同，自动变速器油的工作压力控制在 500～2000kPa。

液压泵吸入自动变速器油，产生启动液压部件所需的油压。它产生的油压用于液压部件的操作，最大供给量为 100L/min。

机电系统中的主要压力控制装置根据发动机扭矩和齿轮油温度，调整油压和液压泵的功率消耗。

液压泵作用于离合器 K1、离合器 K2、离合器冷却装置、换挡液压系统、齿轮和轴的润滑装置等。

> **小提示**
>
> 双离合器自动变速器油初始加注油量为 7.5L，更换油量为 6.0L。在更换自动变速器油时，由于双离合器内有一部分油放不出来，所以采用重力换油时，基本上可以换掉 6.0L 左右的自动变速器油；如果使用自动变速器换油机换油，可以将双离合器内的油更换成新油，但是费用会大幅增加。

3. 液压系统控制油路

液压系统控制油路如图 4-32 所示。

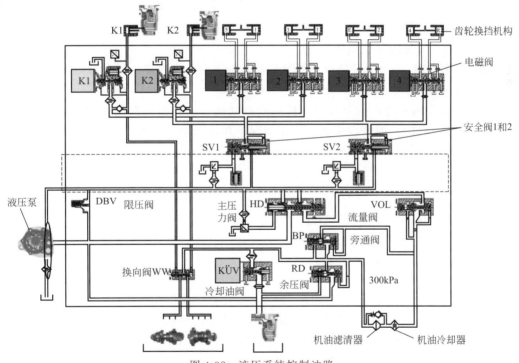

图 4-32 液压系统控制油路

液压泵从油底壳中吸取机油，然后在压力的作用下将它输送至主压力阀。它的最大工作压力为 2000kPa。

① 限压阀。为了保证系统工作安全，在液压泵和主压力阀之间设有限压阀。当压力为 3200kPa 时，此阀门开启，将机油导回液压泵。

② 主压力阀。主压力阀调节机械电子控制单元内的压力。流向安全阀 1 和 2 的油压由它控制，并且负责为流量阀提供用于离合器冷却的机油。

③ 安全阀。安全阀用于调节两个分变速器内的油压。每个安全阀控制一个分变速器。安全阀 1 调节分变速器 1 的工作压力。它还负责为离合器 K1 的离合器阀和第 1/5 挡的挡位调节器阀以及第 3/7 挡的挡位调节器阀供油。这些离合器阀另外还可交替控制用于变速器轴

润滑的换向阀。

④ 换向阀。换向阀内的滑阀会根据被操纵的离合器而滑动。在换向阀内相应打开的孔用于向分变速器 1 或者分变速器 2 供应用以润滑齿轮的机油。

⑤ 流量阀。流量阀用于调整和限定冷却油油量。为了冷却离合器，根据离合器温度会有最高 35L/min 的机油进入油冷却器中。这些被冷却的机油通过机油滤清器进入冷却油阀中。

⑥ 冷却油阀。冷却油阀调整用于离合器冷却的机油量。机油通过进油管道经主轮毂进入离合器。在变速器机油流经离合器后，通过开口将机油向外抛洒到离合器上。变速器机油流回油底壳中。

⑦ 余压阀。余压阀将余压控制在 300kPa，以冷却离合器。当机油滤清器或者机油冷却器堵塞时，为了避免离合器损坏，通过旁通阀可以润滑轴和冷却离合器。

⑧ 冷却油阀。当车外温度低于 -20℃ 时，双离合器变速器机油的低黏度会导致发动机启动后在暖机运行阶段，机油会首先通过旁通阀进入冷却油阀。流过双离合器的机油冷却油通过主轮毂内的孔流入双离合器内，在离心力的作用下通过油道（供油槽）和排油口向外挤压。轴和滑动齿轮的润滑根据负载情况通过一个独立的喷油管来实现，始终只润滑在离合器接合时并且有动力传递的分变速器。

⑨ 在挂入第 1 挡、3 挡、5 挡或 7 挡时，输入轴 1 和分变速器 1 被润滑；在挂入第 2 挡、4 挡、6 挡和 R 挡时，输入轴 2 和分变速器 2 被润滑。

⑩ 由液压操作的离合器的离合器阀控制润滑功能。由流量阀向换向阀提供用于齿轮装置润滑的机油。换向阀的弹簧在右侧，静止情况下和输出轴 2 相通。

⑪ 电磁阀的名称。

a. 离合阀 1-离合阀 K1(N435)。

b. 离合阀 2-离合阀 K2(N439)。

c. 电磁阀 4-齿轮执行器 R-4(N438)。

d. 电磁阀 3-齿轮执行器 2-6(N437)。

e. 电磁阀 2-齿轮执行器 7-3(N437)。

f. 电磁阀 1-齿轮执行器 1-5(N433)。

g. 安全阀 2-阀 4 分变速器 2(N440)，调节分变速器 2 中的压力。

h. 安全阀 1-阀 4 分变速器 1(N436)，调节分变速器 1 中的压力。

i. 液压泵-最高工作压力 2000kPa，最高累计压力 3200kPa（受到泄压阀 DBV 的限制）。

j. HD-主压力阀（N472），调节机电装置中的主要压力。

k. DBV-主要压力（最高 3200kPa）的泄压阀。

l. VOL-容积流量阀。

m. BP-旁通阀。

n. RD-残留压力阀。为冷却、润滑保持 300kPa 的残留压力。

o. KÜV-用于冷却离合器的阀门（N471）。

p. WW-控制轴润滑的活页阀。

四、控制系统

1. 控制系统的组成

双离合变速器的控制系统组成如图 4-33 所示，包括 10 个传感器、执行器和控制单元。

第四章 DSG双离合自动变速器

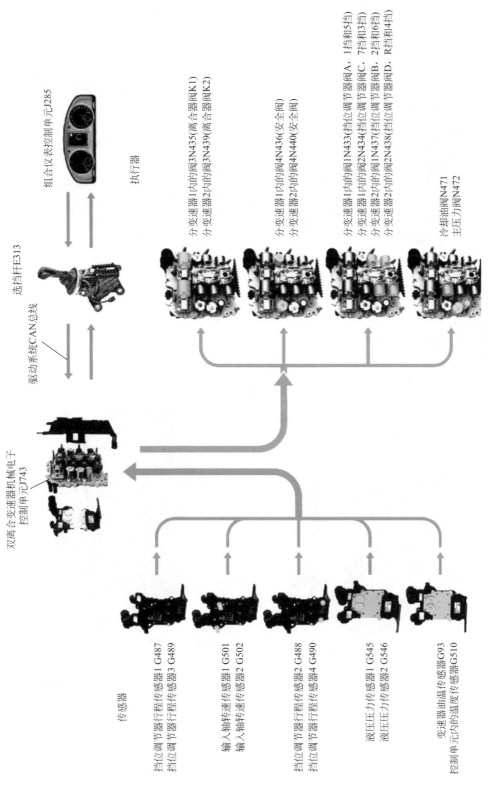

图 4-33 DQ380 双离合变速器的控制系统组成

2. 控制单元 J743（图 4-34）

控制单元 J743 位于变速器的控制装置上，浸在自动变速器油中，即机电装置完全在油浴中运转，这样能够确保完全脱离空气，使机电装置始终在恒定的物理条件下运转。

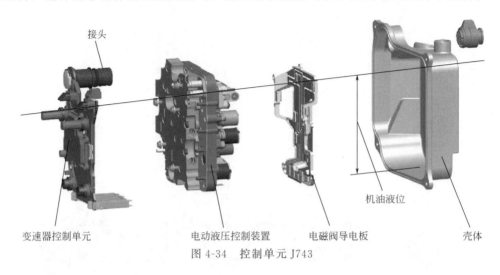

图 4-34　控制单元 J743

3. 传感器

传感器的位置如图 4-35 和图 4-36 所示。

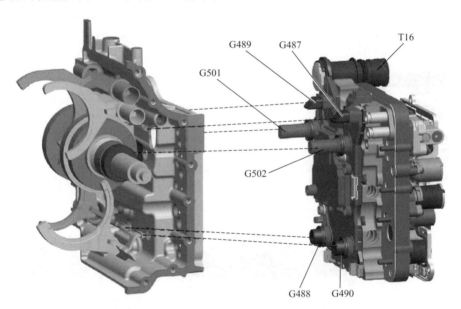

图 4-35　传感器的位置（一）

G487—挡位调节器（齿轮执行器，齿轮位置 A，1 挡和 5 挡）行程传感器 1；G488—挡位调节器（齿轮执行器，齿轮位置 C，7 挡和 3 挡）行程传感器 2；G489—挡位调节器（齿轮执行器，齿轮位置 D 挡和 4 挡）行程传感器 3；G490—挡位调节器（齿轮执行器，齿轮位置 B，2 挡和 6 挡）行程传感器 4；G501—输入轴转速传感器 1；G502—输入轴转速传感器 2；T16—16 向接头

（1）输入轴 1 转速传感器 G501 和输入轴 2 转速传感器 G502　G501 和 G502 的安装位置及对应的传感器轮如图 4-37 所示。

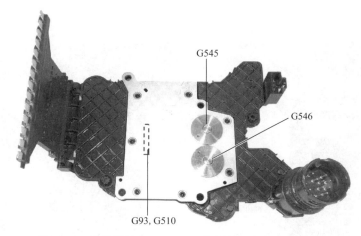

图 4-36 传感器的位置（二）（控制单元内部的传感器）
G93—齿轮油温度传感器（控制装置内）；G510—控制装置中的温度传感器；
G545—液压压力传感器 1；G546—液压压力传感器 2

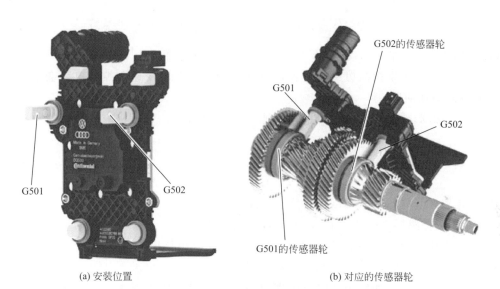

(a) 安装位置　　　　　　　　　　(b) 对应的传感器轮

图 4-37　G501 和 G502 安装位置及对应的传感器轮

① 安装位置。两个传感器位于变速器控制单元上。转速传感器 G501 用于检测输入轴 1 的转速，转速传感器 G502 用于检测输入轴 2 的转速。它们都是霍尔传感器。

② 信号作用。通过变速器输入转速信号，控制单元可计算出离合器 K1 和 K2 的输出转速，从而得出离合器的打滑量。借助该打滑量，控制单元可以识别出双离合器的分离和闭合状态。此外，该信号也被用于检查所切换到的挡位。

③ 信号失效影响。如果信号出现故障，那么相应的分变速器会停止工作。

（2）挡位调节器的行程传感器 G487、G488、G489、G490　G487、G488、G489、G490 的安装位置及对应的磁铁如图 4-38 所示。

① 安装位置。这些行程传感器位于变速器控制单元上。它们是霍尔传感器，与位于换挡拨叉上的磁铁共同作用产生信号，控制单元根据这个信号识别出挡位调节器/换挡拨叉的位置。

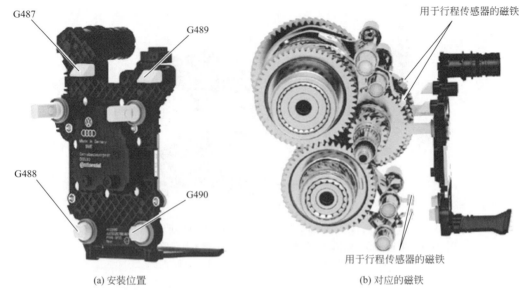

(a) 安装位置　　　　　　　　　　(b) 对应的磁铁

图 4-38　G487、G488、G489、G490 的安装位置及对应的磁铁

G487 用于第 1/5 挡；G488 用于第 3/7 挡；G489 用于第 4/R 挡；G490 用于第 2/6 挡。

② 信号作用。识别换挡拨叉的位置，根据准确的位置，变速器控制单元会给用于换挡的挡位调节器施加油压。

③ 信号失效影响。如果行程传感器不能提供任何信号，那么相应的分变速器就会停止工作。

(3) 液压压力传感器 1 G545 和液压压力传感器 2 G546　G545 和 G546 的安装位置如图 4-39 所示。

① 安装位置。这两个压力传感器位于变速器控制单元内。传感器 1 G545 用于监测离合器 K1 的油压，传感器 2 G546 用于监测离合器 K2 的油压。

② 信号作用。根据这些信号，变速器控制单元识别出作用于每个双离合器的液压压力。控制单元需要准确的液压压力，以调整双离合器。

③ 信号失效影响。如果压力信号出现故障，或者没有压力产生，那么相应的分变速器就会停止工作。

(4) 变速器油温传感器 G93 和控制单元内温度传感器 G510　G93 和 G510 的安装位置如图 4-40 所示。

① 安装位置。两个传感器安放于变速器控制单元内的印制电路板上。机油通过油道流过变速器控制单元的铝板。G93 和 G510 获取铝板的温度，并以此得出变速器的油温。通过测量可以尽早采取降低油温的措施，并且避免机械电子控制单元过热。

② 信号作用。两个传感器的信号用于检测机械电子控制单元的温度。除此以外，可根据温度传感器信号来启动暖机运行的换挡程序。两个传感器互相检测。

③ 信号失效影响。当 G93 出现故障时，变速器控制单元采用 G510 的信号作为替代信号。当 G510 出现故障时，变速器控制单元采用 G93 的信号作为替代信号。当变速器油温高于 138℃ 时，机械电子控制单元会降低发动机的转矩，以保护控制单元；当油温过高时，双离合器依旧保持闭合状态。

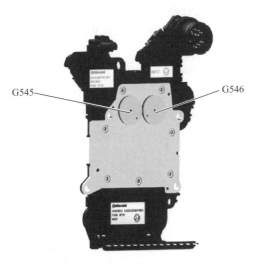

图 4-39　G545 和 G546 的安装位置

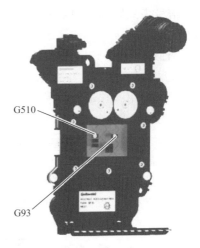

图 4-40　G93 和 G510 的安装位置

(5) 主压力阀 N472　主压力阀 N472 的安装位置如图 4-41 所示。

① 安装位置。主压力阀 N472 安装在电动液压控制单元内，它是一个调节阀。

② 信号作用。该电磁阀是特性曲线下降的调节阀。此阀可以调节机械电子控制单元液压系统内的主压力。

离合器压力与发动机转矩有关，使用机械电子控制单元的温度和发动机转速作为主压力的修正量。变速器控制单元不断地调整主压力，使其与当前工作条件和转矩要求相匹配。

③ 信号失效影响。如果主压力阀出现故障，那么就会一直以最大主压力工作，因此油耗增加并且换挡时产生噪声。

(6) 分变速器 1 内的阀 N435(K1)、分变速器 2 内的阀 N439(K2)（离合器阀）　N435、N439 的安装位置如图 4-42 所示。

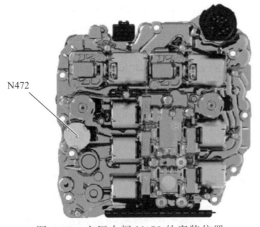

图 4-41　主压力阀 N472 的安装位置

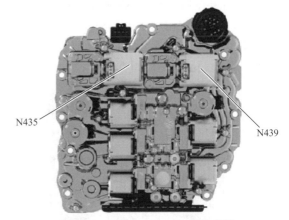

图 4-42　N435、N439 的安装位置

① 安装位置。N435 和 N439 安装在机械电子控制单元的电动液压控制单元内。

② 信号作用。该调节阀主要用于膜片式离合器的控制压力调节，计算离合器压力的基础是发动机当前的转矩。

变速器控制单元调节离合器压力，使其与膜片式离合器的当前摩擦力相匹配。

③ 信号失效影响。如果离合器阀出现故障，那么相应的分变速器停止工作，故障会显示在仪表盘中。

(7) 油冷却阀 N471　N471 的安装位置如图 4-43 所示。

① 安装位置。N471 位于电动液压控制单元内。

② 信号作用。它是一个调节阀，通过液压滑阀控制离合器冷却油的油量。

③ 信号失效影响。如果冷却油的阀门不再受控，则以最大的冷却油油量流经膜片式离合器。

在外界温度较低的情况下，会在换挡时产生问题并导致油耗增加。

(8) 分变速器 1 和 2 内的挡位调节器阀 N433、N434、N437 和 N438　N433、N434、N437 和 N438 的安装位置如图 4-44 所示。

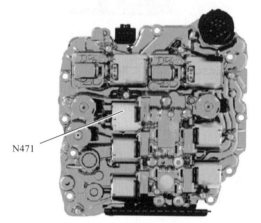

图 4-43　N471 的安装位置

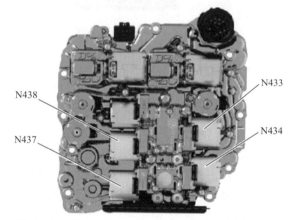

图 4-44　N433、N434、N437 和 N438 的安装位置

① 安装位置。四个电磁阀都在机械电子控制单元的电动液压控制单元内。

② 信号作用。N433 控制用于第 1 和 5 挡换挡的油压；N434 控制用于第 3 和 7 挡换挡的油压；N437 控制用于第 2 和 6 挡换挡的油压；N438 控制用于第 4 挡和 R 挡换挡的油压。

③ 信号失效影响。如果电磁阀出现故障，那么挡位调节器位于其中的相应分变速器会停止工作。

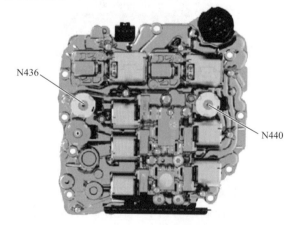

图 4-45　N436 和 N440 的安装位置

(9) 分变速器 1 和 2 内的阀 4 N436 和 N440（安全阀）　N436 和 N440 的安装位置如图 4-45 所示。

① 安装位置。安全阀 N436 和 N440 安装在机械电子控制单元的电子控制单元内。

② 信号作用。安全阀采用的是正比例阀。它们根据发动机转矩在相应的分变速器内调节必要的液压。当分变速器内存在与安全相关的故障时，它们会将相应的分变速器切换到无压状态。安全阀 N436 和

N440 用于各个分变速器的安全运转，由于它们是正比例调节阀，在需要时安全阀不再控制各个分变速器的主压力。所以当阀门出现故障时或者遇到与安全相关的故障时，分变速器内没有压力。

③ 信号失效影响。如果安全阀 N436 和 N440 出现故障，那么相应的分变速器就会停止工作。

4. 电磁阀

电磁阀的布置与在阀体上的位置如图 4-46 所示。

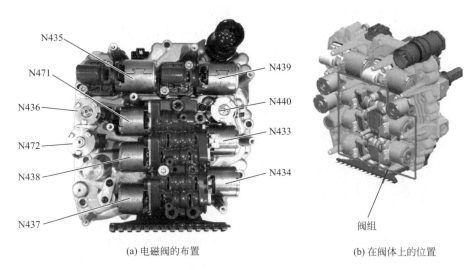

(a) 电磁阀的布置　　　(b) 在阀体上的位置

图 4-46　电磁阀的布置与在阀体上的位置

N435—分变速器 1 中的阀 3（离合阀 K1）；N471—用于冷却机油的阀门；N436—分变速器 1 中的阀门 4（安全阀）；N472—主压力阀；N438—电磁阀 4（齿轮执行器 D R-4）；N437—电磁阀 3（齿轮执行器 B 2-6）；N439—分变速器 2 中的阀门 3（离合阀 K2）；N440—分变速器 2 中的阀门 4（安全阀）；N433—分变速器 1 中的阀门 1（齿轮执行器 A 1-5）；N434—分变速器 1 中的阀门 2（齿轮执行器 C 7-3）

5. 变速器选速杆的紧急解锁

如果发生故障尤其是电源故障，变速器的选速杆将固定在 P 位置。紧急解锁机械装置是为了让车辆在这种情况下能够移动。

变速器选速杆紧急解锁的操作顺序如下。

① 从选速杆上取下控制盖。

② 如图 4-47 所示，在选速杆的把手上按下紧急解锁按钮，把变速器选速杆的拉杆向上推。

③ 同时，拉回选速杆，即可对变速器选速杆进行紧急解锁。

五、DQ380 双离合变速器的拆装

1. 维修注意事项

① 变速器在被拆开的情况下，不得有污物进入变速器内。特别要注意：脏物进入机电控制单元（J743）或齿轮油泵中会导致变速器出现故障。

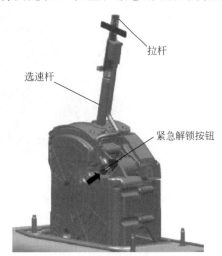

图 4-47　按下紧急解锁按钮

② 如果机电控制单元（J743）已拆卸或者变速器中没有齿轮油，则不允许启动发动机或拖动车辆。

③ 先彻底清洁连接点及其周围区域，然后旋出螺栓。

④ 在安装变速器前，注意检查在发动机与变速器之间的定位销是否已经正确安装。

⑤ 将拆下的零件放置在干净的地方。不要使用带纤维的抹布，应使用塑料薄膜和纸张来盖住它们，以防止它们被弄脏。

⑥ 只允许安装干净的零件。只有在安装前才能将零件从包装中取出。

⑦ 如果不是立即进行维修，应小心地盖住或密封已拆下的零件。

⑧ 在安装径向轴密封圈之前，要用密封油脂涂抹密封唇之间的间隙，并用变速器齿轮油涂抹其外侧圆周。密封圈开口侧应指向变速器内部。

⑨ 牵引故障车辆时，选挡杆必须在位置"N"，牵引的距离不得超过50km，牵引车速不得超过50km/h，否则会损坏变速器。

▶ **2. 更换自动变速器油滤清器的说明**

自动变速器油滤清器终身不需更换，但出现下列情况时，应更换新的自动变速器油滤清器。

① 冷却液已进入自动变速器油中。

② 发现自动变速器油中有金属微粒。

③ 离合器烧坏或存在机械故障。

▶ **3. 变速器的标识**

变速器的标识如图4-48所示。

▶ **4. 双离合器端盖的拆装**

双离合器端盖的安装位置及装配零件如图4-49所示。

图4-48 变速器的标识
PVQ—变速箱标识字母；14.07.14—2014年7月14日；C1—制造厂代号；14：12—生产时间；0022—生产序列号

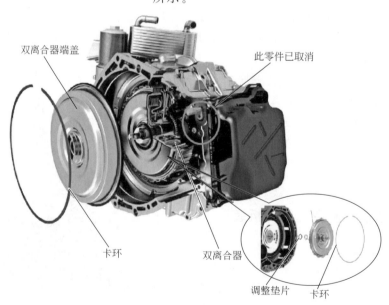

(a) 安装位置

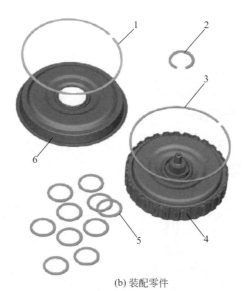

(b) 装配零件

图 4-49 双离合器端盖的安装位置及装配零件

1,2—卡环；3—驱动盘卡环；4—双离合器；5—垫片（有 10 种规格，垫片具有不同的厚度，它们的厚度以 0.05mm 为单位递增，安装双离合器时，必须确定垫片厚度）；6—双离合器端盖

> **小提示**
>
> 不允许对双离合器进行拆分。因为在双离合器出厂时，内部的摩擦片已经进行过动平衡试验的调整。如果拆解双离合器，会引起双离合器内部摩擦片的转动，不能对其调整至正确状态。

（1）双离合器端盖的拆卸

① 排放变速箱齿轮油。
② 拆卸变速箱。
③ 将变速箱固定到装配台上。
④ 如图 4-50 所示，沿箭头方向撬出双离合器端盖卡环 2。
⑤ 拆卸双离合器端盖。

> **小提示**
>
> ◆ 双离合器端盖可以使用旋具撬出。
> ◆ 已拆卸的卡环以及双离合器端盖不能再次使用，必须更换。

（2）双离合器端盖的安装

① 输入轴与端盖接触面（图 4-51 中箭头所示）必须无油脂且干燥，如有必要应先清洁输入轴端面。
② 水平且均匀地将端盖 A 沿图 4-52 所示的箭头方向套在装配工具 T10459 或 FT10459M 上，以使密封圈 B 至安装位置。

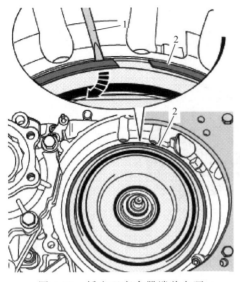

图 4-50 撬出双离合器端盖卡环
1—旋具；2—卡环

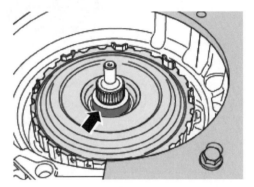

图 4-51 输入轴与端盖接触面应无油脂且干燥

③ 向上将装配工具 T10459 或 FT10459M 从端盖上拆下，再将装配工具 T10459 或 FT10459M 安装在离合器输入轴的末端。

> **小提示**
>
> 用齿轮油润滑端盖中心密封圈的外侧，注意不允许对密封圈的内侧进行润滑，否则会有漏油的风险。

④ 如图 4-53 所示，水平地将端盖 A 套在装配工具 T10459 或 FT10459M 上，并均匀地按入卡槽中。

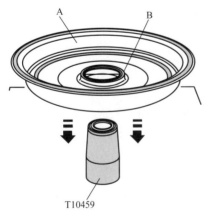

图 4-52 将密封圈 B 至安装位置
A—端盖；B—密封圈

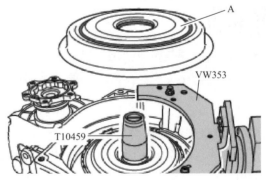

图 4-53 安装端盖
A—端盖

⑤ 可以用旋具小心地将端盖撬入如图 4-54 中箭头所示的卡槽中，直至能够安装新的卡环。

⑥ 安装新的卡环，取下装配工具 T10459 或 FT10459M。

⑦ 安装变速箱。

⑧ 加注并检查变速箱齿轮油液位。

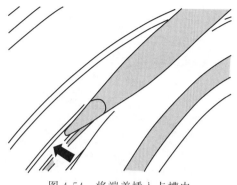

图 4-54　将端盖撬入卡槽中

> **小提示**
>
> 在安装离合器端盖时不要用锤子敲击，不要用齿轮油润滑其中心的密封圈，更不要用手去触摸它，因为这样做有漏油的风险。

5. 双离合器的拆装

（1）双离合器的拆卸

> **小提示**
>
> ◆ 要拆卸和安装离合器，必须以变速箱垂直向上的方式将变速箱固定在装配架上。
> ◆ 在安装过程中需确定所需调整垫片厚度。

① 拆卸离合器端盖。

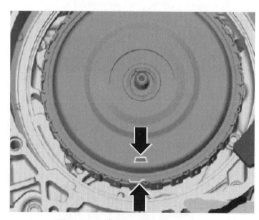

图 4-55　检查驱动盘上的标记

② 确定驱动盘的安装位置：检查驱动盘上的标记是否对准外板支架上的标记（图 4-55 中箭头所示）。如果没有标记，则使用永久性记号笔在驱动盘相对于外板支架边缘的安装位置做标记。安装时，必须将驱动盘与外板支架边缘的记号互相对齐。

③ 如图 4-56 所示，使用旋具 1 沿箭头方向撬出驱动盘上的卡环 2。

④ 如图 4-57 所示，将拉拔器 T 10055 与 T 10525 或 FT 10525T 安装到驱动盘的花键上，并沿箭头方向拉出驱动盘。

⑤ 如图 4-58 所示，使用开口弹簧钳 VW 161A 拆下卡环（图中箭头），并将其保存好。

> **小提示**
>
> 先不要扔掉卡环，因为后续在测量并确定调整垫片厚度时需要再次用到。

⑥ 如图 4-59 所示，取下图中箭头指向的垫片。

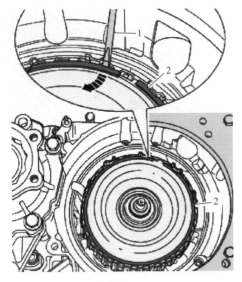

图 4-56 用旋具撬出驱动盘上的卡环
1—旋具；2—卡环

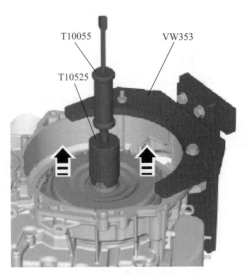

图 4-57 拉出驱动盘

图 4-58 拆下卡环

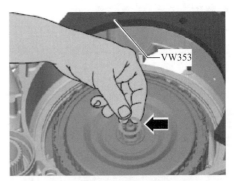

图 4-59 取下垫片

⑦ 将 2 个钩子 3438 安装在离合器的两个相对位置处（图 4-60 中的箭头）。
⑧ 使用钩子 3438 沿图 4-61 中箭头所示的方向拉出离合器。

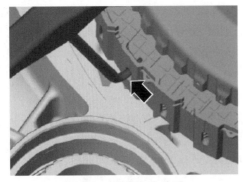

图 4-60 安装 2 个钩子

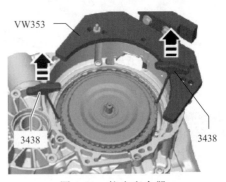

图 4-61 拉出离合器

(2) 双离合器的安装与调整

> **小提示**
> ◆不要向上提升或拆卸摩擦片支架,即使很小的力度也会引起摩擦片转动。
> ◆在双离合器中必须将大摩擦片支架插入所有摩擦片中,不允许它从最低位置的摩擦片中滑出。

① 将双离合变速箱在垂直位置固定到装配台上,如图4-62所示,其中VW309为固定板,VW355为支撑板。

② 取出双离合器,用手转动双离合器轴上的4个活塞环,它们必须能够灵活转动。

③ 如图4-63所示,确保4个卡环正确就位。其中,卡环2和4的对接处(图中箭头)应当对准,并且相对卡环1和3的对接处偏移180°。

④ 检查离合器是否有标记,如果没有标记,用永久性记号笔在驱动盘和外板支架上做彩色标记,见图4-55。

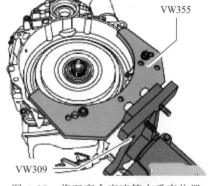

图4-62 将双离合变速箱在垂直位置固定到装配台上

⑤ 安装离合器盘定位工具 T 10524B 或 FT 10524T 至凹槽处(图4-64中箭头)。在安装离合器时,离合器盘定位工具 T 10524B 或 FT 10524T 应当固定住。

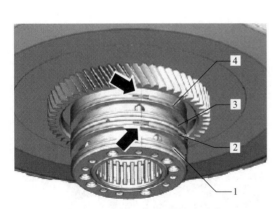

图4-63 确保4个卡环正确就位
1~4—卡环

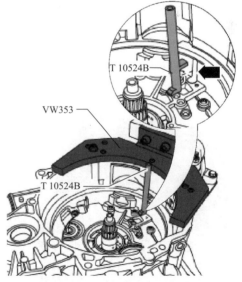

图4-64 安装离合器盘定位工具

⑥ 如图4-65所示,沿箭头反方向小心地安装离合器,不要让其掉落进去。如果离合器

盘定位工具 T 10524B 或 FT 10524T 与双离合器之间几乎无任何间隙，则表明双离合器安装正确。

> **小提示**
>
> ◆离合器盘定位工具一直保持安装状态，直至安装离合器端盖。
>
> ◆双离合器不得进行任何转动，因为转动会改变离合器盘定位工具 T 10524B、FT 10524T 的位置。

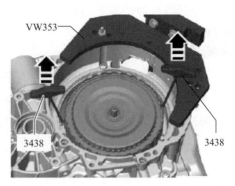

图 4-65　沿箭头反方向小心地安装离合器

⑦ 如图 4-56 所示，使用旋具 1 沿箭头方向撬出驱动盘的卡环 2。卡环可再次使用，不要丢弃。

⑧ 如图 4-57 所示，将拉拔器 T 10055 与 T 10525 或 FT 10525T 安装到驱动盘的花键上，并沿箭头方向拉出驱动盘。在驱动盘被拉出时，离合器盘定位工具 T 10524B 或 FT 10524T 必须固定住。小心地从离合器上拆卸驱动盘，并将其置于一侧。

> **小提示**
>
> 不要向上提升（即使轻微动作也不行）或者拆卸摩擦片支架！因为会引起内部摩擦片的转动并无法进行人为调整。

⑨ 暂时安装如图 4-58 所示的"旧"卡环。在最终处理卡环之前，必须进行 3 次测量。

⑩ 第一次测量（轴的轴向间隙）：如图 4-66 所示，将通用千分表 VW 387 安装至变速箱法兰上。将千分表的表针置于输入轴上。将千分表预紧并调整为 0。

使用 2 个钩子 3438 用力沿图 4-67 中箭头方向将离合器提升至止点，并记下测量值，将其记为数值"A"。

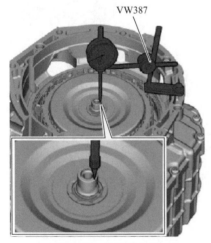

图 4-66　安装千分表

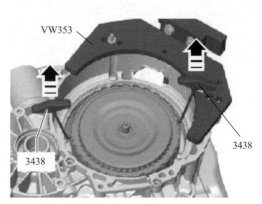

图 4-67　提升离合器

> **小提示**
>
> 随后进行检查测量时需要此测量值,因此记录此测量值"A"直至执行最后一次测量。

⑪ 第二次测量:离合器盘定位工具 T 10524B 或 FT 10524T 仍保持安装状态。如图 4-68 所示,将千分表的表针置于大的摩擦支架轮毂上。千分表的表针不得置于卡环上。将千分表预紧并调整为 0。用力将双离合器提升至止点,并记下测量值,将其记为数值"B"。

a. 计算所需安装的调整垫片:所需调整垫片厚度 $= B - A - 0.11$ mm,记下计算结果。垫片的尺寸以 0.05 mm 为增量。测量垫片并确定哪一个最接近计算结果。采用比计算所需垫片厚度最接近且稍微比其大点的垫片。

示例:

垫片的计算尺寸	新垫片尺寸
1.28mm	1.3mm
1.26mm	1.3mm

b. 拆下如图 4-58 所示的"旧"卡环。先不要丢弃卡环,它将被再次使用。

c. 安装所选择的垫片。

⑫ 第三次测量(检查测量):为确保垫片厚度正确,还需进行一次检查测量。按以下步骤进行。

a. 离合器盘定位工具 T 10524B 或 FT 10524T 仍保持安装状态。

b. 再次安装如图 4-58 所示的"旧"卡环。

c. 如图 4-69 所示,将千分表表针置于大的摩擦片轮毂支架的调整垫片上。

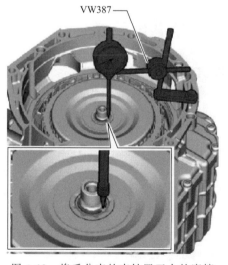

图 4-68 将千分表的表针置于大的摩擦支架轮毂上

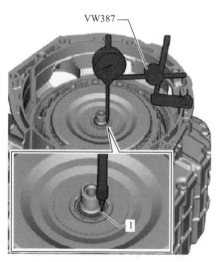

图 4-69 将千分表表针置于调大的摩擦片轮毂支架的整垫片上

1—调整垫片

d. 将千分表预紧并调整为 0。用力将双离合器提升至止点，并记下测量值。将其记为数值 "C"。使用如下公式进行检查。

$$D=C-A$$

e. 计算得出的数值 D 必须在 0.05 和 0.12mm 之间；如果计算结果不在此范围，则需要安装一个更厚或更薄的垫片，并再次进行测量和检查。

f. 如图 4-58 所示，安装新卡环。

g. 将驱动盘安装至双离合器上。如图 4-55 所示，安装时，确保驱动盘上的标记对准外板支架上的标记。如果是后来标记的，应将它们对准。

h. 需要将离合器盘定位工具 T 10524B 或 FT 10524T 固定住，并轻轻朝外压。

i. 使用压块 T 10526 或 FT 10526T 和塑料锤小心地推动驱动盘至其安装位置。

j. 安装驱动盘卡环。

k. 从开口处开始，将卡环以顺时针方向逐步压入其安装位置。卡环必须完全就位。

l. 使用旋具检查卡环是否正确就位。

m. 从离合器和壳体之间拆卸离合器盘定位工具 T 10524B 或 FT 10524T。

n. 安装双离合器端盖。

第三节　DQ200 双离合变速器

一、DQ200 双离合变速器的基本信息

2018 年款迈腾 B8L 的 1.4T 车型使用型号为 DQ200 的 7 速干式双离合变速器，代号为 OCW。

1. DQ200 双离合变速器的标识

DQ200 双离合变速器的标识如图 4-70 所示。

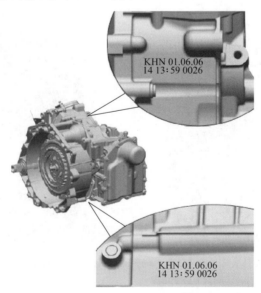

图 4-70　DQ200 双离合变速器的标识

KHN—变速箱代码；01.06.06—生产日期，2001 年 6 月 6 日；14—制造厂代号；13：59—生产时间；0026—生产序列号

2. 自动变速器油的加注量

如图 4-71 所示，DQ200 双离合变速器有两个独立且不同的供油系统，一个用于齿轮油部分（图中箭头 A），另一个用于液压油部分（图中箭头 B）。

齿轮油部分初始加注量为 1.7L，正常使用时无需更换；液压油部分初始加注量为 1L，正常使用时无需更换。

3. 双离合器自动变速器的动力传动原理示意图

如图 4-72 所示为 DQ200 双离合器自动变速器的动力传动原理示意图。

二、双离合变速器维修注意事项

① 如图 4-73 中箭头所示，变速器外壳上有一个开孔。在进行安装作业时不要让任何零件掉入这个开孔。在安装前用一块抹布覆盖开孔。

图 4-71　DQ200 双离合变速器供油系统
A—齿轮油部分；B—液压油部分

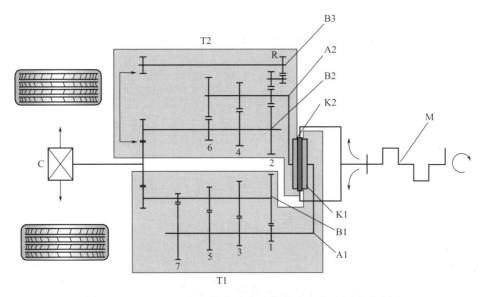

图 4-72　DQ200 双离合器自动变速器的动力传动原理示意图
A1—输入轴 1；A2—输入轴 2；B1—输出轴 1；B2—输出轴 2；B3—输出轴 3；C—前桥主减速器；K1—双离合器 1；K2—双离合器 2；M—发动机；T1—分变速箱 1（具有挡位 1、3、5 和 7）；T2—分变速箱 2（具有挡位 2、4、6 和 R）

② 当变速器"打开"时，不得有污物进入变速器内。

③ 使用大众公司的 VAS 5052A 或 VAS 5051B 检测仪：在"引导型功能""引导型故障查询""车辆自诊断""测试设备"等运行模式中提供了各种功能，其中最重要的三个功能如下。

a. 匹配安装信息。机械电子单元通过数据总线上的信号识别车辆上的其他控制单元。按下 匹配安装信息 按键，则机械电子单元接收指令，删除所有的通信对象。

图 4-73 变速器外壳上的开孔

在下一次打开点火钥匙时重新识别所有的"正在工作的通信对象"。在下列操作后必须执行 匹配安装信息 功能。

ⓐ 安装了一个新的换挡杆。
ⓑ 安装其他控制单元,例如发动机、ABS 或网关。
ⓒ 对方向盘拨片进行作业。
ⓓ 安装机械电子单元。
ⓔ 安装变速器。

b. 读取必须申报的测量值。在联系技术服务中心(TSC)前,必须读取这些测量值。在诊断协议中储存测量值,这样所有必要的变速器数据就可以用于故障分析。

c. 开始基本测量。机械电子单元在此学习重要的设置,而且也重新学习重要的调节,或者复原到程序设定的原点,尤其是接合杆和挡位调节器的同步点及"顶点"。

只有在下列情况下方可按下按键。

ⓐ 在"引导型故障查询"中对此提出要求。
ⓑ 在处理一个故障记录后。
ⓒ 在安装另一个变速器后。
ⓓ 在安装一个离合器后。
ⓔ 在安装一个机械电子单元后。

三、DQ200 双离合变速器的拆装

> **维修提示**
>
> ★在安装离合器时,大部分机修工都会将离合器压至输入轴的止挡位置。这并不是最佳位置,应在安装离合器后,朝卡环方向略微拉紧。
> ★在安装变速器后,必须用 VAS 5051B 车辆诊断、测量与信息系统进行基本测量。
> ★离合器是自调节的。震动会对调节装置产生影响。因此,在安装离合器时不要让离合器掉落到变速器中。即使在机械电子单元被拆下后,"取出"接合杆下方的装配杆也会对调节装置产生不利影响。

▶ **1. 拆卸双离合器**

① 拆下变速器。如图 4-74 中箭头所示,用适当的塞子密封两个排气孔,防止漏油。
② 如图 4-75 所示,将变速器固定在发动机和变速器支架 VAS 6095 上。必须以双离合

器朝上的方向将变速器和离合器一同固定。调整发动机和变速器支架 VAS 6095,使双离合器方向朝上。

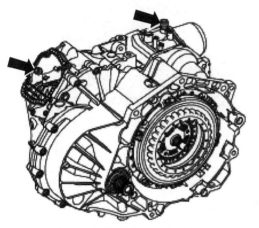

图 4-74　用塞子密封两个排气孔

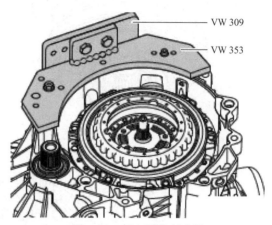

图 4-75　朝上固定变速器

③ 如图 4-76 中箭头所示,拆下齿毂的卡环。

④ 用卡钩 3438 和旋具将齿毂取出,如图 4-77 所示。

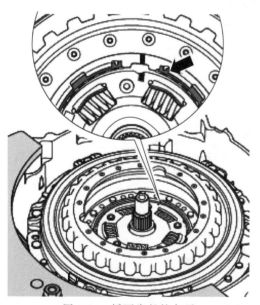

图 4-76　拆下齿毂的卡环

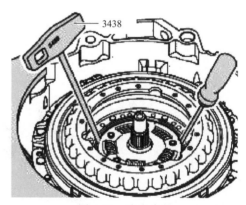

图 4-77　取出齿毂

⑤ 拆下离合器的卡环（图 4-78 中箭头所示）。如果卡环比较紧,可用压块等工具轻轻下压离合器,这样就能取出卡环。

⑥ 如图 4-79 所示,将起拔器 T 10373 的螺杆沿逆时针方向拧到最后位置,并将起拔器 T 10373 放到双离合器中,顺时针旋转,使其安装到双离合器上。顺时针旋转起拔器 T 10373 的螺杆,拔出双离合器。

2. 离合器分离装置拆装与调整

离合器分离装置的组成如图 4-80 所示。

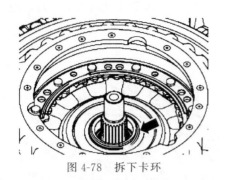

图 4-78　拆下卡环　　　　　　　图 4-79　拔出双离合器

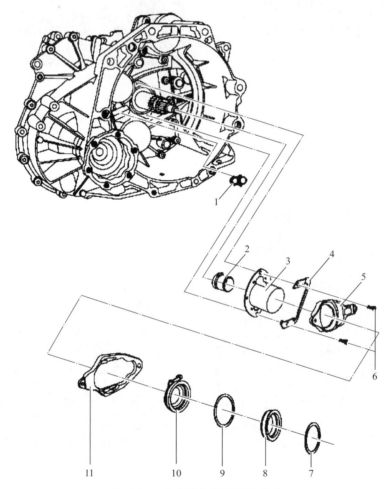

图 4-80　离合器分离装置的组成

1—固定架；2—导向套；3—导向套支架；4—限位架；5—小接合杆；6—螺栓（2个，每次拆卸后更换，8N·m＋90°）；7—调整垫片；8—"K2"小接合轴承；9—调整垫片；10—"K1"大接合轴承；11—大接合杆

（1）小接合杆、导向套及导向套支架的拆卸　旋出图 4-81 箭头所指的螺栓，将小接合杆、导向套和支架一起拉出。

（2）小接合杆、导向套及导向套支架的分离　如图 4-82 所示，将图中箭头所示导向套的凸耳相对于小接合杆旋转 90°。将导向套和导向套支架一起从小接合杆中拉出。

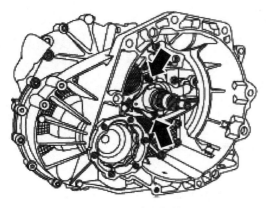

图 4-81 旋出螺栓

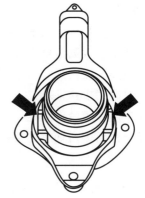

图 4-82 拉出导向套和导向套支架

（3）大接合杆和"K1"接合轴承的分解及组装

① 分解。沿图 4-83 所示箭头 A 方向向上拉"K1"接合轴承，同时沿箭头 B 方向将"K1"接合轴承从大接合杆的定位槽中拉出。

② 组装。沿图 4-84 所示箭头方向向下压"K1"接合轴承，直至听到"K1"接合轴承的固定卡进入大接合杆固定槽的声音。

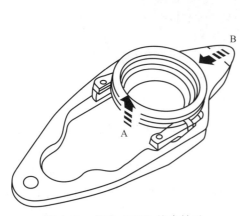

图 4-83 拉出"K1"接合轴承
A—向上；B—向内

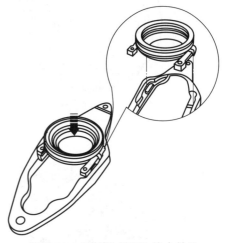

图 4-84 向下压"K1"接合轴承

3. 双离合器的安装

① 插入接合杆的塑料固定架，插入小接合杆及其导向套，确认接合杆的正确位置。

② 用 2 个新螺栓紧固导向套支架。拧紧力矩为 8N·m+90°。

> **注意事项**
>
> 注意接合杆的固定架和接合轴承的全部机械机构，这些部件必须保持干燥，并且不允许沾染机油或油脂。如需要，可以用干净的抹布先进行清洁。

> **维修提示**
>
> 在继续安装前，如果进行过以下操作，则必须先调整"K1和K2"接合轴承的位置。
> ★ 更换了双离合器变速器机械电子单元 J743。
> ★ 更换了接合杆。
> ★ 更换了接合轴承。
> ★ 更换了接合杆固定架。
> ★ 只有当接合轴承调整好后，方可继续安装双离合器。

插入大接合杆，检查两个接合杆的安装位置是否正确。

如图 4-85(a) 所示，由于"K2"接合轴承上有 4 个凹槽，所以"K2"接合轴承只能安装在一个位置上。如图 4-85(b) 所示，通过旋转接合轴承，检查接合轴承的安装是否正确，以及凹槽的安装位置是否正确。

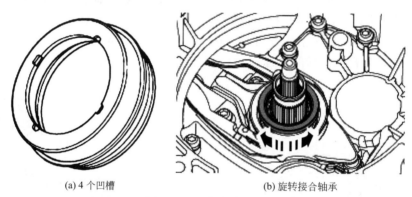

(a) 4 个凹槽　　(b) 旋转接合轴承

图 4-85　安装接合轴承

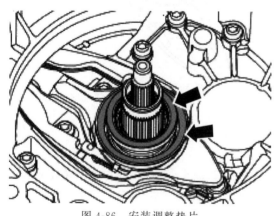

图 4-86　安装调整垫片

提示：在两个接合轴承上，必须安装调整垫片，如图 4-86 中箭头所示。

③ 如图 4-79 所示，把起拔器 T 10373 的丝杆逆时针旋转到最后位置，将起拔器 T 10373 插入到双离合器中，将起拔器 T 10373 顺时针转动，直到起拔器将双离合器抓紧。

④ 将离合器插入到变速器轴上。

⑤ 将压具 T 10376 放置在离合器上，通过旋转支撑工具 T 10323 上的螺杆，将离合器压至安装位置。

压紧时将一只手放在离合器上，当感觉到轻微的振动时，这就意味着，离合器正在被压到其压紧位置上。而且离合器何时达到限位，也可以"感觉"到。

⑥ 观察卡环的接口。该卡环"上方较紧"。如果可以安装卡环，则说明离合器已压至限位。

⑦ 安装离合器的固定卡环。如果无法安装卡环，则说明离合器没有压至安装位置，应重新安装离合器。

⑧ 插入齿毂。齿毂上有一个大轮齿，因此只能在一个位置安装。

维修提示

★ 在大轮齿上有一个标记（图 4-87 中箭头所示），在安装时把此标记面对发动机侧，不能装反。

★ 在安装齿毂时，必须把大轮齿上的标记和从动盘上的标记对齐（图 4-88 中箭头所示）。

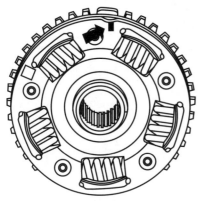

图 4-87　大轮齿的标记

图 4-88　对齐大轮齿上和从动盘上的标记

⑨ 见图 4-76 中的箭头，插入齿毂的卡环。

维修提示

注意卡环的安装位置，卡环的切口必须指向离合器"凸缘"，这样方便下次维修时拆卸卡环。

⑩ 如图 4-89 所示，左右旋转离合器，在离合器旋转时观察小接合杆。旋转离合器时，小接合杆在其位置上必须保持完全"静止"，不允许上下移动。

维修提示

如果小接合杆上下移动，则表明"K2"接合轴承的调整垫片的位置没有正确安装。当出现这种情况时，必须拆下离合器，重新对"K2"接合轴承进行调整。

⑪ 安装变速器后，取下排气孔上的密封塞，安装排气罩和排气软管。

⑫ 用车辆诊断、测量与信息系统 VAS 5051B 进行基本测量。

图 4-89 左右旋转离合器

第五章

电气设备

第一节 车载网络

一、数据总线的布置

仅仅在几年前,电气设备车载网络的安装使用还受限于物理条件,例如只能在点火系统和发动机管理系统中使用,现在这种情况已经发生了显著改变。随着电气和电子系统的扩展,许多纯机械系统也进行了技术创新(例如电控机械式驻车制动器)。因此在最新一代迈腾轿车中采用了最大的车载网络配置方案,安装的控制单元数量超过了 68 个,如图 5-1 所示。为实现这些众多控制单元的联网,使用了 CAN、LIN 和 MOST 数据总线。

图 5-1 车载网络配置

> **1. 数据总线一览**

基于 MQB 平台的联网方案针对 2018 年款新迈腾(MQB-B)进行了技术扩展,数据总线包括 CAN 数据总线诊断系统、CAN 数据总线扩展、LIN 数据总线、MOST 150 数据总线、CAN 数据总线驱动系统、CAN 数据总线诊断系统、CAN 数据总线底盘、CAN 数据总线信息娱乐系统、CAN 数据总线舒适系统等,如图 5-2 所示。

① 所有 CAN 数据总线的传输速率均为 500kbit/s。

② LIN 数据总线的传输速率为 19.2kbit/s。

③ 新总线的亮点是采用了光纤技术的 MOST150 数据总线,其传输速率达到 150Mbit/s。

④ 数据总线诊断接口（J533）包括某些 LIN 数据总线的控制单元，同时这个接口也是各个 CAN 数据总线之间的连接元件。其他 LIN 数据总线连接在不同的控制单元上。

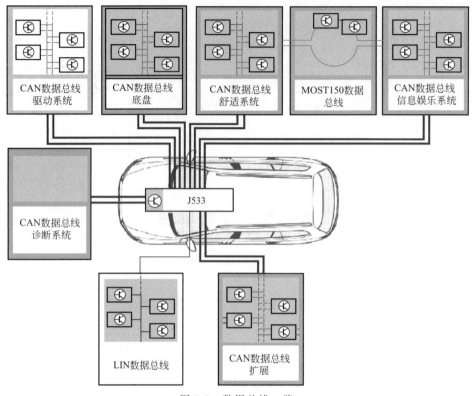

图 5-2 数据总线一览

J533—数据总线诊断接口；——CAN 数据总线导线；——LIN 数据总线导线；——MOST 光纤

2. CAN 数据总线

（1）驱动系统 CAN 数据总线（图 5-3）

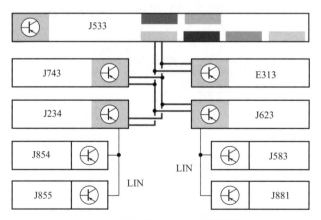

图 5-3 驱动系统 CAN 数据总线

E313—选挡杆；J234—安全气囊控制单元；J533—数据总线诊断接口；J583—NO_x 传感器 1 控制单元；
J623—发动机控制单元；J743—双离合变速箱机械电子单元；J854—右前安全带拉紧器控制单元；
J855—左前安全带拉紧器控制单元；J881—NO_x 传感器 2 控制单元

（2）底盘 CAN 数据总线　底盘 CAN 数据总线是将所有与底盘相关的控制单元彼此连接到一起并与其他的车辆网络相连，如图 5-4 所示。

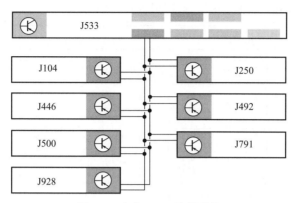

图 5-4　底盘 CAN 数据总线

J104—ABS 控制单元；J250—电控减振系统控制单元；J446—泊车辅助系统控制单元；J492—全时四轮驱动控制单元；J500—转向助力控制单元；J533—数据总线诊断接口；J791—驻车转向辅助装置控制单元；J928—全景影像控制单元

（3）信息娱乐 CAN 数据总线　信息娱乐 CAN 和舒适 CAN 之间有 MOST 总线。

采用光纤技术的 MOST 连接用于快速传输多媒体数据，主要包括图像、视频和音频数据。借助光波的数据传输，其速率可达 150Mbit/s。光学 MOST 数据总线可实现下述组件之间的数据交换：组合仪表控制单元 J285（只使用组合仪表 Active Info Display）、数字式音响套件控制单元 J525、数字式电视机调谐器 R171 和信息娱乐系统电子装置控制单元 J794。

J794 是 MOST 总线的主控单元，J794 和 J685 之间采用 MIB CAN 数据总线，LVDS（低压差分信号）负责图像、音频和信息数据。倒车摄像头直接连接在信息娱乐 CAN 数据总线上。图像处理控制单元是倒车摄像头 R189 的组成部分。信息娱乐 CAN 数据如图 5-5 所示。

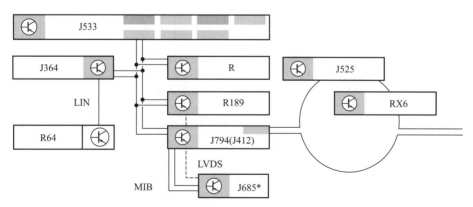

图 5-5　信息娱乐 CAN 数据总线

J364—辅助加热系统控制单元；J412—手机电子操作系统控制单元；J525—数字式音响套件控制单元；J533—数据总线诊断接口；J685*—前部信息显示和操作系统控制单元的显示单元（MIB CAN 数据总线上取消了 R 和 J685）；J794—信息娱乐系统电子装置控制单元；R—收音机；R64—驻车加热装置无线电接收器；RX6—电视机调谐器；R189—倒车摄像头；MIB—模块化信息娱乐系统 CAN 数据总线；LVDS—低压差分信号；MIB—CAN

(4) 舒适系统 CAN 数据总线　因为舒适系统 CAN 数据总线范围内的控制单元数量的增加，大量系统被归纳到独立的 LIN 数据总线中。其中包括大灯开关 E1，作为新的 LIN 数据总线连接部件。舒适系统 CAN 数据总线如图 5-6 所示。

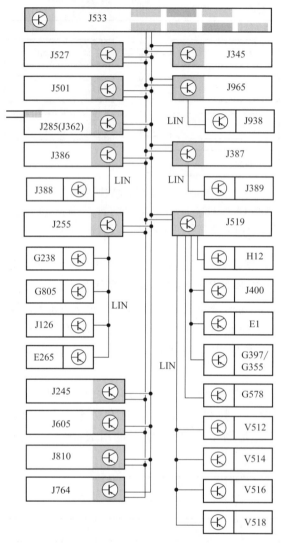

图 5-6　舒适系统 CAN 数据总线

E1—车灯开关；E265—后部空调器的操作和显示单元；G238—空气质量传感器；G355—空气湿度传感器；G397—雨量和光照识别传感器；G578—防盗报警装置传感器；G805—制冷剂循环回路压力传感器；H12—报警喇叭；J126—新鲜空气鼓风机控制单元；J245—滑动天窗控制单元；J255—Climatronic 全自动空调控制单元；J285—组合仪表中的控制单元；J345—挂车识别装置控制单元；J362—防盗锁止系统控制单元；J386—驾驶员侧车门控制单元；J387—副驾驶员侧车门控制单元；J388—左后侧车门控制单元；J389—右后侧车门控制单元；J400—刮水器电动机控制单元；J501—多功能控制单元；J519—车载电网控制单元；J527—转向柱电子装置控制单元；J533—数据总线诊断接口；J605—后备厢盖控制单元；J764—电子转向柱锁控制单元；J810—驾驶员座椅调节装置控制单元；J938—后备厢盖开启控制单元；J965—进入及启动许可接口；V512—左前座椅靠背通风装置；V514—左前座椅坐垫通风装置；V516—右前座椅靠背通风装置；V518—右前座椅坐垫通风装置

(5) 扩展 CAN 数据总线　扩展 CAN 数据总线如图 5-7 所示。在扩展 CAN 数据总线上连接的大部分控制单元都与驾驶员辅助系统有关。

① 扩展 CAN 数据总线，连接的控制单元都与驾驶员辅助系统相关。
② AFS（转向灯 CAN 数据总线），只有在安装有"高端版"LED 大灯时才会用到。
③ SF（传感器融合 CAN 数据总线），J428 车距调节装置控制单元，R242 驾驶员辅助系统前部摄像头。
④ SW（换道辅助 CAN 数据总线），J769 换道辅助系统控制单元 1，J770 换道辅助系统控制单元 2。
⑤ 使用子网 CAN 数据总线目的：减少上一级总线数据量；便于数据的快速传输；只针对相应的控制单元进行数据传输。

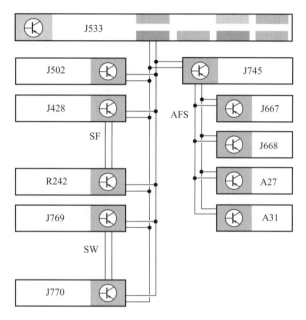

图 5-7　扩展 CAN 数据总线

A27—右侧 LED 大灯电源模块 1；A31—左侧 LED 大灯电源模块 1；J428—车距调节装置控制单元；J502—胎压监测控制单元；J533—数据总线诊断接口；J667—左大灯电源模块；J668—右大灯电源模块；J745—随动转向灯和大灯照明距离调节控制单元；J769—换道辅助系统控制单元 1；J770—换道辅助系统控制单元 2；R242—驾驶员辅助系统前部摄像头；AFS—转向灯 CAN 数据总线；SF—传感器融合 CAN 数据总线；SW—换道辅助 CAN 数据总线

（6）诊断系统 CAN 数据总线　如图 5-8 所示，诊断系统 CAN 数据总线要确保外部诊断测试仪与车辆电子系统之间通过数据总线诊断接口 J533 进行快速通信。

根据使用的诊断测试仪，可以通过常用的电缆或无线方式，建立数据总线诊断接口和车辆诊断接口之间的连接。车辆内的诊断接口位于左侧脚部空间的继电器和熔丝支架下方。
① 在数据总线诊断接口上连接有两条独立的 LIN 数据总线。
② 诊断接口是这两个 LIN 数据总线的主控制器。

（7）转向灯 CAN 数据总线　如图 5-9 所示，转向灯 CAN 数据总线是从属于扩展 CAN 数据总线的独立网络，只有在安装有"高端版"LED 大灯时才会用到。

转向灯 CAN 数据总线用于随动转向灯和大灯照明距离调节控制单元 J745 与电源模块 J667/J668 及 A27/A31 之间的连接。通过这个连接传输与下述设备有关的数据。
① 车前区照明灯、近光灯和远光灯多晶 LED 光源的控制单元（A27/A31）。
② 大灯照明距离调节伺服电动机的调节器（J667/J668）。

③ 动态随动转向灯（J667/668）。

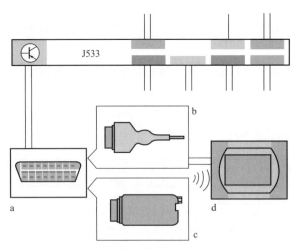

图 5-8 诊断系统 CAN 数据总线

J533—数据总线诊断接口；a—车辆诊断接口；b—诊断导线；c—无线连接的连接适配器；d—合适的诊断设备

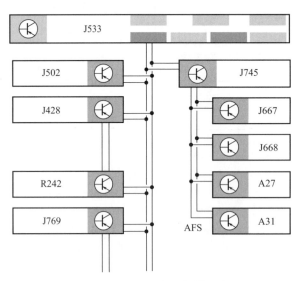

图 5-9 转向灯 CAN 数据总线

A27—右侧 LED 大灯电源模块 1；A31—左侧 LED 大灯电源模块 1；J667—左侧 LED 大灯电源模块；
J668—右大灯电源模块；J745—随动转向灯和大灯照明距离调节控制单元；AFS—转向灯 CAN 数据总线

（8）传感器融合 CAN 数据总线　如图 5-10 所示，传感器融合 CAN 数据总线是扩展 CAN 数据总线的下属子网。驾驶员辅助系统前部摄像头 R242 通过 CAN 数据总线直接与车距调节装置控制单元 J428 通信，以确保快速准确的数据传输。另外，J428 和 R242 同样直接连接在扩展 CAN 数据总线上。

（9）换道辅助 CAN 数据总线　如图 5-11 所示，换道辅助 CAN 数据总线是扩展 CAN 数据总线的下属子网。

换道辅助系统控制单元 J769 通过换道辅助 CAN 数据总线直接与换道辅助系统控制单元 2 J770 通信，以确保快速准确的数据传输。另外，两个控制单元同样直接连接在扩展 CAN

数据总线上。

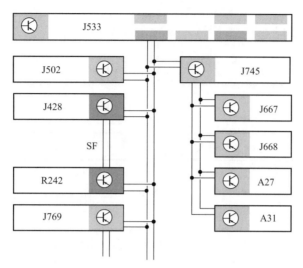

图 5-10 传感器融合 CAN 数据总线

J428—车距调节装置控制单元；R242—驾驶员辅助系统前部摄像头；SF—传感器融合 CAN 数据总线

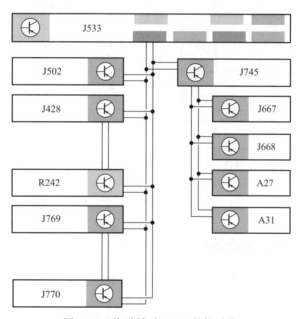

图 5-11 换道辅助 CAN 数据总线

J769—换道辅助系统控制单元；J770—换道辅助系统控制单元 2

（10）MIB CAN 数据总线　如图 5-12 所示，MIB（模块化信息娱乐系统）CAN 数据总线用于在信息娱乐系统电子装置控制单元 J794 和前部信息显示及操作系统控制单元的显示单元 J685 之间交换控制信号与操作命令。在这两个控制单元之间通过 LVDS 导线交换图像、音频和信息数据。

3. 数据总线诊断接口上的 LIN 数据总线

如图 5-13 所示，在数据总线诊断接口上连接有两条独立的 LIN 数据总线。诊断接口是这两个 LIN 数据总线的主控制器。

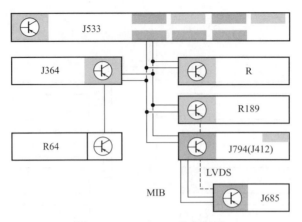

图 5-12 MIB CAN 数据总线

J412—移动电话操作电子系统控制单元；J685—前部信息显示及操作系统控制单元的显示单元；J794—信息娱乐系统电子装置控制单元；MIB—模块化信息娱乐系统 CAN 数据总线；LVDS—低压差分信号

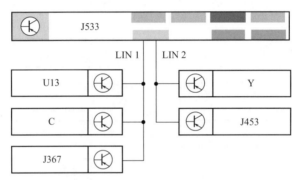

图 5-13 数据总线 J533 诊断接口上的 LIN 数据总线

C—三相交流发电机；J367—蓄电池监控控制单元；J453—多功能方向盘控制单元；J533—数据总线诊断接口；U13—带插座的逆变器，12～230V；Y—模拟时钟

二、组件保护装置和防盗锁止系统

组件保护装置和防盗锁止系统如图 5-14 所示。

1. 组件保护装置

数据总线诊断接口（J533）是组件保护装置的主控制单元。在接线端 15 接通的情况下，对组件保护装置的参与部件进行比较。如果比较结果为负，则锁止相关组件的部分或全部功能，并将其保存在故障存储器中。组件保护功能必须通过诊断测试仪在线激活。

2. 第 5 代防盗锁止系统

新款迈腾轿车采用了最新的第 5 代防盗锁止系统（WFS）。它与之前版本的区别主要表现在操作上，因为操作员在引导型故障查询下进行 WFS 匹配时，无需做出涉及安装和实际情况的多种决定。操作员只需要选择是否匹配防盗锁止系统或是维修防盗锁止系统。其他的总结分析和决定由 FAZIT 完成。新款迈腾轿车中的另一个创新是电子转向柱锁控制单元 J764 现在成为舒适系统 CAN 数据总线的连接部件。如果选装 J743（双离合变速箱机械电子单元），它同样作为 WFS 的连接部件。

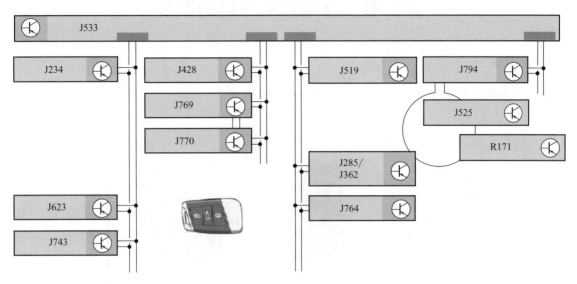

图 5-14　组件保护装置和防盗锁止系统

J234—安全气囊控制单元；J285—组合仪表控制单元；J362—防盗锁止系统控制单元；J428—车距调节装置控制单元；J519—车载电网控制单元；J525—数字式音响套件控制单元；J533—数据总线诊断接口；J623—发动机控制单元；J743—双离合变速箱机械电子单元；J764—电子转向柱锁控制单元；J769—换道辅助系统控制单元 1；J770—换道辅助系统控制单元 2；J794—信息娱乐系统电子装置控制单元；R171—数字式电视机调谐器

三、接线端控制

接线端控制如图 5-15 所示。新款迈腾轿车没有沿用电子转向柱锁控制单元 J764 作为接线端控制，而是采用进入及启动许可接口 J965，通过独立线路或是 CAN 消息进行确认。

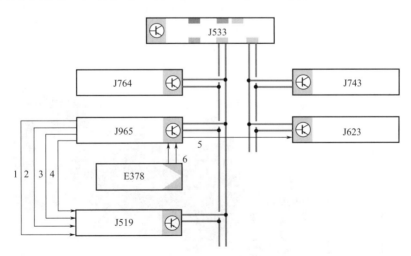

图 5-15　接线端控制

E378—启动装置按键；J519—车载电网控制单元；J533—数据总线诊断接口；J623—发动机控制单元；J743—双离合变速箱机械电子单元；J764—电子转向柱锁控制单元；J965—进入及启动许可接口；▬▬ 独立线路；1—接线端 15 信号 1；2—接线端 15 信号 2；3—S 触点；4—唤醒；5—接线端 50 请求；6—点火启动按键信号

第二节　充电系统与启动系统

一、充电系统

充电系统包括蓄电池和发电机等，如图 5-16 所示。

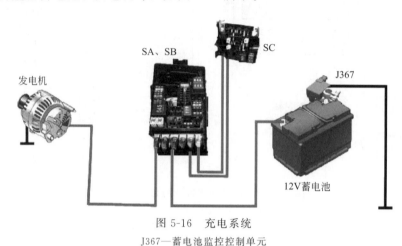

图 5-16　充电系统
J367—蓄电池监控控制单元

二、蓄电池

蓄电池安装在发动机舱内。三个熔丝盒分配车辆中的电流。

发动机舱电子模块包含了熔丝盒 SA 和根据装备配备的熔丝及继电器盒 SB。乘客舱左侧的储物箱后面下方有熔丝盒 SC。

根据使用区域、发动机类型以及装备标准，安装有铅酸蓄电池、EFB（高能）蓄电池或 AGM（玻璃纤维隔板蓄电池）蓄电池，容量为 44～93A·h。

EFB 蓄电池的结构如图 5-17 所示，AGM 蓄电池的结构如图 5-18 所示。

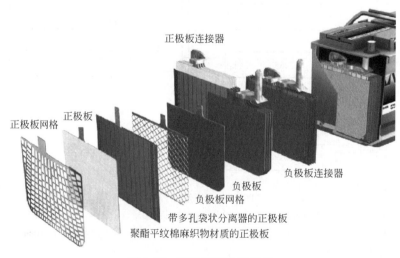

图 5-17　EFB 蓄电池的结构

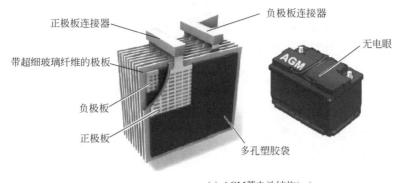

(a) AGM蓄电池结构(一)

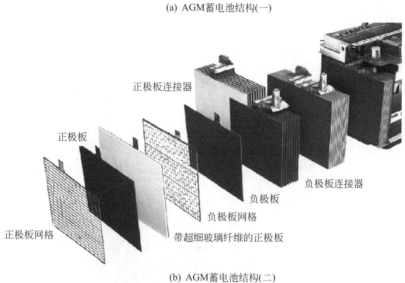

(b) AGM蓄电池结构(二)

图 5-18 AGM 蓄电池的结构

蓄电池通过蓄电池监控控制单元 J367 进行控制，并对能量管理进行监控。蓄电池监控控制单元直接安装在搭铁线的负极接线柱上（图 5-19），它通过 LIN 总线与数据总线诊断接口 J533 相连。

图 5-19 蓄电池监控控制单元 J367

根据发动机以及装备标准，新款迈腾轿车使用最大输出电流为 140A 或者 180A 的发电机。以前发电机和电压调节器通过两条导线连接到发动机和车载控制单元，现在是通过一条 LIN 线连接到网关，不再使用 L 导线和 DFM 导线。

> **维修提示**
> ★ 断开蓄电池连接线时必须关闭防盗报警装置。
> ★ 拆下蓄电池搭铁（断电）连接线，才能确保安全地对电气设备进行操作。
> ★ 只有在拆卸蓄电池时才必须拆下蓄电池正极连接线。

蓄电池的拆装如图 5-20 所示。

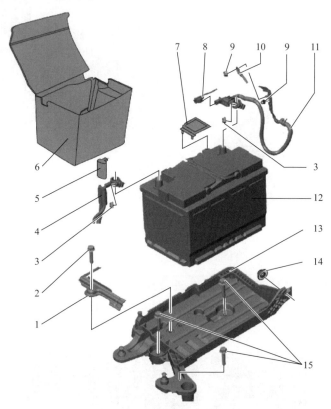

图 5-20 蓄电池的拆装

1—固定支架；2,15—螺栓；3,9,14—螺母；4—正极线；5—盖罩；6—隔热套；7—盖板；8—电气连接插头；10—搭铁线；11—搭铁线（带有蓄电池接线端和蓄电池监控控制单元 J367）；12—蓄电池；13—蓄电池支架

1. 蓄电池的拆卸

① 关闭点火开关和所有用电器，将点火钥匙放置在车外，以免意外接通点火开关。

② 打开发动机舱盖，然后打开隔热套盖。

③ 如图 5-21 所示，打开蓄电池负极上方的盖板 3。将螺母 5 松开几圈，并从蓄电池负极接地线上拔下蓄电池负极接线端 4。将螺母 2 旋开几圈，并将蓄电池正极线接线端 1 从蓄电池正极上拔下。

④ 如图 5-22 所示，将隔热套 4 略微向上拉。旋出固定支架 1 上的螺栓 2，取下固定支架 1。沿行驶方向从蓄电池支架中拉出蓄电池 3 并向上从发动机舱中取出。

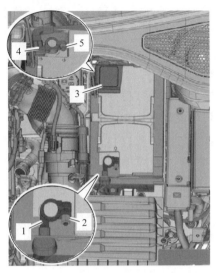

图 5-21　拆下蓄电池负极和正极接线端

1—蓄电池正极线接线端；2,5—螺母；3—蓄电池负极上方的盖板；4—蓄电池负极接线端

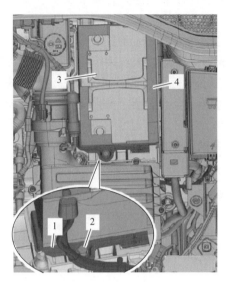

图 5-22　取下固定支架

1—固定支架；2—螺栓；3—蓄电池；4—隔热套

2. 蓄电池的安装

① 将正极线连接到蓄电池正极接线柱上，并以规定的拧紧力矩拧紧紧固螺栓。

② 如图 5-23 所示，脱开蓄电池监控控制单元 J367 上的电气连接插头。用手将接地线的蓄电池接线端插到蓄电池负极"－"上，以规定的拧紧力矩拧紧螺母。重新连接蓄电池监控控制单元 J367 上的电气连接插头 2。

③ 连接蓄电池后，按照表 5-1 中所列出的工作步骤操作。

表 5-1　连接蓄电池后的工作步骤操作

序号	工作步骤
1	用点火开关钥匙或启动按钮打开点火开关
2	读取故障存储器：用车辆诊断测试仪进行引导型故障查询
3	时钟：检查时间设置，必要时重新设置
4	电动车窗升降器的操作如下 ①打开和关闭车窗，分别至限位位置 ②当车窗已关闭时，上拉开关，并至少保持在该位置 1s ③检测车窗升降器的舒适开关功能，车窗可在该模式下实现单触升降
5	功能检测：所有用电器

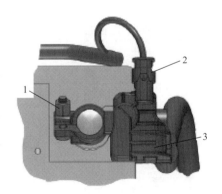

图 5-23　脱开蓄电池监控控制单元 J367 上的电气连接插头

1—螺母；2—电气连接插头；3—蓄电池监控控制单元 J367

> **维修提示**
>
> ★在连接蓄电池并打开点火开关后,稳定程序、ASR/ESP 的指示灯 K155 以及电动助力转向系统的指示灯持续亮起。当汽车以 15~20km/h 的车速直线行驶一段路程后,指示灯自动熄灭,从而重新激活转向角传感器 G85。
> ★如果蓄电池未安装牢固,则会有以下危险。
> -由于振荡而造成损坏会缩短使用寿命(有爆炸危险)。
> -如果蓄电池固定不正确,会导致蓄电池栅格板受到损坏。
> -固定板不牢固易造成蓄电池外壳受到损坏(有可能出现电解液泄漏,后果严重)。
> -更换蓄电池后,必须匹配蓄电池监控控制单元 J367。

3. 蓄电池的检查

(1) 免维护蓄电池的检查

① 可以通过免维护蓄电池上的内置密度计(俗称电眼)来检查蓄电池的工作状况,如图 5-24 所示。

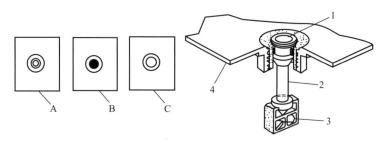

图 5-24 免维护蓄电池的检查

1—观察镜(窗);2—光学荷电状况指示器;3—绿色小球;4—蓄电池外壳;A—绿色圆点明显(蓄电池正常);B—绿色圆点模糊(蓄电池亏电,需充电);C—透亮或黄色(蓄电池应报废)

② 对于不带浮表的两色电眼的蓄电池,其检查方法如图 5-25 所示。

(2) 检查蓄电池电压

① 对蓄电池电压的检测必须使用专用的蓄电池检测仪。

② 当蓄电池电流约为 110A 时,其最低电压应不低于 9.6V。

③ 如果在此测量期间(持续 5~10s),蓄电池电压低于该值,则蓄电池不是漏电,就是有故障,应予以维修。

(3) 维护蓄电池 对蓄电池进行维护的内容如下。

① 使用新式蓄电池时,应尽可能使其带有中心排气孔。

② 应经常检查蓄电池电解液液面高度,一般

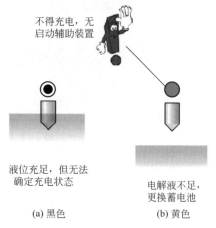

图 5-25 检查不带浮表的两色电眼的蓄电池

应高出极板 10~15mm，位于蓄电池外壳上 MAX 和 MIN 液位线之间。

③ 冬季开始时，应测量电解液的密度，判断是否需要充电。

④ 发现蓄电池充电数小时后电量仍不足时，应立即进行漏电检查。

⑤ 平时应在接线柱、接头和安装附件表面涂一层耐酸油脂。

4. 蓄电池的充电

蓄电池的充电作业方法通常有恒压充电、恒流充电和脉冲快速充电三种，目前比较流行的充电方法是脉冲快速充电。蓄电池的充电作业根据使用情况，分初充电和补充充电两种工艺过程。

(1) 蓄电池充电作业注意事项

① 严格遵守各种充电方法的操作规范。

② 充电过程中，要及时检查记录各单格电池电解液密度和端电压。在充电初期和中期，每 2h 检查记录一次即可，接近充电终了时，每 1h 检查记录一次。

③ 若发现个别单格电池的端电压和电解液密度上升比其他单格电池缓慢，甚至变化不明显时，应停止充电，及时查明原因。

④ 在充电过程中，必须随时测量各单格电池的温度，以免温度过高影响蓄电池的性能。当电解液温度上升到 40℃时，应立即将充电电流减半，减小充电电流后，如果电解液温度仍继续升高，应该停止充电，待温度降低到 35℃以下时，再继续充电。

⑤ 初充电作业应连续进行，不可长时间间断。

⑥ 充电时，应旋开出气孔盖，使产生的气体能顺利逸出，充电室要安装通风和防火设备，在充电过程中，严禁烟火，以免发生事故。

⑦ 就车充电时，一定要将蓄电池负极断开，否则充电机的高电压会将电控系统的电器元件损坏。

⑧ 如果蓄电池长时间未在行车中使用，如库存车蓄电池等，必须以小电流进行充电。

⑨ 对过度放电的蓄电池（空载电压为 11.6V 或更低）进行充电，不可采用快速充电方法充电，这种蓄电池充电至少应为 24h。

(2) 蓄电池充电作业方法

① 在将蓄电池与充电机连接之前，应将蓄电池极柱和表面清理干净，将液面高度调整至正常水平。

② 按图 5-26 所示正确连接充电机和蓄电池。

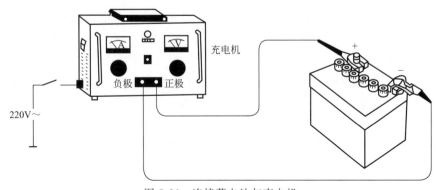

图 5-26　连接蓄电池与充电机

③ 将充电机上的电压调节旋钮调至最小位置。

④ 打开交流电源开关。

⑤ 打开充电机上的电源开关，调节电压旋钮，观察电流表读数，直到电流表读数指示出所确定的电流值为止（按照充电规范，确定充电电流大小）。充电电流应大约等于蓄电池容量的 10%（在 60A 的蓄电池上大约为 6A）。

⑥ 通过加液孔观察蓄电池的内部情况，用万用表测量蓄电池两端的电压，当有连续气泡冒出或连续 3h 电压不变时，应立即停止充电。

5. 利用带打印机的蓄电池测试仪 VAS 5097A 检测蓄电池

蓄电池测试仪 VAS 5097A 如图 5-27 所示。

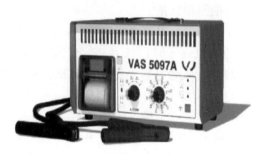

(a) 实物图

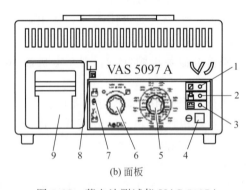

(b) 面板

图 5-27　蓄电池测试仪 VAS 5097A

1~3—LED 灯；4—启动按钮；5—低温检测电流选择细调旋钮；6—低温检测电流选择粗调旋钮；
7—检测夹钳选择滑动开关；8—打印机开关；9—打印机

利用带打印机的蓄电池测试仪 VAS 5097A 可以低温检测蓄电池电流来检查蓄电池的工作状态。

(1) 使用情况说明

① 负荷状态下测量电压时将在低温下模拟启动过程。检测过程中流过的电流很大，电压根据蓄电池容量只允许降到某个由蓄电池测试仪规定的最小值。

② 在检测完后该电压低值保持一段较长的时间，电压只是很缓慢地重新升高。

③ 如果蓄电池损坏，或者充电不足，蓄电池电压便会很快降到所规定的最低电压以下。

④ 如果低于最低电压，则必须更换蓄电池。

⑤ 只进行一次该测试，重复测试会造成结果不准确。

⑥ 为了能检查另一个蓄电池，必须让蓄电池测试仪冷却约 30min。

（2）检测方法

① 在点火开关已关闭的情况下断开蓄电池的搭铁线。

② 在带有电眼的蓄电池上检查电眼的颜色显示，如果电眼显示为无色或浅黄色，则不允许检测蓄电池或为蓄电池充电，否则会有危险，应更换蓄电池。

③ 如图 5-27 所示，利用低温检测电流选择细调旋钮 5 设置低温检测电流，利用低温检测电流选择粗调旋钮 6 将测量范围设为 80~379A 或 380~499A。如电流为 420A 的蓄电池，可以 499A 的设置值来检测。

④ 将蓄电池测试仪的红色检测夹钳（＋）夹在蓄电池正极上，黑色检测夹钳（－）夹在蓄电池负极上。要确保检测夹钳接触良好，影响检测结果的因素如图 5-28 所示。

 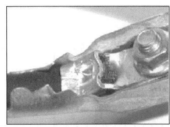 

(a) 夹钳已氧化　　　　　　　　(b) 电缆未镀锡　　　　　　　　(c) 电缆破裂

图 5-28　影响检测结果的因素

⑤ 如图 5-27 所示，用检测夹钳选择滑动开关 7 选择检测夹钳的连接点：可直接连接在蓄电池上，也可连接在发动机舱内的外部检查点上。

⑥ 检查蓄电池上给出的低温检测电流是否与蓄电池测试仪上的设置值一致。

⑦ 如图 5-27 所示，按压启动按钮 4：绿色 LED1 灯亮起，检测程序自动运行。20s 后通过打印机输出测试结果。

> **维修提示**
>
> ★如果蓄电池测试仪未启动（LED 灯未亮起，无打印输出），必须为蓄电池充电。
> ★如果红色 LED2 灯亮起，说明蓄电池测试仪极性接反。
> ★如果红色 LED3 灯亮起，说明无法测试蓄电池，应更换蓄电池。

⑧ 打印输出检测结果，如图 5-29 所示。

⑨ 测试完毕后，关闭蓄电池测试仪，取下检测夹钳。

三、交流发电机

1. 交流发电机的结构

交流发电机由定子、转子、整流器和端盖等组成，交流发电机整体图和分解图如图 5-30 及图 5-31 所示。

2. 发电机的分解

① 如图 5-32 所示，用扭力扳手拧下发电机 V 带轮的紧固螺母，取出螺母垫圈。

② 如图 5-33 所示，用专用拉器拉出发电机 V 带轮。

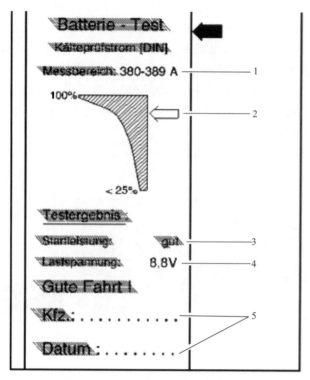

图 5-29 打印输出检测结果

1—蓄电池测试仪上设置的测量范围；2—示意图，箭头表示蓄电池的状态；3—检测结果；4—蓄电池负荷检测期间蓄电池上的电压；5—汽车数据和日期（由机械师填入）

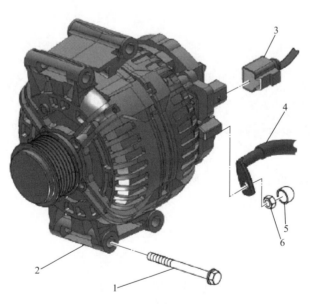

图 5-30 交流发电机整体图

1—螺栓（4 个，拧紧力矩为 23N·m）；2—三相交流发电机；3—电气连接插头；4—接线端 30/B+；
5—盖罩；6—螺母（拧紧力矩为 20N·m）

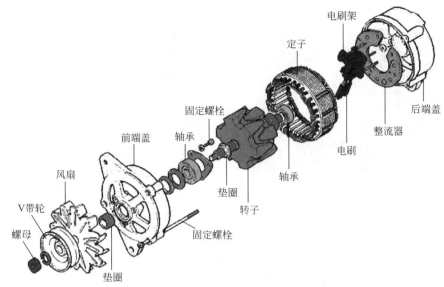

图 5-31　交流发电机分解图

图 5-32　拧下发电机 V 带轮的紧固螺母

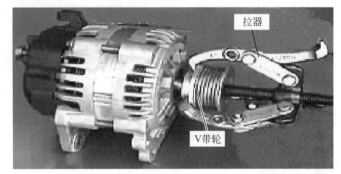

图 5-33　用专用拉器拉出发电机 V 带轮

③ 如图 5-34 所示，拧下发电机后端的整流器罩盖螺栓，取出后端盖。

(a) 取出后端盖前

(b) 取出后端盖后

图 5-34　取出后端盖

④ 先用套筒扳手拧下所有发电机前后端壳体紧固螺栓，然后用橡胶锤敲击转子轴，取出前端盖，如图 5-35 所示。

⑤ 取出止推垫圈和风扇叶轮，如图 5-36 所示。

图 5-35　取下前端盖

图 5-36　取出风扇叶轮

⑥ 如图 5-37 所示，取出发电机转子总成。

图 5-37　取出发电机转子总成

3. 发电机的装配

发电机的装配基本上可按与拆卸的相反顺序进行。

> **维修提示**
>
> 在装复前，用细砂纸对发电机转子滑环接触面进行打磨，并在轴承外圈及轴承座上涂上适量润滑油。

4. 交流发电机的检查

（1）转子的检查

① 转子表面不得有刮痕，否则表明轴承松旷，应更换前后轴承。滑环表面应光洁平整，两滑环之间的槽内不得有油污和异物，转子线圈（绕组）不允许有搭铁、短路和断路故障。

② 转子的断路检查。如图 5-38 所示，用万用表测量转子两滑环之间的电阻值，如果测得的电阻值为 2~3Ω（不同型号的发电机电阻值不同），说明转子线圈良好；若电阻值为无穷大，说明转子线圈有断路故障；若电阻值过低，说明转子线圈有短路故障。如有断路或短路故障，应更换转子总成。

③ 转子的搭铁检查。如图 5-39 所示，用万用表测量滑环和转子轴之间是否搭铁短路，一个表笔接转子的滑环，另一个表笔接转子轴或爪极，如果测得的电阻值为无穷大，说明滑环和转子轴之间绝缘良好；若有阻值，则表明转子线圈有搭铁故障，应更换转子。

图 5-38 转子的断路检查

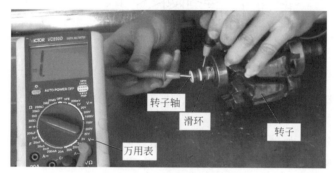

图 5-39 转子的搭铁检查

(2) 定子的检查

① 定子表面不得有刮痕,导线表面不得有碰伤、绝缘漆剥落现象,绕组不得有搭铁、短路和断路现象。

② 定子的断路检查。如图 5-40 所示,使用万用表测量定子绕组的三根导线与中心抽头是否导通,如不导通,应更换定子。

③ 定子的搭铁检查。如图 5-41 所示,使用万用表测量定子绕组三根导线与定子铁芯是否导通,如能导通,应更换定子。

图 5-40 定子的断路检查

图 5-41 定子的搭铁检查

(3) 电刷长度的检查 如图5-42所示,用游标卡尺测量电刷的长度,应符合规定值。标准值一般为10.5mm,极限值一般为4.5mm。

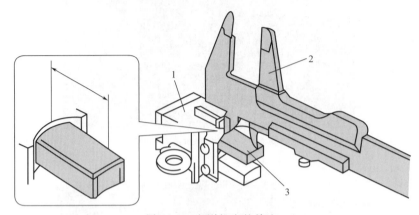

图5-42 电刷长度的检查
1—电刷架;2—游标卡尺;3—电刷

如低于使用极限值时,应更换新的电刷;如表面烧损,应予以修磨。如电刷折断(图5-43),应予以更换。

(4) 整流器的检查 如图5-44所示,用万用表测量整流器上二极管的导通情况,正常时应为正向导通(电阻值小或为0),反向截止(电阻值为无穷大)。

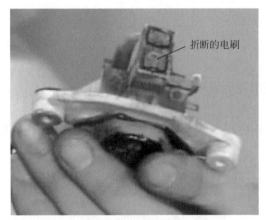

图5-43 电刷折断

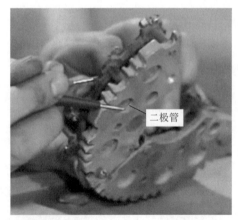

图5-44 整流器的检查

若正、反向电阻值均为0,则说明二极管短路(二极管被击穿);若正、反向电阻值均为无穷大,则说明二极管断路,应更换整流器。

(5) 电压调节器(IC)的检查

① 如图5-45所示,将万用表置于直流电压挡位,测量发动机启动前蓄电池端电压,应为12.5V左右。若电压过低,可能是蓄电池电量不足或存在故障。

② 如图5-46所示,启动发动机,测量发动机启动后蓄电池的端电压,应为14.3V。发动机启动时蓄电池端电压瞬间降低,然后迅速提高至14.3V左右,此时说明发电机工作正常。

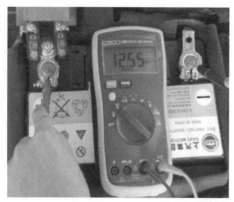
图 5-45 测量发动机启动前蓄电池端电压

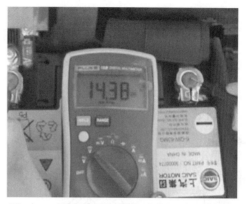
图 5-46 测量发动机启动后蓄电池的端电压

③ 逐渐提高发动机转速，测量蓄电池的端电压，应稳定在 14.3V 左右，说明电压调节器工作正常。

（6）交流发电机性能简单测试　如图 5-47 所示，检修装复的交流发电机，在车辆使用大灯、应急闪光灯、雨刮器的情况下，发动机以 3000～4000r/min 的转速运转，用万用表测试其输出电压和电流。若检测数据与标准值不符时，应找出原因并予以修理。

5. 发电机的故障与排除

发电机的故障与排除如表 5-2 所示。

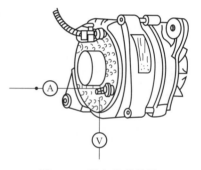
图 5-47 发电机的检测

表 5-2　发电机故障与排除

故障	可能原因	排除方法
发电机不发电	(1)二极管损坏或二极管板烧蚀 (2)电刷卡死或滑环接触不良 (3)磁场线圈断路 (4)电压调节器损坏 (5)带动发电机的多楔皮带松弛 (6)定子线圈断路或短路，接线柱绝缘不良 (7)转子线圈断路或短路	(1)更换 (2)更换电刷弹簧或修理 (3)更换转子 (4)更换电压调节器 (5)调整多楔皮带张紧装置 (6)更换或修理 (7)更换
发电机输出功率不足	(1)磁场线圈短路 (2)滑环与电刷接触不良 (3)定子线圈短路或断路 (4)带动发电机的多楔皮带松弛 (5)电压调节器损坏	(1)更换转子 (2)清洁滑环，更换电刷 (3)更换或修理 (4)调整多楔皮带张紧装置 (5)更换电压调节器
充电电流过小	(1)个别二极管损坏 (2)电刷接触不良 (3)带动发电机的多楔皮带松弛 (4)转子线圈局部短路、定子线圈局部短路或接头断开	(1)更换 (2)修理 (3)调整多楔皮带张紧装置 (4)更换或修理
充电电流过大	(1)电压调节器损坏 (2)蓄电池内部短路	(1)更换 (2)修理或更换
发电机异响	(1)发电机安装不当，紧固螺栓松动 (2)发电机轴承损坏 (3)发电机转子与定子相碰撞 (4)二极管、线圈绕组即将短路、断路时的电磁声	(1)修理 (2)更换 (3)修理或更换 (4)修理或更换

6. 用示波器检测发电机输出电压波形

当交流发电机有故障时，其输出电压的波形将出现异常。因此，根据输出电压波形可以判断交流发电机内部二极管及定子绕组是否有故障，也是快速判断二极管是否损坏的方法。用示波器检测发电机输出波形的步骤如下。

① 将示波器连接到发电机B端子与搭铁之间，线路连接如图5-48所示。

② 将示波器调整到发电机波形测试功能。

③ 启动发电机，记录发电机输出波形。

④ 参照图5-49所示的发电机正常波形及常见故障波形，对比分析发电机工作性能，从而判断交流发电机的工作情况。

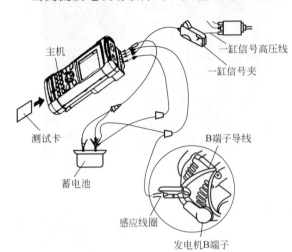

图5-48 示波器与发电机端子之间的线路连接

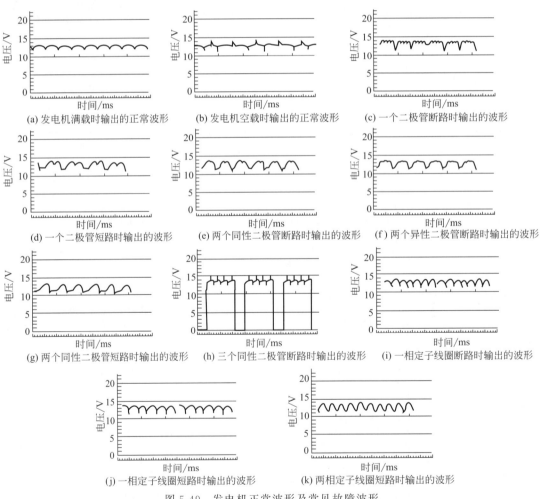

(a) 发电机满载时输出的正常波形　(b) 发电机空载时输出的正常波形　(c) 一个二极管断路时输出的波形

(d) 一个二极管短路时输出的波形　(e) 两个同性二极管断路时输出的波形　(f) 两个异性二极管断路时输出的波形

(g) 两个同性二极管短路时输出的波形　(h) 三个同性二极管断路时输出的波形　(i) 一相定子线圈断路时输出的波形

(j) 一相定子线圈短路时输出的波形　(k) 两相定子线圈短路时输出的波形

图5-49 发电机正常波形及常见故障波形

四、启动系统

1. 起动机的结构

起动机的安装如图 5-50 所示。

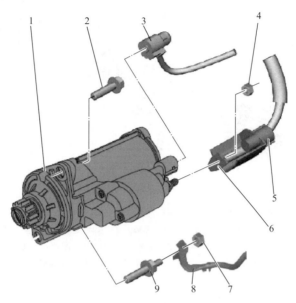

图 5-50　起动机的安装

1—起动机；2—螺栓（拧紧力矩为 40N·m）；3—电气连接插头；4,7—螺母（拧紧力矩为 20N·m）；
5—盖罩；6—接线端 30/B+；8—接地线；9—螺栓（拧紧力矩为 40N·m）

起动机主要由电枢总成、电磁开关、外壳总成、后盖（驱动端盖）、前盖（电刷端盖）等部分组成，其结构如图 5-51 所示。

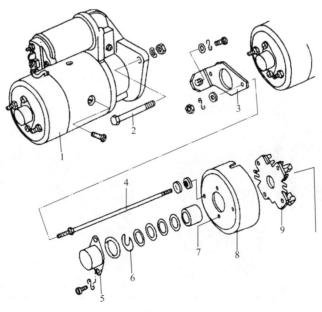

图 5-51

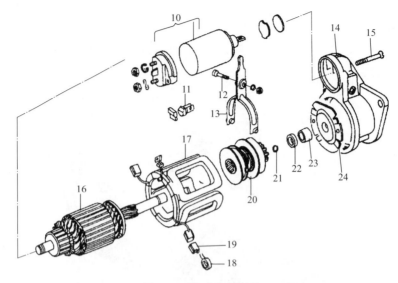

图 5-51 起动机的结构

1—起动机总成；2—起动机安装螺母；3—起动机安装支架；4—连接螺栓；5—轴端防尘盖；6—卡片；7—电刷端盖轴承；8—电刷端盖；9—电刷架；10—电磁开关；11—拨叉垫块；12—拨叉销轴；13—拨叉；14—驱动端盖；15—电磁开关固定螺栓；16—电枢；17—磁场线圈；18—电刷弹簧；19—电刷；20—单向离合器；21—卡环；22—止推垫圈；23—驱动端盖轴承；24—挡板

2. 起动机的拆装

（1）起动机的拆卸

① 拆卸起动机时，应首先拆下蓄电池的搭铁线，然后再拆下起动机的各连接线。

② 拆下起动机支架上紧固起动机的螺母，连同支架将起动机从发动机上一起拆下。

（2）起动机的安装　起动机的安装与拆卸步骤相反。

装配时，应检查起动机固定螺栓及螺母的情况，调整起动机到最佳位置，最后以 40N·m 的拧紧力矩拧紧紧固螺母。

3. 起动机的分解

① 如图 5-52 所示，用扳手旋下电磁开关接线柱上的螺母，将导线从接线柱上移开。

② 如图 5-53 所示，用扳手旋下电磁开关与起动机壳体上的固定螺母。

图 5-52　将导线从接线柱上移开

图 5-53　旋下电磁开关上的固定螺母

③ 如图 5-54 所示，取下电磁开关。
④ 如图 5-55 所示，旋下起动机贯穿螺栓。

图 5-54 取下电磁开关

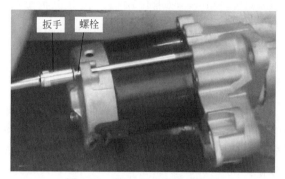

图 5-55 旋下起动机贯穿螺栓

⑤ 如图 5-56 所示，取下驱动端的端盖和拨叉。
⑥ 如图 5-57 所示，取下后端盖和绝缘垫片。

图 5-56 取下端盖和拨叉

图 5-57 取下后端盖和绝缘垫片

⑦ 取出电刷弹簧。注意，电刷弹簧有一定的弹力，取下时容易弹出。
⑧ 如图 5-58 所示，取出电枢总成。

图 5-58 取出电枢总成

4. 起动机的检修

（1）起动机电枢轴的检修　用千分表检查起动机电枢轴是否弯曲，如图 5-59 所示。若摆差超过 0.1mm，应进行校正。若电枢轴上的花键齿槽严重磨损或损坏，应进行修复或更换。

电枢轴轴颈与衬套的配合间隙不得超过 0.15mm，若间隙过大，应更换新套，并进行铰配。

（2）起动机换向器的检查

① 检查换向器有无脏污和表面烧蚀，若出现此情况，用 400 号砂纸或在车床上修整。

② 检查换向器的径向圆跳动，如图 5-60 所示。将换向器放在 V 形铁上，用百分表测量圆周上的径向跳动，最大允许径向圆跳动为 0.05mm。若径向圆跳动大于规定值，应在车床上校正。

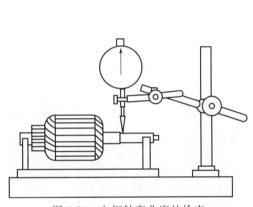

图 5-59　电枢轴弯曲度的检查

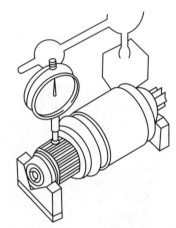

图 5-60　检查换向器径向圆跳动

③ 用游标卡尺测量换向器的直径，如图 5-61 所示。其标准值为 30.0mm，最小直径为 29.0mm。若直径小于最小值，应更换电枢。

④ 检查换向器底部凹槽深度，且应清洁无异物，边缘光滑。如图 5-62 所示，标准凹槽深度为 0.6mm，最小凹槽深度为 0.2mm。若凹槽深度小于最小值，则用手锯条修正。

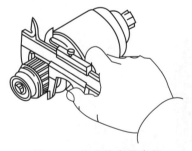

图 5-61　检查换向器直径

图 5-62　检查换向器底部凹槽深度

（3）起动机电枢线圈的检修

① 检查换向器是否断路。如图 5-63 所示，用欧姆表检查换向片之间，应导通（电阻近似为 0）。若换向片之间不导通，应更换电枢。

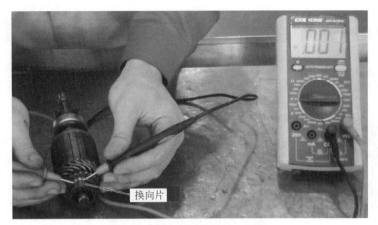

图 5-63 检查换向器是否断路

② 检查换向器是否搭铁。如图 5-64 所示，用欧姆表检查换向器与电枢线圈铁芯之间，应不导通。若导通，应更换电枢。

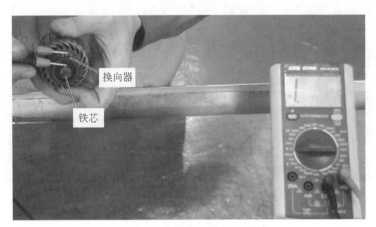

图 5-64 检查换向器是否搭铁

(4) 起动机磁场线圈的检查

① 检查磁场线圈是否断路。用欧姆表测量两个接磁场线圈电刷之间的阻值（图 5-65），应近似为 0（导通）。用欧姆表测量两个搭铁电刷之间的阻值，应近似为 0（导通）。否则，更换磁场线圈。

如图 5-66 所示，用欧姆表测量接磁场线圈电刷与搭铁电刷之间的阻值，应为无穷大（不导通）。

② 检查磁场线圈是否搭铁。用欧姆表测量接磁场线圈电刷与外壳之间的阻值，应为无穷大（不导通），如图 5-67 所示；用欧姆表测量搭铁电刷与外壳之间的阻值，应为 0。若测量结果不符合规定，应修理或更换电刷、磁场线圈。

(5) 起动机电刷及电刷弹簧的检查

① 电刷弹簧的检查。如图 5-68 所示，读取电刷弹簧从电刷分离瞬间的拉力计读数。标准弹簧安装载荷为 17～23N，最小安装载荷为 12N。若安装载荷小于规定值，应更换电刷弹簧。

② 测量电刷的长度。如图 5-69 所示，用游标卡尺测量每个电刷的长度，应符合规定值。

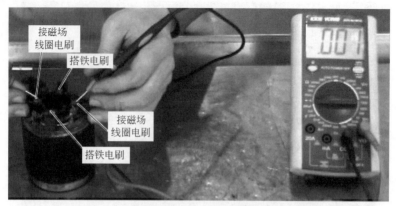

图 5-65　测量两个接磁场线圈电刷之间的阻值

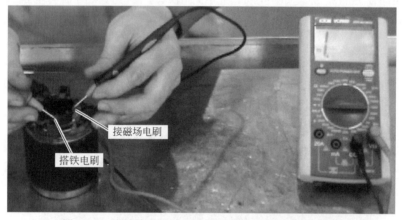

图 5-66　测量接磁场线圈电刷与搭铁电刷之间的阻值

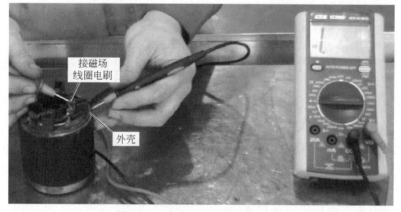

图 5-67　检查磁场线圈是否搭铁

（6）起动机电刷架的检查　用万用表欧姆挡检查电刷架正极（+）与负极（-）之间，应不导通，如图 5-70 所示。若导通，则修理或更换电刷架。

图 5-68 检查电刷弹簧载荷

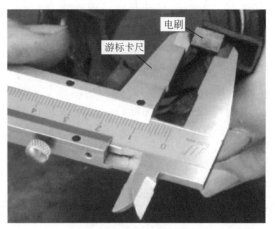
图 5-69 测量电刷的长度

(a) 电刷架正、负极

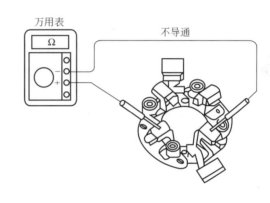

(b) 用万用表检查电刷架

图 5-70 检查电刷架绝缘情况

（7）起动机单向离合器和驱动齿轮的检查

① 检查单向离合器驱动齿轮是否严重损伤或磨损。如有损坏，应进行更换。

② 如图 5-71 所示，一只手握住单向离合器，另一只手握住电枢总成，检查单向离合器是否只能单向转动。如能双向转动，应更换单向离合器总成。

图 5-71 检查单向离合器单向转动

③ 检查起动机单向离合器是否打滑或卡滞。如图 5-72 所示,将离合器驱动齿轮夹在台虎钳上,在花键套筒中套入花键轴,将扭力扳手套在花键轴上,测得扭紧力矩应大于规定值(24~26N·m),否则说明单向离合器打滑。反向转动单向离合器时应不卡滞,否则修理或更换单向离合器总成。

(8) 起动机电磁开关的检查

① 检查电磁开关内部线圈断路、短路或搭铁故障。如图 5-73 所示,可用万用表测量线圈电阻值后与标准值比较进行判断。

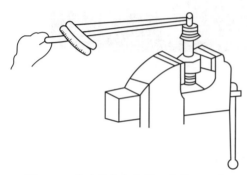

图 5-72 检查单向离合器工作是否正常

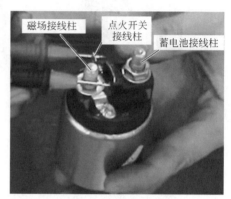

图 5-73 检测电磁开关

② 按照图 5-74 连接好线路,接通开关 K 后应能听到活动铁芯动作的声音,同时试灯 L 应被点亮;开关 K 断开后,试灯 L 应立即熄灭,否则应更换电磁开关或更换起动机总成。

5. 起动机的故障诊断与排除

(1) 起动机不转

① 检查条件

a. 电磁开关接线柱与搭铁线接触良好。

b. 发动机与车身之间必须紧固,而且不能被氧化。

c. 蓄电池已充电,且电充足。

② 故障诊断与排除　起动机不转故障的诊断与排除流程图如图 5-75 所示。所有电压均用数字万用表 VAG 1315A 或手动万用表 VAG 1526 测量。

(2) 起动机转速太低,发动机不能启动

① 检查条件

a. 在冬季所使用的发动机润滑油(机油)等级要与外界温度相适应。

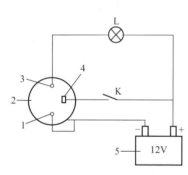

图 5-74 电磁开关的检查

1—磁场(线圈)接线柱;2—起动机开关;3—蓄电池接线柱;4—点火开关接线柱;5—蓄电池

b. V 形带张紧度应合适。

② 故障诊断与排除　起动机转速太低,发动机不能启动故障的诊断与排除流程图如图 5-76 所示。

(3) 将点火开关置于启动挡,起动机不运转

① 故障原因

a. 蓄电池电容量不足,连接导线松动,接触不良或断路。

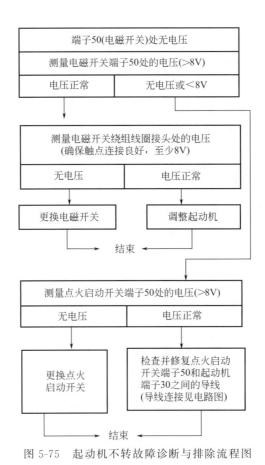

图 5-75 起动机不转故障诊断与排除流程图

图 5-76 起动机转速太低，发动机不能启动故障诊断与排除流程图

b. 启动继电器触点烧蚀或其线圈断路。

c. 电磁开关烧蚀，吸引线圈断路或保持线圈断路。

d. 电刷磨损超出磨损极限、电刷在架内卡住、换向器烧蚀等。

② 排除方法

a. 检查蓄电池的电压值及连接导线情况。

b. 检查启动继电器，必要时更换。

c. 检修或更换电磁开关。

d. 检修起动机，必要时更换零件或起动机总成。

e. 起动机不转故障的诊断流程图如图 5-77 所示。

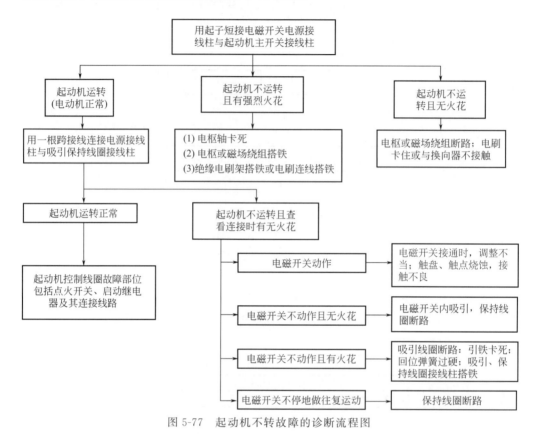

图 5-77 起动机不转故障的诊断流程图

（4）起动机空转

① 故障原因

a. 单向离合器严重打滑，不能传递转矩。

b. 离合器小齿轮损坏。

c. 调整不当或拨叉扭断，驱动齿轮不能啮入飞轮齿环。

d. 飞轮齿圈损坏。

e. 衬套磨损严重。

f. 起动机固定螺栓松动。

② 排除方法

a. 更换单向离合器。

b. 更换离合器小齿轮。

c. 重新调整或更换拨叉。

d. 更换飞轮齿圈。

e. 更换衬套。

f. 紧固起动机固定螺栓。

（5）起动机运转无力

① 故障原因

a. 蓄电池亏电或导线连接不良或气温过低。

b. 起动机换向器过脏或电刷磨损严重。

c. 磁场线圈或电枢线圈局部短路。

d. 衬套磨损严重，衬套与电枢轴间隙过大。

e. 启动开关触点烧蚀，接触不良。

② 排除方法

a. 蓄电池充电或检查连接导线情况。

b. 清洁换向器或更换电刷。

c. 检修起动机或更换起动机总成。

d. 更换电枢轴衬套。

e. 检修启动开关，必要时更换。

（6）起动机运转不停

① 故障原因

a. 启动开关不能回位或不能断开。

b. 电磁开关触片短路。

c. 继电气触点烧蚀。

d. 电磁开关线圈短路。

② 排除方法

a. 更换启动开关。

b. 检修电磁开关或更换。

c. 更换继电器。

d. 更换电磁线圈。

（7）起动机工作中有异响

常见异响故障的检修方法如表 5-3 所示进行。

表 5-3 常见异响的检修方法

现象	可能原因	检修
发动机能启动，启动前有频率非常高的噪声	驱动齿轮与飞轮齿圈之间的间隙过大	调整起动机的安装调整垫
发动机能启动，启动后转回点火钥匙时有频率非常高的噪声	驱动齿轮和飞轮齿之间的间隙过小	调整起动机的安装调整垫，并检查飞轮齿环有无破坏，必要时更换齿环
发动机启动后不转回钥匙时有非常大的噪声	主要故障可能是起动机存放时间过长而生锈，单向啮合器失效	更换单向啮合器
在发动机启动后，起动机转速降到零时有轰轰隆隆的敲击声	主要原因是电枢轴弯或电动机电枢轴不平衡	更换起动机电枢总成

6. 起动机的测试

（1）起动机空载性能试验 试验时，先将蓄电池充足电，每项试验应在 3～5s 内完成，以防止线圈被烧坏。

① 按如图5-78所示线路将起动机与蓄电池和电流表（量程为0～100A以上的直流电流表）连接。蓄电池正极与电流表正极连接，电流表负极与起动机"30"端子连接，蓄电池负极与起动机外壳连接。

② 如图5-79所示，用带夹电缆将"30"端子与"50"端子连接起来，此时驱动齿轮应向外伸出，起动机应平稳运转。当蓄电池电压大于或等于11.5V时，消耗电流应不超过50A，用转速表测量电枢轴的转速应不低于5000r/min。

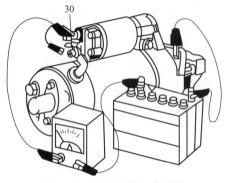
图5-78　起动机的空载试验

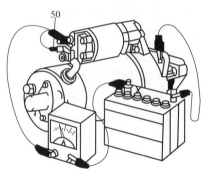
图5-79　接通"50"端子进行试验

③ 如电流大于50A或转速低于5000r/min，说明起动机装配过紧或电枢绕组和磁场绕组有短路或搭铁故障。如电流和转速都低于标准值，说明电动机电路接触不良，如电刷与换向器接触不良或电刷弹簧弹力不足等。

（2）电磁开关试验

① 吸拉动作试验。将起动机固定到台虎钳上，拆下起动机端子"C"上的磁场绕组电缆引线端子，用带夹电缆将起动机"C"端子和电磁开关壳体与蓄电池负极连接，如图5-80所示。用带夹电缆将起动机"50"端子与蓄电池正极连接，此时驱动齿轮应向外移动。如驱动齿轮不动，说明电磁开关有故障，应予以修理或更换。

② 保持动作试验。在吸拉动作基础上，当驱动齿轮保持在伸出位置时，拆下电磁开关"C"端子上的电缆夹，如图5-81所示，此时驱动齿轮应保持在伸出位置不动。如驱动齿轮回位，说明保持线圈断路，应予以修理。

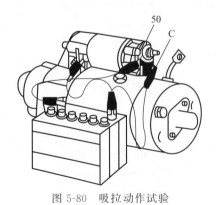
图5-80　吸拉动作试验

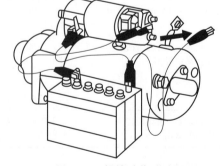
图5-81　保持动作试验

③ 回位动作试验。在保持动作的基础上，再拆下起动机壳体上的电缆夹，如图 5-82 所示。此时驱动齿轮应迅速回位，如驱动齿轮不能回位，说明回位弹簧失效，应更换弹簧或电磁开关总成。

（3）全制动试验　如图 5-83 所示，将起动机放在测矩台上，用弹簧秤 5 测出其发出的力矩，当制动电流小于 480A 时，输出最大力矩不小于 13N·m。

图 5-82　回位动作试验方法

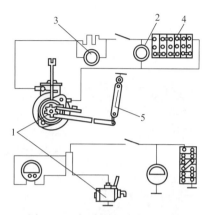

图 5-83　起动机的全制动试验
1—起动机；2—电压表；3—电流表；4—蓄电池；5—弹簧秤

第三节　照明系统

迈腾 B8 轿车有三种大灯系统可供选择：卤素大灯、标准版 LED 大灯和高配版 LED 大灯。其中，卤素大灯带长效照明灯具，标准版 LED 大灯采用反光罩技术，高配版 LED 大灯采用透镜技术，配有动态车灯辅助系统（DLA）和动态转向灯（AFS）功能。

一、卤素大灯

卤素大灯如图 5-84 所示，为迈腾 B8 轿车的基本装备。

图 5-84　卤素大灯

① 有灯泡过热监控功能，通过车载电网控制单元 J519 实现，驾驶员可通过组合仪表和信息娱乐系统显示屏的"车辆菜单"下查看相关信息。

② 卤素大灯装配有一个手动照明距离调节装置，通过车灯旋钮上的电位计进行调整。

二、标准版 LED 大灯

1. 特点

标准版 LED 大灯如图 5-85 所示。

图 5-85　标准版 LED 大灯

① LED 灯具有高强度照明、光谱连续和节能的特点。

② 日间行车灯和驻车灯亮起后，LED 光链为白色，转向信号灯亮起时为橙色。

③ 当作为驻车灯时，LED 光链和反光罩中的两个 LED 灯将变暗。

④ 在 LED 大灯中安装有动态大灯照明距离调节装置。动态大灯照明距离调节装置通过后轴上的倾斜角传感器（G384）工作。

⑤ 如果车辆中装有带自适应驱动装置调节系统（DCC）的底盘，则其电控减振装置控制单元 J250 的传感器信息通过 CAN 数据总线提供给照明距离调节。在这种情况下去除了后轴上的倾斜角传感器。

2. 结构

标准版 LED 大灯灯罩内的结构如图 5-86 所示。

标准版 LED 大灯中的双色 LED（Bi-Color）灯用于日间行车灯、驻车灯和转向信号灯。在"日间行车灯"功能下，通过 $100\%\text{PWM}$（脉宽调制）信号控制 13.5V 的 LED 白色部分。在启动转向信号灯的同时，将关闭日间行车灯。在"驻车灯"功能下，PWM 信号将减少 10%，因此 LED 变暗。在启动转向信号灯时，则交替启动驻车灯和转向信号灯。

3. 近光灯 LED 单元

（1）结构　近光灯 LED 单元主要部件如图 5-87 所示。

位于支架上方的 LED 模块与支架一起，构成一个较大的散热体，用于 LED 的被动散热。LED 光束从上方照进反光罩，根据法律规定照射到道路上。在支架上还有带日间行车灯/驻车灯 LED 的电路板。

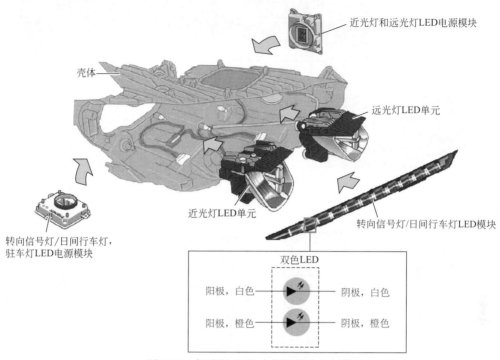

图 5-86　标准版 LED 大灯灯罩内的结构

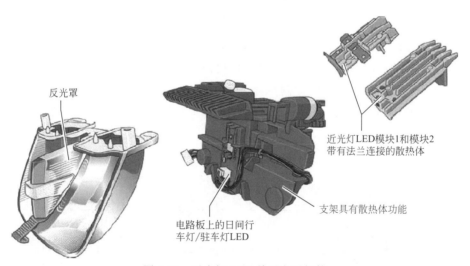

图 5-87　近光灯 LED 单元主要部件

（2）近光灯光束　近光灯光束如图 5-88 所示。近光灯 LED 模块必须能够发射出符合法律规定的光束范围，由模块 1 和模块 2 承担此项任务。在方向盘左置的车辆中，模块 1 产生水平光线，同时模块 2 产生一个 15°的斜坡（前方区域光线分布），这是通过不同排列的 LED 发光单元、反光罩和 LED 近光灯模块上的遮光板实现的。

（3）近光灯 LED 模块 1 和模块 2　如图 5-89 所示，近光灯 LED 模块 1 和模块 2 各配有一个多晶 LED 发光单元，由 4 个紧密排列的 LED 组成。

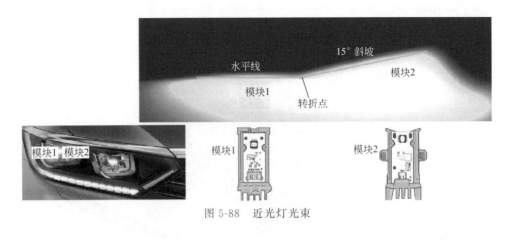

图 5-88 近光灯光束

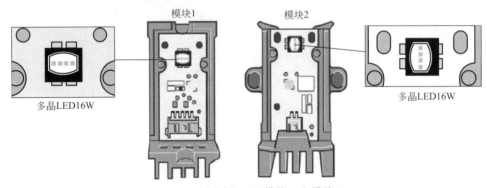

图 5-89 近光灯 LED 模块 1 和模块 2

(4) 近光灯 LED 模块 1 和模块 2 的电路连接　如图 5-90 所示，两个多晶 LED 发光单元串联接通，由近光灯和远光灯 LED 电源模块供电。此 LED 电源模块接收开启/关闭命令（接线端 56b），并直接从车载电网控制单元 J519 为照明系统供电。灯具监控装置同样承担了近光灯和远光灯 LED 电源模块的任务，同时通过诊断导线将信息传递给车载电网控制单元 J519。

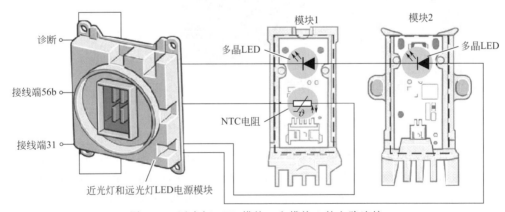

图 5-90 近光灯 LED 模块 1 和模块 2 的电路连接

此外，在 LED 模块 1 上安装有一个起到温度传感器作用的 NTC 电阻，用以监控 LED 温度并相应减少电流供应。

> **小提示**
> 在维修时必须一起更换两个 LED 模块。

4. 远光灯 LED 单元

（1）结构　远光灯 LED 单元主要部件如图 5-91 所示。

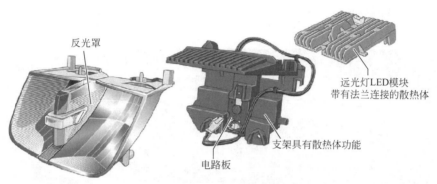

图 5-91　远光灯 LED 单元主要部件

（2）远光灯 LED 模块

如图 5-92 所示，与近光灯 LED 单元不同，远光灯 LED 单元只有一个带散热体的 LED 模块。该 LED 模块带有两个多晶 LED 发光单元，每个发光单元各包括两个 LED。用于在接通远光灯时切换到近光灯。

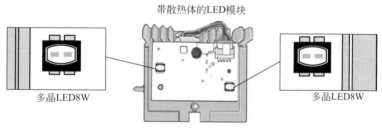

图 5-92　远光灯 LED 模块

（3）远光灯 LED 模块的电路连接　如图 5-93 所示，远光灯 LED 模块上的多晶 LED 发光单元串联接通，由近光灯和远光灯电源模块供电。此 LED 电源模块接收开启/关闭命令（接线端 56a），并直接从车载电网控制单元 J519 为照明系统供电。

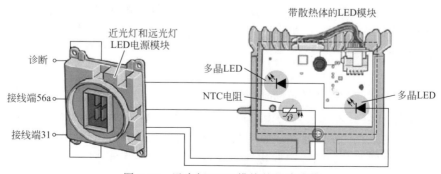

图 5-93　远光灯 LED 模块的电路连接

像近光灯 LED 模块 1 一样，在 LED 模块上安装一个起到温度传感器作用的 NTC 电阻，用以监控 LED 温度并相应减少电流供应。

三、高配版 LED 大灯

1. 组成与功能

高配版 LED 大灯的组成如图 5-94 所示。

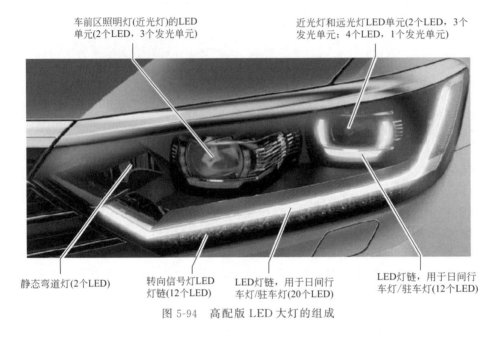

图 5-94　高配版 LED 大灯的组成

高配版 LED 大灯除了标准的车灯功能外，还具有下述功能。

① 动态随动转向灯系统（AFS）。

② 采用 LED 技术的静态弯道灯。

③ 隐藏式持续远光灯（MDF）与动态照明辅助系统（DLA）相结合。

2. 技术特征

高配版 LED 大灯采用透镜技术，这也是该款大灯的识别特征。由 LED 产生的光束通过一个透镜引导和控制，其产生的光束将根据法律标准投射到车道区域内。大灯具有两个近光灯 LED 单元。车前区照明灯（近光灯）LED 单元可照亮车前 10m 的范围。作为补充，近光灯和远光灯 LED 单元可照亮 10m 之外的其他区域。在远光灯模式下，灯具前方的遮光板会发生相应变化。在"动态随动转向灯"功能中，近光灯和远光灯的 LED 单元在弯道中水平转动。在"隐藏式持续远光灯"功能中，圆筒形的遮光板会在远光区域的多个位置移动，以露出远光灯的遮挡部分。

3. 结构

高配版 LED 大灯的结构如图 5-95 所示。

（1）车前区照明灯（近光灯）的 LED 模块　如图 5-96 所示，车前区照明灯（近光灯）的照明区域为车前约 10m 内的范围。照明灯切换到近光灯，不会受到 AFS/MDF 功能的控制。两个多晶 LED 照明单元同样串联接通，通过一个 NTC 电阻进行温度监控。

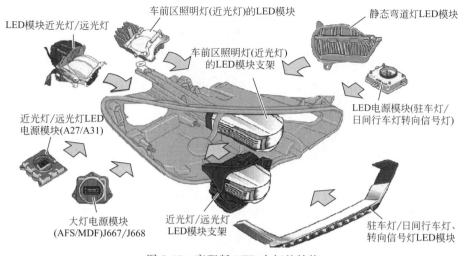

图 5-95　高配版 LED 大灯的结构

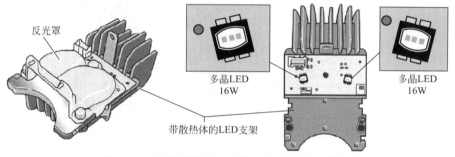

图 5-96　车前区照明灯（近光灯）的 LED 模块

> **小提示**
>
> 车前区照明灯（近光灯）LED 模块可分别更换。

（2）近光灯/远光灯 LED 模块　如图 5-97 所示，近光灯/远光灯 LED 模块负责车前区照明灯（近光灯）10m 以外的照明范围。通过风扇实现 LED 的主动冷却，风扇的转速可根据温度进行调节。

近光灯/远光灯 LED 模块的支架是一个散热器，固定安装在 LED 电路板上。在支架的上下电路板上各安装有 2 个 LED 和 1 个多晶 3erLED，根据照明功能进行控制。

多晶 LED 安装在中间位置，两边是 2 个 LED。控制单元取代了近光灯和远光灯 LED 电源模块（A27/A31）的作用。在近光灯模式下，支架上下电路板上的 2 个 LED 会减弱 50% 的亮度。在启用静态弯道灯时，将关闭下方电路板上的多晶 3erLED。

> **小提示**
>
> 近光灯/远光灯 LED 模块可单独更换。

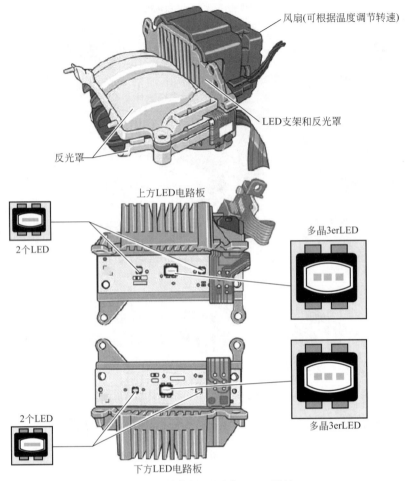

图 5-97 近光灯/远光灯 LED 模块

(3)动态车灯辅助系统/隐藏式持续远光灯 如图 5-98 所示，高配版 LED 大灯配有动态车灯辅助系统（DLA），在安装时与隐藏式持续远光灯（MDF）连接在一起。

图 5-98 动态车灯辅助系统/隐藏式持续远光灯

通过DLA和MDF可以在前方或相向车辆关闭强光的同时，实现对路面和边缘区域最大限度的照明。系统借助驾驶员辅助系统前部摄像头R242识别其他交通参与者以及与车辆的距离，并有针对性地遮盖光束的范围。通过圆筒形遮光板覆盖光束，圆筒形遮光板位于近光灯/远光灯LED模块和透镜之间。

针对动态随动转向灯系统（AFS），整个LED模块支架通过动态随动转向灯伺服电动机V318/V319转向。即使关闭DLA，遮光板也可以切换到远光灯和近光灯的功能。此外，遮光板在近光灯模式下也可以根据转动角度用于驻车灯、乡村公路照明灯和高速公路照明灯功能。

四、照明系统的联网

基于全新的高配版LED大灯，在弯道灯的CAN（AFS）数据总线增加了两个控制单元A27和A31，用于启用、关闭和减弱LED模块［近光灯/远光灯、车前区照明灯（近光灯）以及静态弯道灯］的照明功能，并将照明灯的诊断数据传输给控制单元J745。车载电网控制单元J519部分参与了近光灯模块的照明控制。

直接通过车载电网控制单元完成转向信号灯和日间行车灯/驻车灯的启用和关闭。控制单元J667/J668通过AFS/MDF和圆筒形遮光板实现对近光灯/远光灯单元的机械设置，其他的照明功能都通过J745CAN数据总线进行控制。照明系统的联网控制电路如图5-99所示。

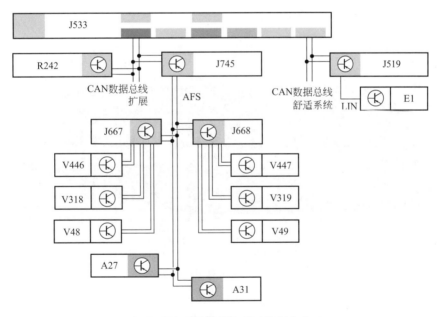

图5-99 照明系统的联网控制电路

A27—右侧LED大灯电源模块1；A31—左侧LED大灯电源模块1；E1—车灯开关；J519—车载电网控制单元；J533—数据总线诊断接口；J667—左大灯电源模块；J668—右大灯电源模块；J745—随动转向灯和大灯照明距离调节控制单元；R242—驾驶员辅助系统前部摄像头；V48—左大灯照明距离调节伺服电动机；V49—右大灯照明距离调节伺服电动机；V318—左侧动态随动转向灯伺服电动机；V319—右侧动态随动转向灯伺服电动机；V446—不同型号的左侧车头灯伺服电动机；V447—不同型号的右侧车头灯伺服电动机；AFS—转向灯；CAN—数据总线

五、尾灯

新迈腾轿车的尾灯全部采用 LED 技术。为此提供了两个版本：标准版和高配版。在这两个版本的车型中，尾灯分为两部分，一部分为固定部分，另一部分分布在后备厢盖上。

1. 标准版尾灯

标准版尾灯的组成如图 5-100 所示。

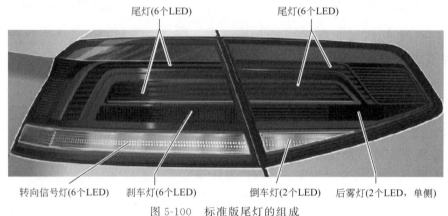

图 5-100　标准版尾灯的组成

2. 高配版尾灯

高配版尾灯的组成如图 5-101 所示。

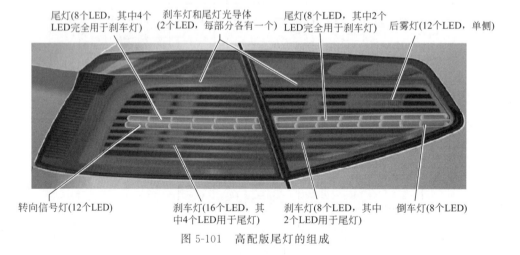

图 5-101　高配版尾灯的组成

第四节　舒适电气系统

一、组合仪表

组合仪表有三种类型，即普通型、彩色型和主动式信息显示屏型，如图 5-102 所示。

1. 普通型组合仪表

普通型组合仪表为黑白中央显示屏，显示发动机转速、车速、冷却液温度、燃油存量、时间、里程等信息。

(a) 普通型

(b) 彩色型

(c) 主动式信息显示屏型

图 5-102　组合仪表的类型

2. 彩色型组合仪表

彩色型组合仪表是彩色中央显示屏，带动画效果的图像转换。

3. 主动式信息显示屏型（AID）组合仪表

① 显示屏显示的为虚拟图像。
② 在车速表和转速表中间区域，根据视图会额外显示驾驶、导航和辅助功能的数据。
③ 中央显示屏除显示车辆信息外，还可显示导航和媒体信息。
④ 显示导航信息时，车速表和转速表可以改变尺寸（放大或缩小）。

如图 5-103 所示为主动式信息显示屏型（AID）组合仪表的装配图。AID 连接在 MOST 总线上，这样在显示来自信息娱乐系统的图像和动画时，能够确保不会失真或延迟。另外，显示器上带有散热体。

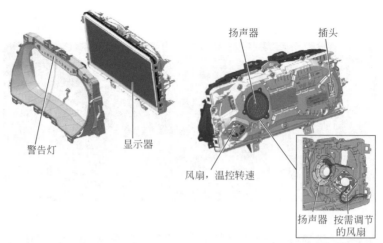

图 5-103 主动式信息显示屏型（AID）组合仪表的装配图

二、平视显示系统

1. 平视显示（HUD）系统的结构

该车的平视显示系统设备是一个可展开式的投影面（屏），该投影面是一个半透明的屏幕，反射板为弯曲的玻璃材质，经过处理，不会反光。因此，不需要更换特殊的挡风玻璃，不需要校准。

平视投影的显示距离驾驶员 2～2.5m。平视显示系统示意图如图 5-104 所示。

(a) 可展开式投影面(屏)　　　　　　　　(b) 平视显示内容

(c) 平视显示示意

图 5-104 平视显示系统示意图

2. 平视显示系统的操作

平视显示系统的操作按钮 E736 如图 5-105 所示。

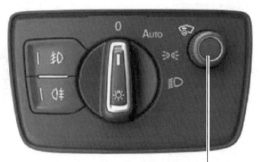

挡风玻璃投影按钮E736

图 5-105 平视显示系统的操作按钮 E736

① 按下按钮，启动或关闭显示屏。
② 转动按钮，调整显示屏的垂直位置。

> **小提示**
> ◆ 为避免刮伤盖板玻璃，请勿将物品置于平视显示器的伸出开口中。
> ◆ 平视显示器在压力过大时可能卡入导轨内，请勿使用过大压力清洁平视显示器。
> ◆ 平视显示打开后，可以在平视显示系统中进行设置。

操作设置界面如图 5-106 所示，显示的内容如图 5-107 所示。

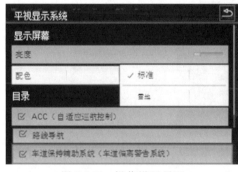 

图 5-106 操作设置界面　　　　图 5-107 平视显示的内容

3. 平视显示系统的联网和部件

平视显示系统的联网如图 5-108 所示。

① 车载供电控制单元 J519、数据总线诊断接口 J533 以及平视显示系统控制单元 J898 均单独连接至舒适系统 CAN 总线。

② 雨滴和光强传感器 G397 作为 LIN 总线用户，将光线强度调整信息传送至车载电源控制单元 J519。

③ 可通过 CAN 总线与其他控制单元进行信息交换，例如仪表盘、ACC。

平视显示系统的部件如图 5-109 所示。

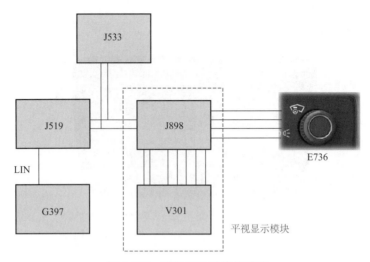

图 5-108 平视显示系统的联网

J533—数据总线诊断接口；J519—车载供电控制单元；G397—雨滴和光强传感器；
J898—平视显示系统控制单元J898；V301—带显示器开关电机的仪表盘盖

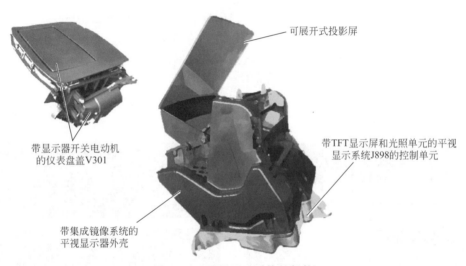

图 5-109 平视显示系统的部件

三、一键启动与无钥匙进入系统

1. 一键启动

（1）一键启动的条件　新迈腾轿车的舒适系统具有两个车内天线，通过图 5-110 中的车内天线确定车内是否存在授权的车钥匙。通过图 5-111 中的启动装置按键 E378 完成车辆点火和发动机启动。发动机启动还有一个前提是车辆必须事先通过遥控器（433MHz 的高频信号）解锁。

（2）一键启动的联网　一键启动的联网如图 5-112 所示。

（3）一键启动的许可过程　先接通接线端 15。

① 按下启动装置按键 E378。

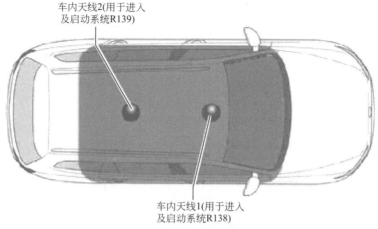

图 5-110　车内天线

② 进入及启动许可控制单元 J965 负责处理信号、唤醒舒适系统 CAN 数据总线并查询防盗锁止系统控制单元 J362，是否允许接通接线端 15。

③ 对合法的钥匙进行授权。

④ 为确定车内是否有授权钥匙，J965 针对已匹配的钥匙通过车内天线发送一个查询码（125kHz 低频信号 LF）。授权钥匙识别到其信号编码并向 J519 发送一个 433MHz 的高频信号 HF 应答器数据。

⑤ 对车上钥匙的合法信号进行确认。

⑥ J519 将应答器数据转发给 J362。

⑦ J362 检查应答器数据。

图 5-111　启动装置按键 E378

⑧ 如果为授权钥匙，则 J362 通过舒适系统 CAN 数据总线向电子转向柱锁（ELV）控制单元 J764 发送一个电子转向柱解锁命令。

⑨ J965 向 J519 发送 CAN 消息，同时通过一条独立的导线接通接线端 15。

⑩ 其他的 CAN 数据总线将通过数据总线诊断接口 J533 唤醒，然后启动发动机。

⑪ 数据总线诊断接口 J533 唤醒 J623、J743 等所有数据总线。在唤醒所有数据总线后，可进行跨总线的防盗锁止系统通信。

⑫ 发动机控制单元 J623 询问启动批准信号和对数据进行检测比较。

⑬ 在成功完成发动机控制单元 J623 的数据检测比较后，防盗锁止系统控制单元 J362 将发出启动许可。

⑭ 如果安装双离合变速箱机械电子单元 J743，J743 也询问启动批准信号和对数据进行检测比较。

⑮ 如果安装双离合变速箱机械电子单元 J743，它会随后发送查询并提出释放防盗锁止系统控制单元 J362 的请求。

一键启动许可过程的示意图如图 5-113 所示。

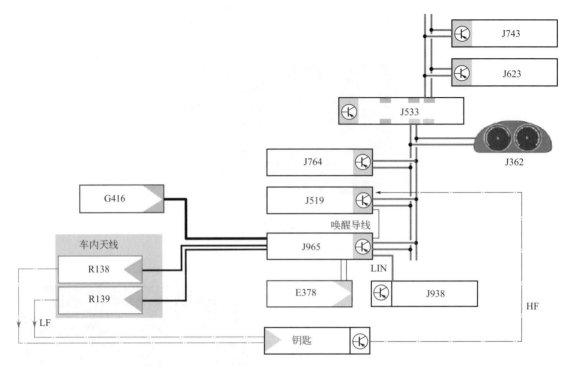

图 5-112 一键启动的联网

E378—启动装置按键；G416—副驾驶员侧车门外把手接触传感器；J362—防盗锁止系统控制单元；J519—车载电网控制单元；J533—数据总线诊断接口；J623—发动机控制单元；J743—双离合变速箱机械电子单元；J764—电子转向柱锁控制单元；J938—后备厢盖开启控制单元；J965—进入及启动许可接口；R138—进入及启动系统车内天线1；R139—进入及启动系统车内天线2；▬▬ 传感器导线；▬▬ 执行元件；—— 低频（LF）；—— 高频（HF）；══ CAN数据总线导线

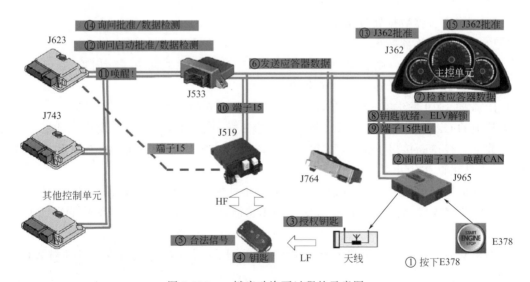

图 5-113 一键启动许可过程的示意图

J362—防盗锁止控制单元；J519—车载电网控制单元；J533—数据总线诊断接口；J623—发动机控制单元；J743—双离合变速器机电控制单元；J764—电子转向柱锁控制单元；J965—进入以及启动授权接口；LF—低频信号；HF—高频信号

2. 无钥匙进入系统

（1）天线的布置　新款迈腾轿车在车内配置了 1 根额外天线和 5 根车外天线，可以在无钥匙的情况下锁止和解锁车辆。后备厢盖天线同样可用于无钥匙进入系统。无钥匙进入系统天线的位置如图 5-114 所示，其中，4 个车门外把手上是接触式传感器；在前方车门把手中还安装有用于发射的进入及启动系统天线；保险杠中的车外天线用于车尾区域，车内天线用于后备厢盖板区域。

为了降低静态电流，车门外把手接触式传感器在驾驶员车门关闭 30h 后关闭，驾驶员车门内的传感器将在 90h 后关闭。

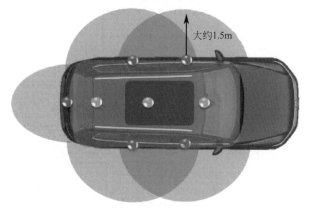

图 5-114　无钥匙进入系统天线的位置

> **小提示**
> ◆车内天线有 3 根，判断钥匙是否在车内，用于启动车辆。
> ◆车外天线有 5 根，判断钥匙是否在有效范围内，用于开启车门。
> ◆后排车门也可以无钥匙进入。

（2）无钥匙进入系统的联网　无钥匙进入系统的联网如图 5-115 所示。

（3）无钥匙进入系统的许可过程

① 解锁/锁止车辆。

a. 汽车钥匙位于车辆附近。

b. 如果握住车门把手，相关的车门外把手接触传感器（G415～G418）向进入及启动许可接口 J965 发送这一消息。控制单元 J965 通过一条单独的导线唤醒控制单元 J519。

c. 随后位于车门外把手接触传感器相同触摸位置的天线向已匹配的钥匙发送一个特定的查询码（125kHz 低频信号），这同样适用于操作后备厢盖把手的情况。

d. 已获得授权和匹配的钥匙识别到其信号并以 433MHz 的高频信号向 J519 发送中控锁及钥匙识别的转换代码。控制单元 J519 预检查数据的可靠性。

e. 如果是可靠的钥匙基本数据，则 J519 唤醒舒适系统 CAN 数据总线。

f. J519 向 J965 发送钥匙数据。

g. J965 检查数据并向 J519 发送"OK"信息。

h. J519 通过舒适系统 CAN 数据总线向车门控制单元发送一个车门解锁命令，以解锁车门。

② 解锁电子转向柱锁（ELV）。

a. 在进入车内（驾驶员使用钥匙进入）并关上车门后，车载电网控制单元 J519 询问进入及启动许可接口 J965，车内的授权钥匙数量是否增加。

b. J965 通过其车内天线发送已匹配钥匙的查询码（125kHz 低频信号）。钥匙向 J519 回复一个 433MHz 的高频信号，并发送其应答器数据。

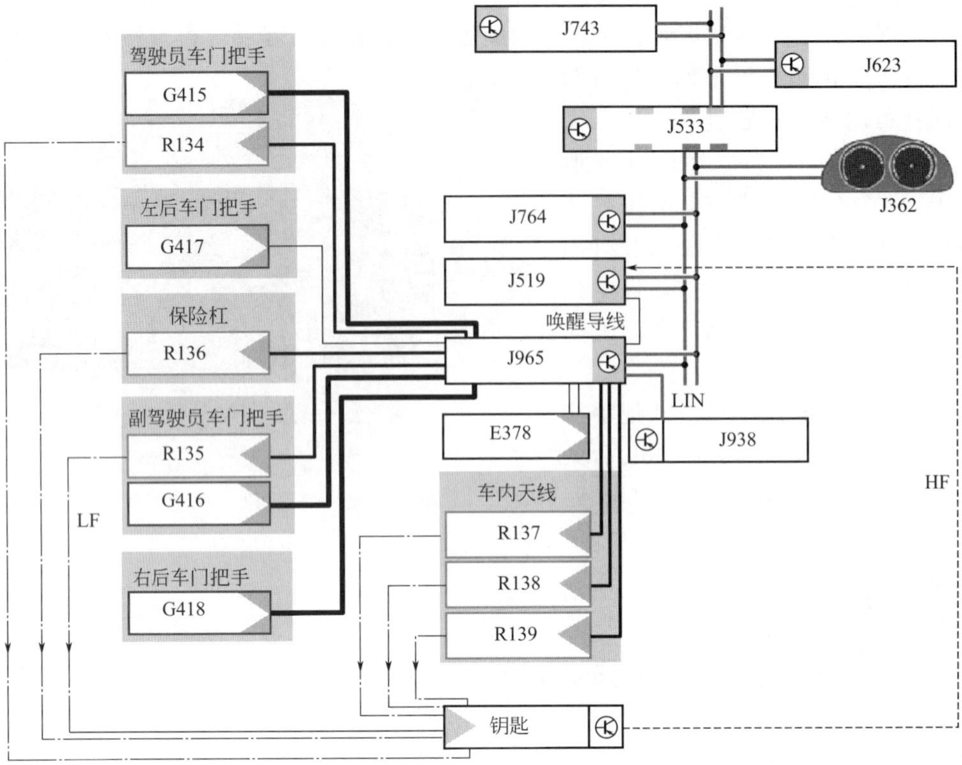

图 5-115 无钥匙进入系统的联网

E378—启动装置按键；G415—车门外把手接触传感器副驾驶员侧；G416—副驾驶员侧车门外把手接触传感器；G417—左后车门外把手接触传感器；G418—右后车门外把手接触传感器；J362—防盗锁止系统控制单元；J519—车载电网控制单元；J533—数据总线诊断接口；J623—发动机控制单元；J743—双离合变速箱机械电子单元；J764—电子转向柱锁控制单元；J938—后备厢盖开启控制单元；J965—进入及启动许可接口；R134—进入及启动系统驾驶员侧天线；R135—进入及启动系统副驾驶员侧天线；R136—进入及启动系统后保险杠内天线；R137—进入及启动系统后备厢内天线；R138—进入及启动系统车内天线 1；R139—进入及启动系统车内天线 2 ━━ 传感器导线；━━ 执行元件；—— 低频（LF）；—— 高频（HF）；═══ CAN 数据总线导线

c. J519 将应答器数据转发给防盗锁止系统控制单元 J362。

d. J362 检查数据并向电子转向柱锁控制单元 J764 发送解锁命令。

③ 启动发动机。流程同一键启动的许可过程。

3. 伸腿开后备厢系统

（1）基本原理　伸腿开后备厢功能可以通过识别特定的运动，以无接触的方式打开后备厢盖。为实现此功能，在后保险杠下方安装一个电容传感器，用于识别车尾区域的特定运动。

电容传感器连接在后备厢盖开启控制单元 J938 上。传感器具有两个电极，根据电容器原理运行。如果在两个电极附近放置一个物体，则传感器电容发生变化，从而影响电流的变化。

只有在下述条件下才能激活"Easy Open"功能。

① 用于授权的无线钥匙位于车尾 1.5m 的范围内。

② 车速为 0。

③ 点火开关（接线端 15）"关闭"。

④ 发动机"关闭"。

⑤ "Easy Open" 功能已经从接线端 S 被激活。

（2）功能　如图 5-116 所示，使用者站在车后中间位置，抬起一条腿在保险杠下做出快速地伸入和撤出的摆动动作，从而使胫骨进入和离开电容传感器的检测区域。

传感器以及后备厢盖开启控制单元 J938 识别到这个"踢动"动作，并通过其自有的 LIN 总线向进入及启动系统控制单元 J965 发出信号。

控制单元 J965 通过后保险杠内用于进入及启动系统 R139 的天线（125kHz 的低频信号），检查在车尾区域是否至少存在一个遥控钥匙。如果钥匙成功授权，则在第 3 个刹车灯（位于后窗玻璃上部区域）亮起后，打开后备厢盖。授权与车辆的锁止状态无关。

图 5-116　伸腿开后备厢系统

四、电子转向柱锁

1. 电子转向柱锁控制单元 J764

如图 5-117 所示，电子转向柱锁控制单元 J764 通过螺栓固定在转向柱上部，它的作用是锁止和解锁转向柱。它是防盗锁止系统的组成部分，在更换后必须通过诊断测试仪进行匹配。

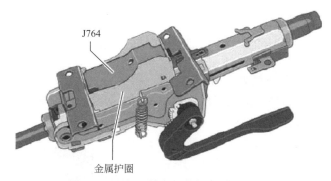

图 5-117　电子转向柱锁控制单元 J764

2. 电子转向柱锁的组成

如图 5-118 所示，在电子转向柱锁控制单元 J764 的壳体内安装有电子转向柱锁，其部件有蜗轮蜗杆传动装置，并集成霍尔传感器的电路板、止动销等。

3. 电子转向柱锁的功能

电动机经由蜗轮蜗杆传动装置操控止动销并由此锁止转向柱。

如果控制单元以相反的极性向电动机供电，则止动销重新向上移动从而解锁转向柱。集成的霍尔传感器报告止动销的终端位置（锁止或解锁转向柱）。

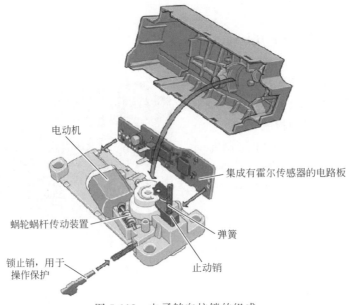

图 5-118　电子转向柱锁的组成

▶ 4. 电子转向柱锁的联网（图 5-119）

五、倒车摄像头 R189

▶ 1. 功能

如图 5-120 所示，为了在泊车和调车过程中更清楚地观察车后的情况，新款迈腾轿车安装一个倒车摄像头，它可以提供车后的视频图像。倒车摄像头安装在后备厢盖上翻转徽标的后方。

在挂入倒车挡后徽标将打开，摄像头的视频信号显示在信息娱乐系统显示屏上。

在摄像头壳体内集成有图像处理控制单元。倒车摄像头的控制单元电子部件是信息娱乐系统 CAN 数据总线的组成部分，它的任务是校正视频图像并显示静态和动态的辅助线。

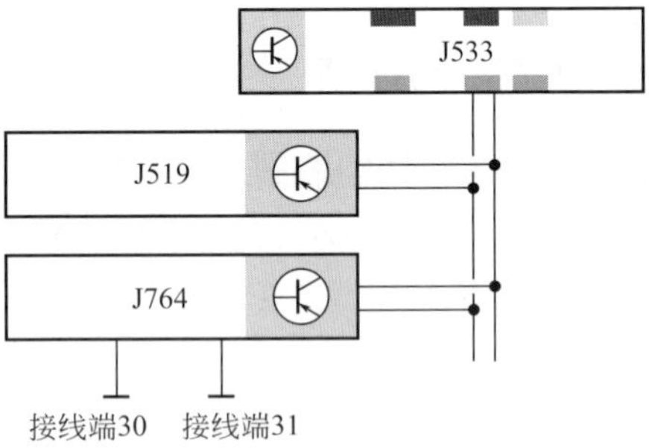

图 5-119　电子转向柱锁的联网
J519—车载电网控制单元；J533—数据总线诊断接口；J764—电子转向柱锁控制单元

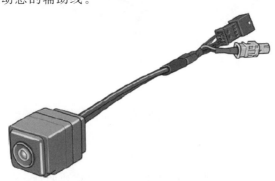

图 5-120　倒车摄像头 R189

◗ 2.联网

倒车摄像头 R189 的联网如图 5-121 所示。

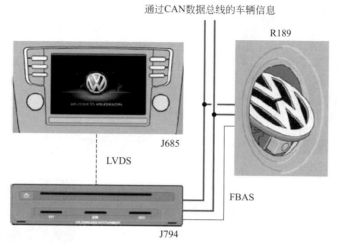

图 5-121　倒车摄像头 R189 的联网

J685—前部信息显示和操作系统控制单元的显示单元；J794—信息娱乐系统电子装置控制单元 1；R189—倒车摄像头；
LVDS—低压差分信号；FBAS—彩色图像消隐同步信号；▬▬ CAN 数据总线导线

> **小提示**
>
> 在维修和更换时，必须校准倒车摄像头。

六、加热式方向盘

新款迈腾轿车中可选装加热式方向盘。

◗ 1.加热式方向盘的线路连接

加热式方向盘的线路连接如图 5-122 所示。

◗ 2.功能

① 方向盘中装配一个放置在泡沫中的 PTC 加热垫。在方向盘 3 点钟和 9 点钟的手握位置上，采用了加强功率的 PTC 垫。加热式方向盘可以同驾驶员座椅加热装置一起接通，或是单独接通。

② 可通过两种方式启用或关闭加热式方向盘：通过信息娱乐系统显示屏内的按键；通过座椅和方向盘加热装置按键。

③ 通过信息娱乐系统显示屏内的按键可以单独启用/关闭加热式方向盘，或是与座椅加热装置一起操作。此外还可以预设三挡温度。

④ 通过全自动空调控制单元 J255 内的座椅和方向盘加热按键，可以同时启用/关闭加热式方向盘和座椅加热装置，前提是在信息娱乐系统显示屏上激活了相关功能。

⑤ 控制单元在此承担了转向柱电子装置控制单元 J527 的作用，用来执行全自动空调控制单元 J255 的启动和关闭工作。如果车载电网电压过低，则数据总线诊断接口 J533 可以关

闭方向盘加热装置的运行（能量管理）。

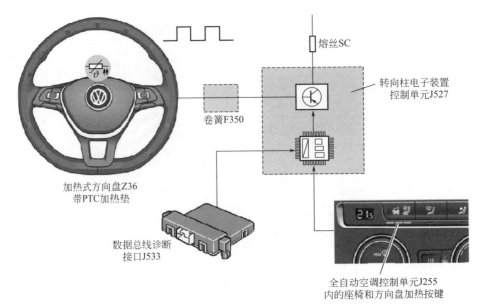

图 5-122　加热式方向盘的线路连接

七、乘员保护

1. 安全气囊的安装位置

安全气囊的安装位置如图 5-123 所示。

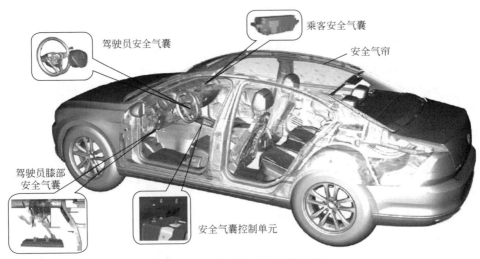

图 5-123　安全气囊的安装位置

2. 安全气囊传感器的安装位置

安全气囊传感器的安装位置如图 5-124 所示。

图 5-124　安全气囊传感器的安装位置

第六章

整车线束及电路图

第一节 整车线束及熔丝

一、整车线束搭铁点

整车线束搭铁点如图 6-1～图 6-6 所示。

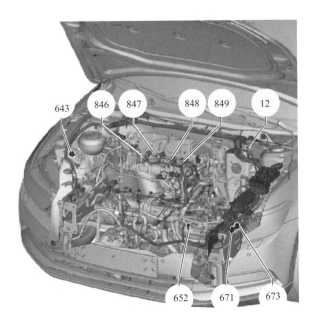

图 6-1 发动机舱搭铁点（一）（仅用于 1.8/2.0L TSI 发动机的车辆）

12—发动机舱内左侧搭铁点；652—变速器和发动机搭铁点；671—左前纵梁上搭铁点 1；
673—左前纵梁上搭铁点 3；643—发动机舱内右侧搭铁点 3；846—点火线圈 1 上的搭铁点；
847—点火线圈 2 上的搭铁点；848—点火线圈 3 上的搭铁点；
849—点火线圈 4 上的搭铁点

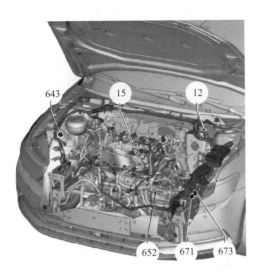

图 6-2　发动机舱搭铁点（二）
（仅用于 1.4L TSI 发动机的车辆）

12—发动机舱内左侧搭铁点；15—气缸盖上的搭铁点；652—变速器和发动机搭铁点；643—发动机舱内右侧搭铁点；671—左前纵梁上搭铁点 1；673—左前纵梁上搭铁点 3

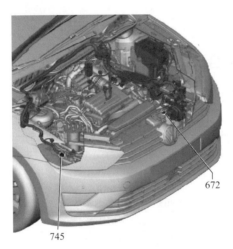

图 6-3　发动机舱搭铁点（三）
672—左前纵梁上搭铁点 2；745—右前纵梁上搭铁点

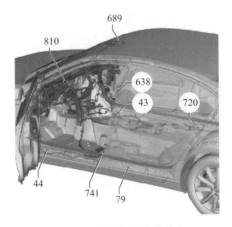

图 6-4　车辆中部的搭铁点

43—右侧 A 柱下部搭铁点；44—左侧 A 柱下部搭铁点；79—左侧 B 柱上搭铁点；638—右侧 A 柱上搭铁点；689—前部中间车顶上搭铁点；720—右侧 B 柱上搭铁点；741—左前座椅下搭铁点；810—左侧中部仪表板的中央管上的搭铁点

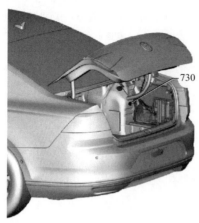

图 6-5 车辆后部的搭铁点（一）

730—右后轮罩上搭铁点

图 6-6 车辆后部的搭铁点（二）

729—左后轮罩上搭铁点

二、整车电路中接线柱的含义

整车电路中接线柱的含义如表 6-1 所示。

表 6-1　整车电路中接线柱的含义

接线柱	其他标注	含义	零件组
A+		蓄电池正极	蓄电池
A−		蓄电池负极	蓄电池
B+		发电机正极输出，到蓄电池	发电机
DFM	DF/F	发电机负荷监控	发电机
L	61	发电机指示灯和预励磁	发电机
D+		发电机正极	发电机
U/V/W		发电机接线柱	发电机
30	30a/KL30	蓄电池正极供电	供电系统
15	15a/KL15	点火线圈接通时正极电（端子 15 继电器供电）	供电系统
31	KL31	接地连接	供电系统
75a	75X	卸荷继电器 J59 执行输出端	供电系统
75X		卸荷继电器 J59 控制端	供电系统
50		起动机控制，自 50 继电器	起动机
87a		主继电器 J271 供电（非 15 电）	供电系统
85	111/1	初级线圈绕组输出端	继电器
86	112/2	初级线圈绕组输入端	继电器
87	115/5	常开触点	继电器
4		常闭触点	继电器
71		喇叭继电器控制端	喇叭
56	FL/ABL	开关大灯挡	照明系统
56a		远光灯	照明系统
56b		近光灯	照明系统

续表

接线柱	其他标注	含义	零件组
58	SL	开关小灯挡(牌照灯/驻车灯)	照明系统
58a		过熔丝58电	照明系统
58L	PL/57L	左侧驻车灯(示宽灯)/尾灯控制	照明系统
58R	PR/57R	右侧驻车灯(示宽灯)/尾灯控制	照明系统
49/49a	BLi(L)/BLi(R)	转向灯信号(左/右)	转向灯系统
NSL		后雾灯开关到后雾灯	照明系统
NL	55/NS	前雾灯开关到前雾灯	照明系统
AFL		开关AUTO挡	照明系统
TFL		开关空挡(日间行车灯)	照明系统
LH		转向柱开关上的闪大灯信号	照明系统
58d	58b	可调背景照明	照明系统
54		制动灯开关信号	制动系统
TK		车门触点信号	照明系统
RFL	RF/RL	倒车灯信号	照明系统
57C		静态弯道照明灯	照明系统
86s	S	点火开关S触点	自动控制(收音机)
53		刮水器电动机控制	刮水器
53a		刮水器电动机终端关闭	刮水器
53b		刮水器电动机(分路绕组)	刮水器
53c		电动风窗玻璃清洗液泵	刮水器
53d		刮水器间歇调节	刮水器
1		点火线圈初级线圈低压控制信号输入端	点火开关
4a		点火线圈次级线圈输出端	点火线圈
FAS		车道保持辅助按键	辅助系统

三、熔丝

1. 熔丝架（图6-7）

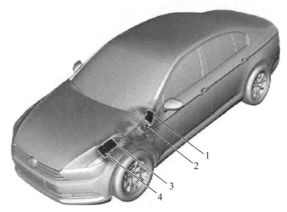

图6-7 熔丝架

1—熔丝架SC和副驾驶员座椅调整装置的热敏熔丝S46；2—熔丝架SH；3—熔丝架SB；4—熔丝座SA

2. 熔丝安装位置

(1) 熔丝架 SC 上熔丝的安装位置如图 6-8 所示，其额定值及功能如表 6-2 所示。

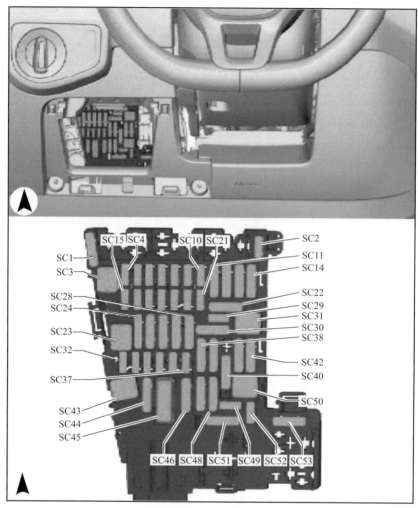

图 6-8 熔丝架 SC 上熔丝的安装位置

表 6-2 熔丝架 SC 上熔丝的额定值及功能

插槽	电路图中的名称	额定值/A	功能/部件	端子
SC1	未占用	—	—	—
SC2	未占用	—	—	—
SC3	未占用	—	—	—
SC4	未占用	—	—	—
SC5	熔丝座 C 上的熔丝 5(SC5)	5	数据总线诊断接口(J533)	30
SC6	熔丝座 C 上的熔丝 6(SC6)	5	选挡杆(E313)	30
SC7	熔丝座 C 上的熔丝 7(SC7)	10	暖风/空调操作(EX21) 可加热后窗玻璃继电器(J9) 模拟时钟(Y) 后部空调装置操控和显示单元(E265) 轮胎压力监控控制器(J502)	30

续表

插槽	电路图中的名称	额定值/A	功能/部件	端子
SC8	熔丝座C上的熔丝8(SC8)	10	车灯旋转开关(EX1) 电控机械式驻车制动器按钮(E538) 雨水和光线识别传感器(G397) 诊断接口(U31) 前部车内照明灯(WX1)[①] 仪表板左侧氛围灯(L229)[①] 仪表板右侧氛围灯(L230)[①] 左前车门轮廓照明灯(L251)[①] 右前车门轮廓照明灯(L252)[①] 左后车门轮廓照明灯(L253)[①] 右后车门轮廓照明灯(L254)[①] 滑动天窗控制单元(J245) 弯道灯和大灯明距离调节控制单元(J745)[①]	30
SC9	熔丝座C上的熔丝9(SC9)	5	转向柱电子装置控制器(J527)	30
SC10	熔丝座C上的熔丝10(SC10)	10	前部信息显示和操作单元控制器的显示单元(J685)	30
SC11	熔丝座C上的熔丝11(SC11)	25[④] 40[⑤]	左前安全带拉紧器控制器(J854)[④] 车载电网控制单元(J519)[⑤] 左前大灯(MX1)	30
SC12	熔丝座C上的熔丝12(SC12)	20	信息电子装置控制器1(J794)	30
SC13	熔丝座C上的熔丝13(SC13)	15[④] 25[⑤]	电子调节减振系统控制器(J250)[④] 左前安全带拉紧器控制单元(J854)[⑤]	30
SC14	熔丝座C上的熔丝14(SC14)	30	新鲜空气鼓风机控制器(J216)	30
SC15	熔丝座C上的熔丝15(SC15)	10	电子转向柱锁止装置控制器(J764)	30
SC16	熔丝座C上的熔丝16(SC16)	7.5	USB分线器(R293) 前挡风玻璃投影(平视显示屏)控制器(J898)	30
SC17	熔丝座C上的熔丝17(SC17)	7.5	组合仪表(KX2)	30
SC18	熔丝座C上的熔丝18(SC18)	7.5	倒车摄像头(R189) 后备厢盖把手中的解锁按钮(E234) 车周环境摄像头控制器(J928)	30
SC19	熔丝座C上的熔丝19(SC19)	7.5	进入及启动系统接口(J965)	30
SC20	未占用	—		—
SC21	未占用	—		—
SC22	未占用	—		—
SC23	熔丝座C上的熔丝23(SC23)	40[④] 30[⑤]	车载电网控制器(J519)[④] 滑动天窗控制单元(J245)[⑤] 右前大灯(MX2)	30
SC24	熔丝座C上的熔丝24(SC24)	30[④] 40[⑤]	移动天窗控制器(J245)[④] 车载电网控制单元(J519) 右前大灯(MX2)	30
SC25	熔丝座C上的熔丝25(SC25)	30	驾驶员侧车门控制器(J386) 左后车门控制单元(J388) 左后车窗升降器电动机(V26)	30
SC26	熔丝座C上的熔丝26(SC26)	30	车载电网控制器(J519) 座椅加热装置	30

续表

插槽	电路图中的名称	额定值/A	功能/部件	端子
SC27	熔丝座 C 上的熔丝 27（SC27）	40[4] 30[5]	数码音响套件控制器（J525）[4] 车载电网控制单元（J519）[5]	30
SC28	未占用	—	—	—
SC29	未占用	—	—	—
SC30	未占用	—	—	—
SC31	熔丝座 C 上的熔丝 31（SC31）	40	车载电网控制器（J519） 前左大灯（MX1）	30
SC32	熔丝座 C 上的熔丝 32（SC32）	7.5	驾驶员辅助系统前部摄像头（R242） 车距调节控制器（J428） 行驶换道助理系统控制单元 1（J769） 行驶换道助理系统控制单元 2（J770） 驻车辅助控制单元（J446） 驻车转向辅助系统控制器（J791）	15
SC33	熔丝座 C 上的熔丝 33（SC33）	5	安全气囊控制单元（J234）	15
SC34	熔丝座 C 上的熔丝 34（SC34）	7.5	电控机械式驻车制动器按钮（E538） 车内后视镜（EX5） 插座继电器（J807） 中部仪表板开关模块（EX22） 中控台开关模块 2（EX30） 制冷剂回路压力传感器（G805） 空气质量感应器（G238）	15
SC35	熔丝座 C 上的熔丝 35（SC35）	10	诊断接口（U31） 大灯距离照明调节器（E102） 弯道灯和大灯照明距离调节控制器（J745）[1] 前左大灯（MX1） 大灯照明距离调节装置左侧伺服电动机（V48） 右前大灯（MX2） 大灯照明距离调节装置右侧伺服电动机（V49）	15
SC36	熔丝座 C 上的熔丝 36（SC36）	10	右前大灯（MX2） 右侧 LED 大灯电源模块 1（A27）	15
SC37	熔丝座 C 上的熔丝 37（SC37）	10	左前大灯（MX1） 左侧 LED 大灯电源模块 1（A31）	15
SC38	未占用			
SC39	熔丝座 C 上的熔丝 39（SC39）	30	副驾驶员侧车门控制单元（J387） 右后车门控制单元（J389） 右后车窗升降器电动机（V27）	30
SC40[2][3]	熔丝座 C 上的熔丝 40（SC40）	20	点烟器（U1）[1] 12V-插座（U5）[1] 12 副插座 2（U18） 12 副插座 3（U19）	15[3]/30
SC41	熔丝座 C 上的熔丝 41（SC41）	25	前右安全带拉紧器控制器（J855）	30
SC42	熔丝座 C 上的熔丝 42（SC42）	40	车载电网控制器（J519） 中央门锁	30
SC43	熔丝座 C 上的熔丝 43（SC43）	30[4] 40[5]	车载电网控制器（J519）[4] 数字式声音处理系统控制单元（J525）[5]	30

续表

插槽	电路图中的名称	额定值/A	功能/部件	端子
SC44	未占用	—	—	—
SC45	熔丝座 C 上的熔丝 45(SC45)	15	驾驶员腰部支撑调节开关(E176) 驾驶员座椅调节装置控制单元(J810) 左前座椅调节操作单元(EX33) 左前坐垫风扇 1(V514) 左前座椅靠背风扇 1(V512)	30
SC46	熔丝座 C 上的熔丝 46(SC46)	30	逆变器带插座(12~230V)(U13)	30
SC47	熔丝座 C 上的熔丝 47(SC47)	7.5	后窗遮阳卷帘控制单元(J262)	15
SC48	未占用	—	—	—
SC49	熔丝座 C 上的熔丝 49(SC49)	5	启动机继电器 1(J906) 启动机继电器 2(J907)	15
SC50	熔丝座 C 上的熔丝 50(SC50)	40	后盖控制器(J605)	30
SC51	熔丝座 C 上的熔丝 51(SC51)	25	后部空调装置操控和显示单元(E265)	30
SC52	熔丝座 C 上的熔丝 52(SC52)	15	减震电子调节控制单元(J250)[⑤]	30
SC53	熔丝座 C 上的熔丝 53(SC53)	30	可加热后窗玻璃继电器(J9)	15

① 视设备而定。

② 出厂时由端子 15 供电。

③ 可通过端子 30 供电。

④ 截止 2017 年 8 月。

⑤ 自 2017 年 8 月起。

熔丝架 SC 上熔丝的颜色规定如下。

① 用于 J Case 熔丝。

a. 40A 绿色。

b. 30A 粉色。

② 用于 ATO 扁平熔丝。

a. 40A 橙色。

b. 30A 浅绿色。

c. 25A 本色（白色）。

d. 20A 黄色。

e. 15A 淡蓝色。

f. 10A 红色。

g. 7.5A 棕色。

h. 5A 淡棕色。

③ 用于微型熔丝。

a. 15A 淡蓝色。

b. 10A 红色。

c. 7.5A 棕色。

d. 5A 淡棕色。

e. 1A 黑色。

（2）副驾驶员座椅调节装置热敏熔丝 1（S46）的安装位置如图 6-9 所示，其额定值及功能如表 6-3 所示。

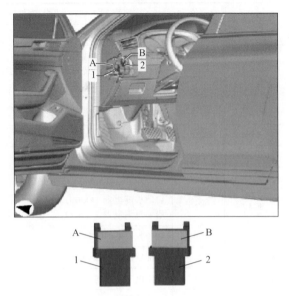

图 6-9　副驾驶员座椅调节装置热敏熔丝 1（S46）安装位置

1—副驾驶员座椅调节装置热敏熔丝 1（S46）熔丝支架（熔丝架 SC 后方）；2—未占用（熔丝架 SC 后方）；
A—副驾驶员座椅调节装置的热敏熔丝 1（S46）；B—未占用

表 6-3　副驾驶员座椅调节装置热敏熔丝 1（S46）的额定值及功能

插槽	电路图中的名称	额定值/A	功能/部件	端子
A	副驾驶员座椅调节装置的热敏熔丝 1(S46)	15	右前座椅调节操作单元(EX34) 副驾驶员腰部支撑调节开关(E177) 右前坐垫风扇 1(V518) 右前座椅靠背风扇 1(V516) 后部扶手中的副驾驶员座椅前后位置调节开关(E475) 后部扶手中的副驾驶员座椅前后位置调节开关(E478)	30
B	未占用	—	—	—

（3）熔丝架 SH 上熔丝的安装位置如图 6-10 所示，其额定值及功能如表 6-4 所示。

表 6-4　熔丝架 SH 上熔丝的额定值及功能

插槽	电路图中的名称	额定值/A	功能/部件	端子
SH1	未占用	—	—	—
SH2	未占用	—	—	—
SH3	未占用	—	—	—
SH4	未占用	—	—	—
SH5	熔丝架 H 上的熔丝 5(SH5)	7.5	视频插座 1(U22) 视频插座 2(U43)	30
SH6	未占用	—	—	—
SH7	未占用	—	—	—
SH8	未占用	—	—	—
SH9	未占用	—	—	—

续表

插槽	电路图中的名称	额定值/A	功能/部件	端子
SH10	未占用	—	—	—
SH11	未占用	—	—	—
SH12	未占用	—	—	—

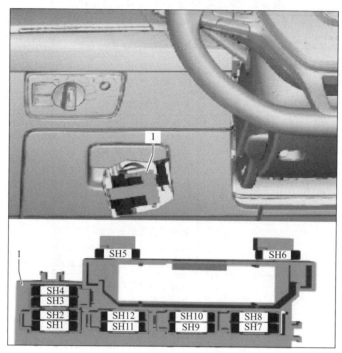

图 6-10 熔丝架 SH 上熔丝的安装位置
1—熔丝架 SH

熔丝架 SH 上熔丝的颜色规定如下。

① 用于 J Case 熔丝。

a. 40A 绿色。

b. 30A 粉色。

② 用于 ATO 扁平熔丝。

a. 40A 橙色。

b. 30A 浅绿色。

c. 25A 本色（白色）。

d. 20A 黄色。

e. 15A 淡蓝色。

f. 10A 红色。

g. 7.5A 棕色。

h. 5A 淡棕色。

③ 用于微型熔丝。

a. 15A 淡蓝色。

b. 10A 红色。

c. 7.5A 棕色。

d. 5A 淡棕色。

e. 1A 黑色。

（4）熔丝架 SB 上熔丝的额定值及功能如表 6-5 所示。

表 6-5　熔丝架 SB 上熔丝的额定值及功能

插槽	电路图中的名称	额定值/A	功能/部件	端子
SB1	熔丝座 B 上的熔丝 1(SB1)	40	ABS 控制器(J104)	30
SB2	熔丝座 B 上的熔丝 2(SB2)	40	ABS 控制器(J104) 防抱死制动系统(ABS)液压泵(V64)	30
SB3	熔丝座 B 上的熔丝 3(SB3)	15	发动机控制器(J623)	87
SB4	熔丝座 B 上的熔丝 4(SB4)	10	散热器风扇(VX57) 机油油位及温度传感器(G266) 活性炭罐电磁阀 1(N80)③ 排气门内的凸轮轴调节阀(N318)③ 凸轮轴调节阀(N205)③ 机油压力调节阀(N428) 进气管风门阀(N316)④ 增压压力限制电磁阀(N75)③ 涡轮增压器循环空气阀(N249)④ 活塞冷却喷嘴控制器(N522)④	87
SB5	熔丝座 B 上的熔丝 5(SB5)	10	气缸 1 排气凸轮调节器 A(N580)④ 气缸 1 排气凸轮调节器 B(N581)④ 气缸 2 排气凸轮调节器 A(N588)④ 气缸 2 排气凸轮调节器 B(N589)④ 气缸 3 排气凸轮调节器 A(N596)④ 气缸 3 排气凸轮调节器 A(N597)④ 气缸 4 排气凸轮调节器 A(N604)④ 气缸 4 排气凸轮调节器 A(N605)② 气缸 1 喷射阀(N30)④ 气缸 2 喷射阀(N31)④ 气缸 3 喷射阀(N32)④ 气缸 4 喷射阀(N33)④ 发动机组件供电继电器(J757)④	87
SB6	熔丝座 B 上的熔丝 6(SB6)	5	制动信号灯开关(F)	87
SB7	熔丝座 B 上的熔丝 7(SB7)	7.5 10	冷却液循环泵(V51)②③ 增压空气冷却泵(V188)④ 变速箱冷却液阀门(N488)③④ 冷却液截止阀(N82)③④	87
SB8	熔丝座 B 上的熔丝 8(SB8)	15	催化转换器上游的氧传感器 1(GX10) 氧传感器加热装置(Z19) 尾气催化净化器下游的氧传感器 1(GX7) 尾气催化净化器下游的氧传感器 1 加热装置(Z29)	87
SB9	熔丝座 B 上的熔丝 9(SB9)	10 20	增压空气冷却泵(V188)④ 活性炭罐电磁阀 1(N80)④ 排气门内的凸轮轴调节阀 1(N318)④ 凸轮轴调节阀 1(N205)④	87

续表

插槽	电路图中的名称	额定值/A	功能/部件	端子
SB10	熔丝座 B 上的熔丝 10(SB10)	15	燃油泵控制器(J538)	87
SB11	未占用	—	—	—
SB12	未占用	—	—	—
SB13	熔丝座 B 上的熔丝 13(SB13)	30 15	双离合器变速箱机械电子单元(J743①) 双离合器变速箱 0CW 双离合器变速箱机械电子单元(J743①) 双离合器变速箱 0DE	30
SB14	未占用	—	—	—
SB15	熔丝座 B 上的熔丝 15(SB15)	15	信号喇叭继电器(J413)	30
SB16	熔丝座 B 上的熔丝 16(SB16)	20	发动机组件供电继电器(J757)④	30
SB17	熔丝座 B 上的熔丝 17(SB17)	7.5	主继电器(J271) 发电机控制器(J623) ABS 控制器(J104)	30
SB18	熔丝座 B 上的熔丝 18(SB18)	5	蓄电池监控控制单元(J367)	30
SB19	熔丝座 B 上的熔丝 19(SB19)	30	刮水器电动机控制单元(J400)	30
SB20	熔丝座 B 上的熔丝 20(SB20)	10	警报喇叭(H12)	30
SB21	未占用	—	—	—
SB22	熔丝座 B 上的熔丝 22(SB22)	5	发动机控制器(J623)	50
SB23	熔丝座 B 上的熔丝 23(SB23)	30	起动机(B)	50
SB24	未占用	—	—	—
SB25	未占用	—	—	—
SB26	未占用	—	—	—
SB27	未占用	—	—	—
SB28	未占用	—	—	—
SB29	未占用	—	—	—
SB30	未占用	—	—	—
SB31	未占用	—	—	—
SB32	未占用	—	—	—
SB33	未占用	—	—	—
SB34	未占用	—	—	—
SB35	未占用	—	—	—
SB36	未占用	—	—	—
SB37	未占用	—	—	—
SB38	未占用	—	—	—

① 截止 2017 年 8 月。
② 自 2017 年 8 月起。
③ 视设备而定。
④ 仅用于 1.8～2.0L 汽油发动机的汽车。

熔丝架 SB 上的熔丝颜色规定如下。
① 用于 J Case 熔丝。

a. 50A 红色。

b. 40A 绿色。

c. 30A 粉色。

② 用于 ATO 扁平熔丝。

a. 40A 橙色。

b. 30A 浅绿色。

c. 25A 本色（白色）。

d. 20A 黄色。

e. 15A 淡蓝色。

f. 10A 红色。

g. 7.5A 棕色。

h. 5A 淡棕色。

③ 用于微型熔丝。

a. 15A 淡蓝色。

b. 10A 红色。

c. 7.5A 棕色。

d. 5A 淡棕色。

e. 1A 黑色。

(5) 熔丝架 SA 上熔丝的安装位置如图 6-11 所示，其额定值及功能如表 6-6 所示。

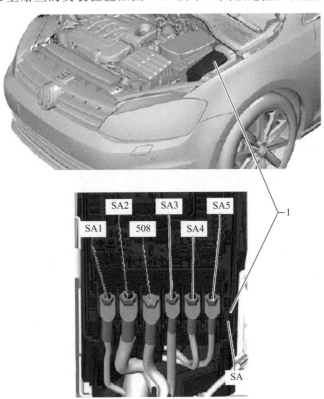

图 6-11　熔丝架 SA 上熔丝的安装位置

1—熔丝架 SA

表 6-6 熔丝架 SA 上熔丝的额定值及功能

螺栓连接位置	电路图中的名称	额定值/A	功能/部件	端子
SA1	熔丝座 A 上的熔丝 1(SA1)	125	供电,熔丝架 C(SC) 端子 30_1 熔丝架 C 上的熔丝 2(SC5) 熔丝架 C 上的熔丝 4(SC6) 熔丝架 C 上的熔丝 14(SC7) 熔丝架 C 上的熔丝 22(SC8) 熔丝架 C 上的熔丝 31(SC9) 熔丝架 C 上的熔丝 38(SC10) 熔丝架 C 上的熔丝 39(SC11) 熔丝架 C 上的熔丝 41(SC12) 熔丝架 C 上的熔丝 42(SC13) 熔丝架 C 上的熔丝 46(SC14) 熔丝架 C 上的熔丝 51(SC38) 熔丝架 C 上的熔丝 53(SC39) 插座继电器(J807) 端子 15 供电继电器(J329) 熔丝架 C 上的熔丝 40(SC40) 熔丝架 C 上的熔丝 41(SC41) 熔丝架 C 上的熔丝 42(SC42) 熔丝架 C 上的熔丝 53(SC53)	30
SA2	熔丝座 A 上的熔丝 2(SA2)	400	交流发电机(C)	30
SA3	熔丝座 A 上的熔丝 3(SA3)	80	助力转向控制单元(J500)	30
SA4	熔丝座 A 上的熔丝 4(SA4)	80	供电,熔丝架 C(SC) 端子 30_2 熔丝架 C 上的熔丝 1(SC15) 熔丝架 C 上的熔丝 3(SC16) 熔丝架 C 上的熔丝 15(SC17) 熔丝架 C 上的熔丝 21(SC18) 熔丝架 C 上的熔丝 23(SC19) 熔丝架 C 上的熔丝 28(SC23) 熔丝架 C 上的熔丝 43(SC24) 熔丝架 C 上的熔丝 45(SC25) 熔丝架 C 上的熔丝 50(SC26) 熔丝架 C 上的熔丝 27(SC27) 熔丝架 C 上的熔丝 43(SC43) 熔丝架 C 上的熔丝 45(SC45)	30
SA5	熔丝座 A 上的熔丝 5(SA5)	50	散热器风扇(VX57)	30

四、继电器

继电器安装位置及功能如图 6-12～图 6-14 所示。

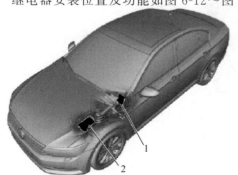

图 6-12 继电器在车上的安装位置
1—继电器和熔丝座 2(SR2),在驾驶室内左侧仪表板下(可加热后窗玻璃继电器 J9、端子 15 供电继电器 J329、插座继电器 J807);2—继电器和熔丝座 1(SR1),在发动机舱内电控箱上(主继电器 J271、信号喇叭继电器 J413、发动机部件供电继电器 J757、起动机继电器 J906、起动机继电器 J907)

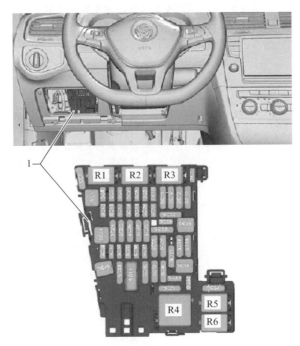

图 6-13　驾驶室内左侧仪表板下继电器安装位置及功能

1—继电器和熔丝座 2（SR2），在左侧仪表板下；R1～R3—未占用；R4—端子 15 供电继电器 J329；R5—可加热后窗玻璃继电器 J9；R6—插座继电器 J807

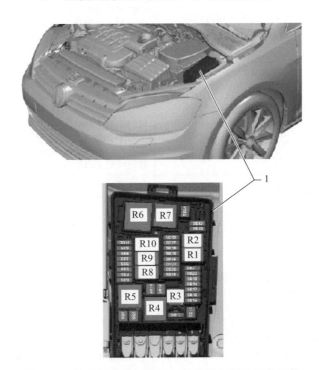

图 6-14　发动机舱内电控箱上继电器安装位置及功能

1—继电器和熔丝座 1（SR1），在发动机舱内电控箱上；R1—起动机继电器 J906；R2—起动机继电器 J907；R3—信号喇叭继电器 J413；R4、R6、R7、R9、R10—未占用；R5—主继电器 J271；R8—发动机部件供电继电器 J757

五、整车控制单元

1. 车辆前部控制单元

车辆前部控制单元分布如图 6-15 所示。

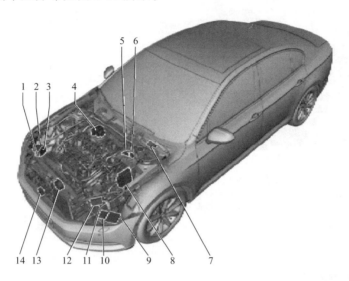

图 6-15 车辆前部控制单元分布

1—右侧 LED 大灯电源控制单元 1（A27）；2—右侧 LED 大灯电源控制单元 J668；3—右侧日间行车灯和停车灯控制单元 J861；4—ABS 控制单元 J104；5—蓄电池监控控制单元 J367；6—助力转向控制单元 J500；7—刮水器电动机控制单元 J400；8—发动机控制单元 J623；9—左侧大灯电源控制单元 J667；10—左侧 LED 大灯电源控制单元 1（A31）；11—双离合器变速箱机械电子单元 J743；12—左侧日间行车灯和停车灯控制单元 J860；13—散热器风扇 VX57；14—自动车距控制系统控制单元 J428

车辆前部控制单元安装位置与插头端子布置如表 6-7 所示。

表 6-7 车辆前部控制单元安装位置与插头端子布置

序号	名称及安装位置	插头端子布置
1	1—右侧大灯电源控制单元 J668，对应 A44 芯插头连接 T44b；2—右侧 LED 大灯电源控制单元 1（A27），对应 B28 芯插头连接 T28a；3—右侧日间行车灯和停车灯控制单元 J861，对应 C20 芯插头连接 T20f	

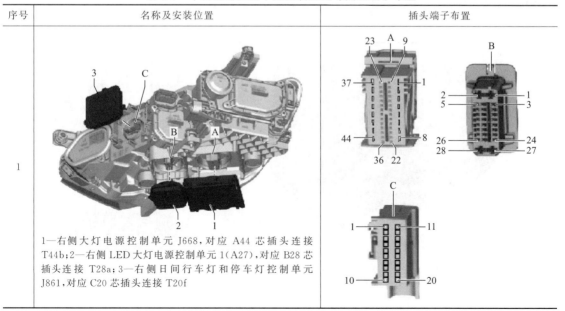

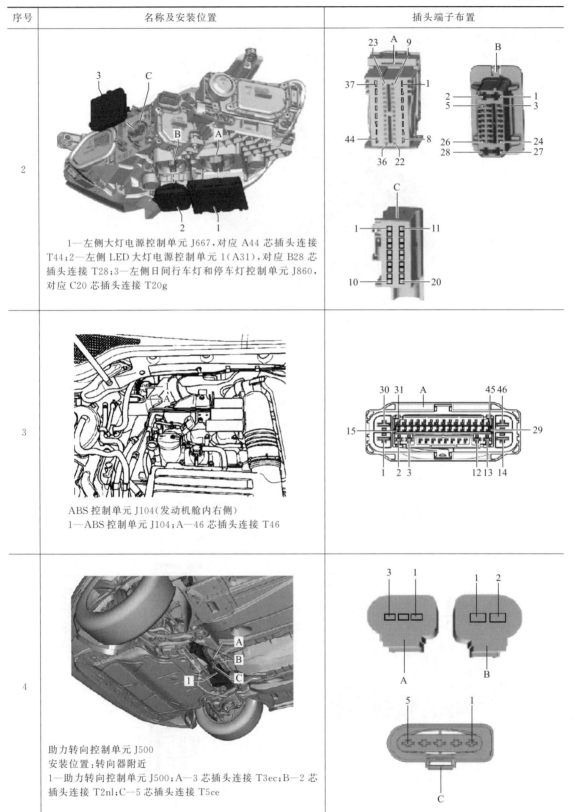

续表

序号	名称及安装位置	插头端子布置
5	刮水器电动机控制单元 J400 安装位置：在驾驶员侧排水槽内 1—刮水器电动机控制单元 J400 A—4 芯插头连接 T4gu	
6	蓄电池监控控制单元 J367 安装位置：蓄电池上 1—蓄电池监控控制单元 J367；A—2 芯插头连接 T2me	
7	发动机控制单元 J623 的 T60(60 芯插头连接)和 T94(94 芯插头连接) 安装位置：发动机舱内左侧 1—发动机控制单元 J623；A—60 芯插头连接 T60 B—94 芯插头连接 T94	

续表

序号	名称及安装位置	插头端子布置
8	发动机控制单元 J623 的 T91(91芯插头连接)和 T105(105芯插头连接) 安装位置:发动机舱内左侧 1—发动机控制单元 J623;A—91芯插头连接 T91;B—105芯插头连接 T105	
9	双离合器变速箱机械电子单元 J743 的 T16(16芯插头连接) 安装位置:在双离合器变速箱 0DE 上 1—双离合器变速箱机械电子单元 J743;A—16芯插头连接 T16m	
10	双离合器变速箱机械电子单元 J743 的 T25(25芯插头连接) 安装位置:在双离合器变速箱 0DW 上 1—双离合器变速箱机械电子单元 J743;A—25芯插头连接 T25	

续表

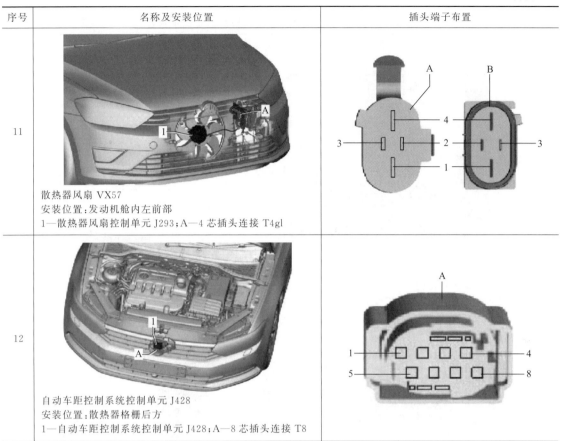

序号	名称及安装位置	插头端子布置
11	散热器风扇 VX57 安装位置：发动机舱内左前部 1—散热器风扇控制单元 J293；A—4 芯插头连接 T4gl	
12	自动车距控制系统控制单元 J428 安装位置：散热器格栅后方 1—自动车距控制系统控制单元 J428；A—8 芯插头连接 T8	

注：图中的数字为端子号。

2. 车辆中部控制单元

车辆中部控制单元分布如图 6-16 所示。

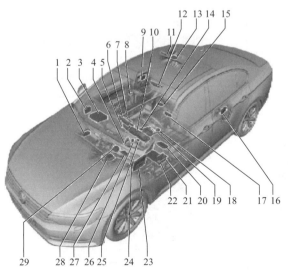

图 6-16 车辆中部控制单元分布

1—新鲜空气鼓风机控制单元 J126；2—副驾驶员侧车门控制单元 J387；3—信息电子装置 1 控制单元 J794；4—进入及启动系统接口 J965；5—全自动空调控制单元 J255/空调器控制单元 J301；6—前部信息显示和操作面板控制单元 J685；7—周围环境摄像机控制单元 J928；8—驾驶员辅助系统的前部摄像头 R242；9—右后车门控制单元 J389；10—组合仪表中的控制单元 J285；11—滑动天窗卷帘电动机 V260；12—滑动天窗电动机 V1；13—滑动天窗控制单元 J245；14—电子转向柱锁止装置控制单元 J764；15—燃油泵控制单元 J538；16—左后车门控制单元 J388；17—后部空调操作和显示单元 E265；18—多功能方向盘控制单元 J453；19—转向柱电子装置控制单元 J527；20—驾驶员座椅调节控制单元 J810；21—数字式音响套件控制单元 J525；22—驾驶员侧车门控制单元 J386；23—车载电网控制单元 J519；24—泊车辅助控制单元 J446/泊车转向辅助系统控制单元 J791；25—挡风玻璃投影（平视显示器）控制单元 J898；26—换挡杆传感器控制单元 J587；27—数据总线诊断接口 J53；28—安全气囊控制单元 J234；29—大灯随动和大灯照明距离调节控制单元 J745

车辆中部控制单元安装位置与插头端子布置如表 6-8 所示。

表 6-8 车辆中部控制单元安装位置与插头端子布置

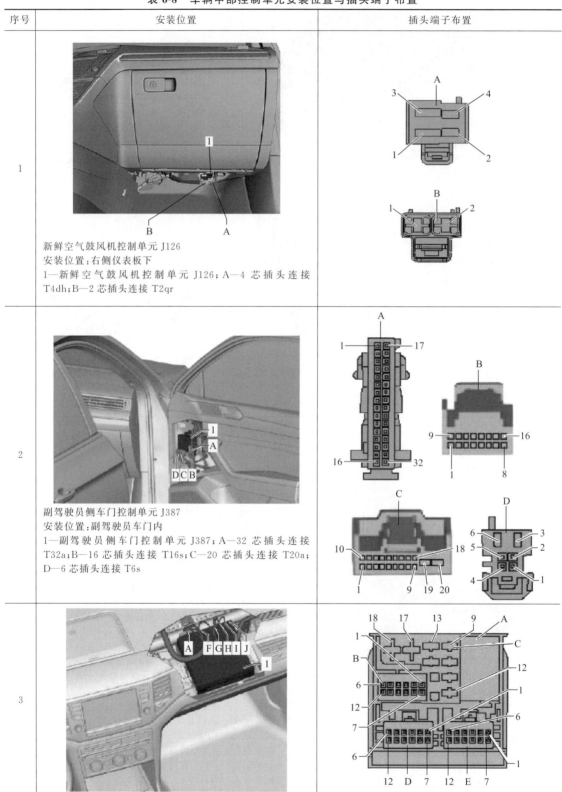

续表

序号	安装位置	插头端子布置
3	信息电子装置 1 控制单元 J794 安装位置：在手套箱内 1—信息电子装置 1 控制单元 J794；A—多层插头壳（腔数：9~18 个），由插头 B、C、D 和 E 组成；B—12 芯插头连接 T12j；C—18 芯插头连接 T18；D—12 芯插头连接 T12i；E—12 芯插头连接 T12h；F—2 芯插头连接 T2gl；G—5 芯插头连接 T5ak；H—5 芯插头连接 T5ai(USB 分线器)；I—2 芯插头连接 T2kp(车顶导航天线 RX5)；J—4 芯插头连接 T4ga（左侧天线控制单元 R108，右侧天线控制单元 R109）	
4	进入及启动系统接口 J965 安装位置：在左侧仪表板下 1—进入及启动系统接口 J965；A—40 芯插头连接 T40	
5	全自动空调控制单元 J255 安装位置：中部仪表板内 1—全自动空调控制单元 J255；A—16 芯插头连接 T16q；B—16 芯插头连接 T16p；C—20 芯插头连接 T20d	

续表

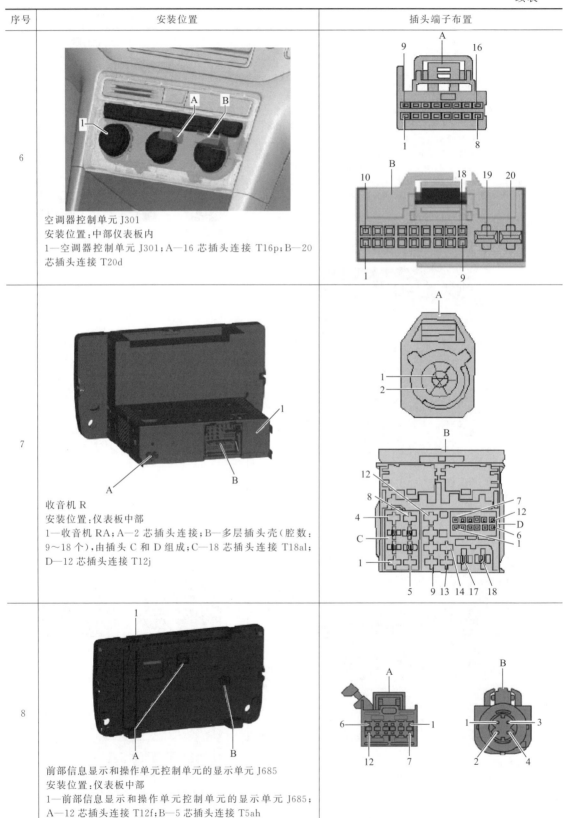

续表

序号	安装位置	插头端子布置
12	组合仪表中的控制单元 J285 安装位置:仪表板内 1—组合仪表中的控制单元 J285;A—2 芯插头连接 T2gd; B—18 芯插头连接 T18	
13	燃油泵控制单元 J538 安装位置:后座椅下 1—燃油泵控制单元 J538;A—5 芯插头连接 T5ax	
14	后部空调操作和显示单元 E265 安装位置:后部中控台内 1—后部空调操作和显示单元 E265;A—6 芯插头连接 T6at;B—4 芯插头连接 T4dv	

续表

序号	安装位置	插头端子布置
15	滑动天窗控制单元 J245 安装位置:在滑动天窗上 1—滑动天窗控制单元 J245;A—5 芯插头连接 T5cf;B—4 芯插头连接 T4ib;C—16 芯插头连接 T16v	
16	滑动天窗电动机 V1/滑动天窗卷帘电动机 V260 安装位置:在滑动天窗上 1—滑动天窗电动机 V1;2—滑动天窗卷帘电动机 V260; A—6 芯插头连接 T6de;B—6 芯插头连接 T6dc	
17	右后车门控制单元 J388 安装位置:在右后车门上 1—右后车门控制单元 J388;A—16 芯插头连接 T16a;B—20 芯插头连接 T20b;C—6 芯插头连接 T6t	

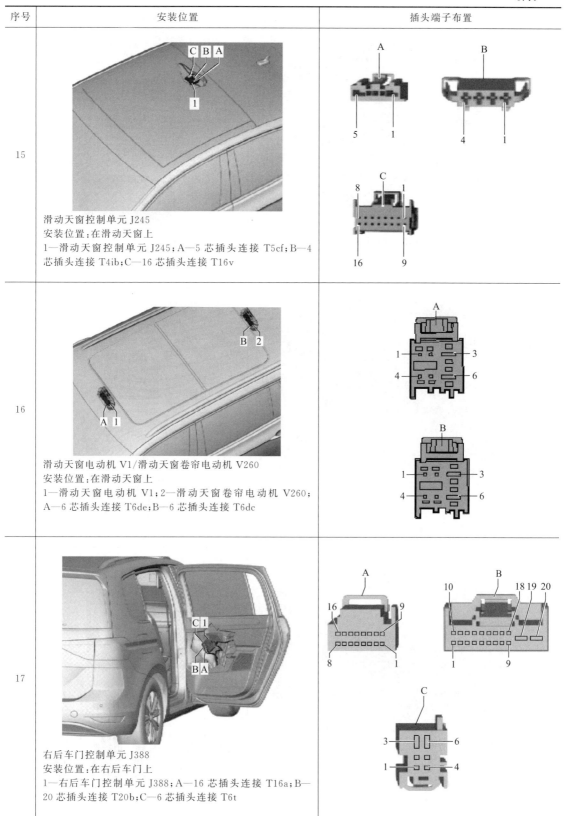

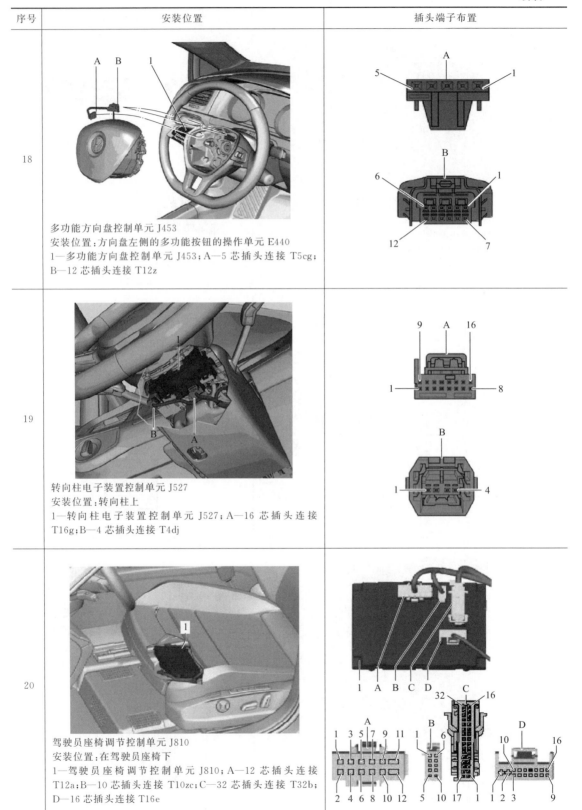

续表

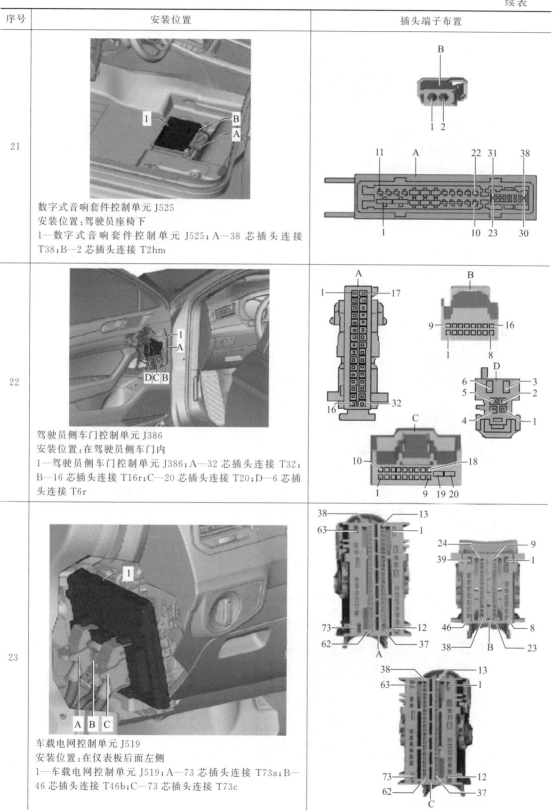

序号	安装位置	插头端子布置
21	数字式音响套件控制单元 J525 安装位置:驾驶员座椅下 1—数字式音响套件控制单元 J525;A—38 芯插头连接 T38;B—2 芯插头连接 T2hm	
22	驾驶员侧车门控制单元 J386 安装位置:在驾驶员侧车门内 1—驾驶员侧车门控制单元 J386;A—32 芯插头连接 T32;B—16 芯插头连接 T16r;C—20 芯插头连接 T20;D—6 芯插头连接 T6r	
23	车载电网控制单元 J519 安装位置:在仪表板后面左侧 1—车载电网控制单元 J519;A—73 芯插头连接 T73a;B—46 芯插头连接 T46b;C—73 芯插头连接 T73c	

续表

序号	安装位置	插头端子布置
24	泊车辅助控制单元 J446/泊车转向辅助系统控制单元 J791 安装位置：在仪表板侧仪表板后 1—泊车辅助控制单元 J446/泊车转向辅助系统控制单元 J791 A—18 芯插头连接 T18c B—26 芯插头连接 T26	
25	换挡杆传感器控制单元 J587 安装位置：在中控台内，选挡杆支座上 1—换挡杆传感器控制单元 J587；A—10 芯插头连接 T10ah	
26	数据总线诊断接口 J533 安装位置：仪表板下方 1—数据总线诊断接口 J533；A—20 芯插头连接 T20e	

续表

序号	安装位置	插头端子布置
27	大灯随动和大灯照明距离调节控制单元 J745 安装位置:在制动踏板上方 1—大灯随动和大灯照明距离调节控制单元 J745;A—26 芯插头连接 T26e	
28	大灯随动和大灯照明距离调节控制单元 J745(类型Ⅱ) 安装位置:在制动踏板上方 1—大灯随动和大灯照明距离调节控制单元 J745;A—20 芯插头连接 T20cc	
29	安全气囊控制单元 J234 安装位置:在中控台下方 1—安全气囊控制单元 J234;A—90 芯插头连接 T90e	

续表

序号	安装位置	插头端子布置
30	挡风玻璃投影(平视显示器)控制单元 J898 安装位置:在组合仪表显示屏后方 1—挡风玻璃投影(平视显示器)控制单元 J898;A—18 芯插头连接 T18a	
31	电子转向柱锁止装置控制单元 J764 安装位置:在转向柱下方 1—电子转向柱锁止装置控制单元 J764;A—4 芯插头连接 T4dg	

注:图中的数字为端子号。

3. 车辆后部的控制单元

车辆后部控制单元分布如图 6-17 所示。

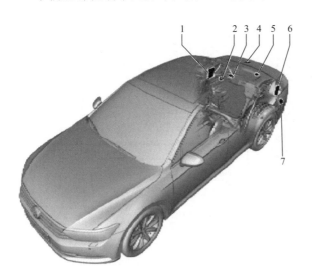

图 6-17 车辆后部控制单元分布
1—电子控制减振系统控制单元 J250;2—换道辅助系统控制单元 J769;3—尾门开启装置控制单元 J938;4—轮胎压力监控控制单元 J502;5—后窗遮阳卷帘控制单元 J262;6—尾门控制单元 J605;7—换道辅助系统控制单元 2J770

车辆后部控制单元安装位置与插头端子布置如表 6-9 所示。

表 6-9 车辆后部控制单元安装位置与插头端子布置

序号	安装位置	插头端子布置
1	电子控制减振系统控制单元 J250 安装位置：后备厢内右侧。 1—电子控制减振系统控制单元 J250；A—47 芯插头连接 T47	
2	换道辅助系统控制单元 J769 安装位置：保险杠下方右侧 1—换道辅助系统控制单元 J769；A—8 芯插头连接 T8bg	
3	尾门开启装置控制单元 J938 安装位置：保险杠下方右侧 1—尾门开启装置控制单元 J938；A—4 芯插头连接 T4bg；B—4 芯插头连接 T4bs	

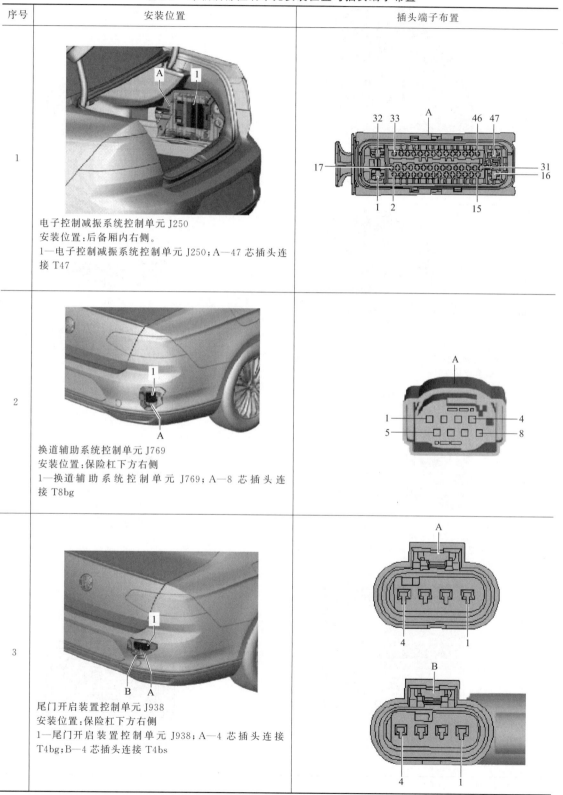

续表

序号	安装位置	插头端子布置
4	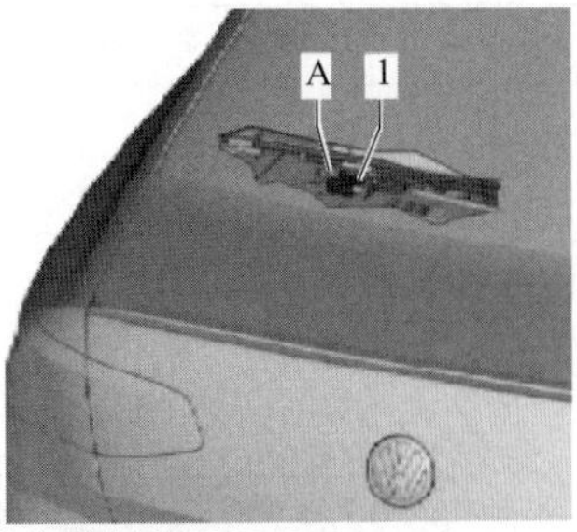 后窗遮阳卷帘控制单元 J262 安装位置：后窗台板下方 1—后窗遮阳卷帘控制单元 J262；A—4 芯插头连接 T4eh	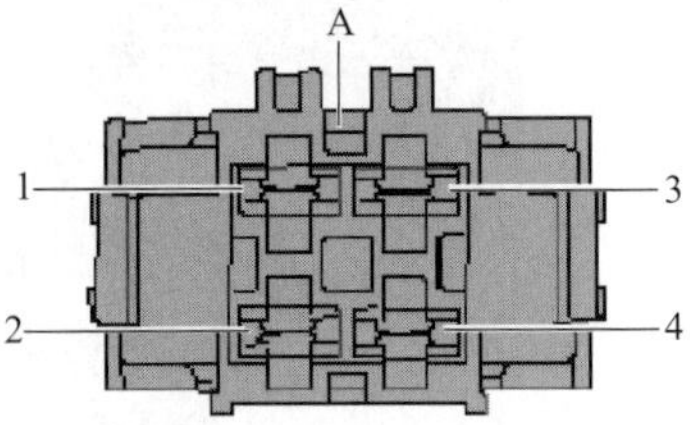
5	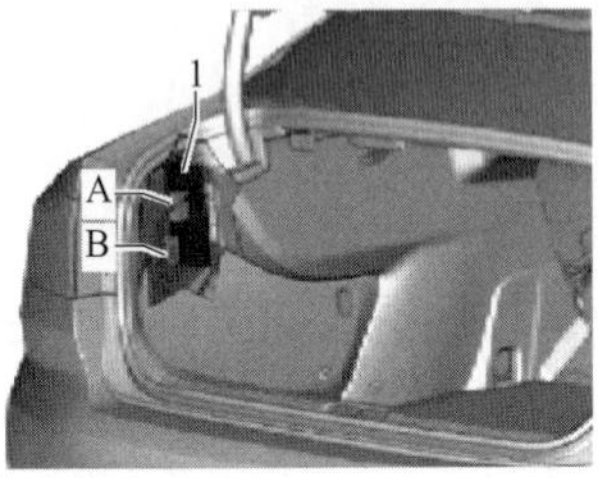 尾门控制单元 J605 安装位置：后备厢内左侧 1—尾门控制单元 J605；A—10 芯插头连接 T10am；B—32 芯插头连接 T32e	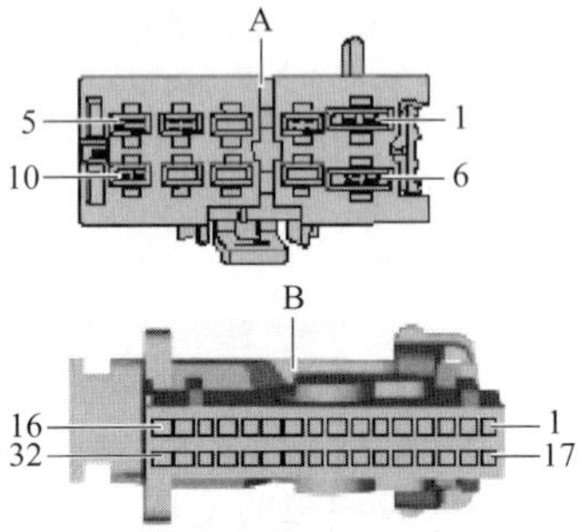
6	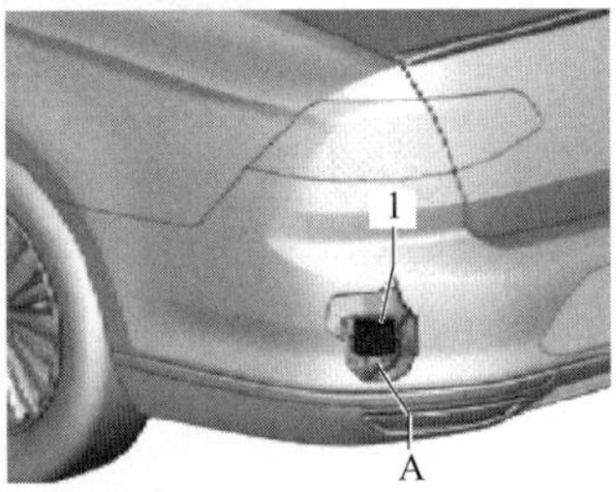 换道辅助系统控制单元 2J770 安装位置：保险杠下方左侧 1—换道辅助系统控制单元 2J770；A—8 芯插头连接 T8bf	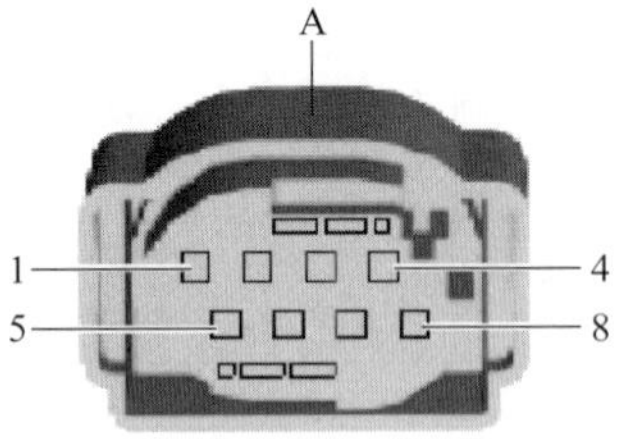
7	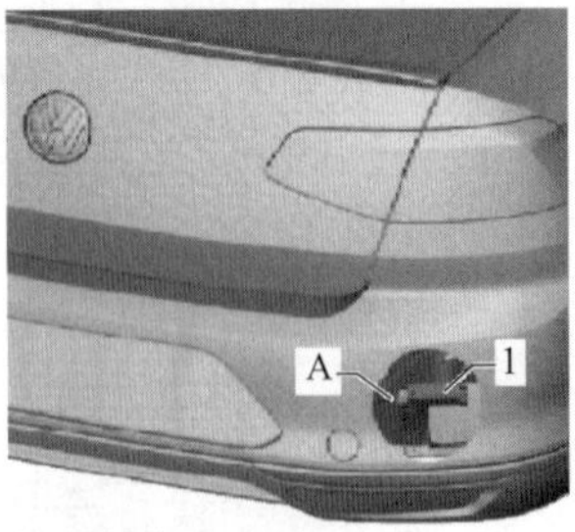 轮胎压力监控控制单元 J502 安装位置：后保险杠内的右侧车身上 1—轮胎压力监控控制单元 J502；A—4 芯插头连接 T4fh	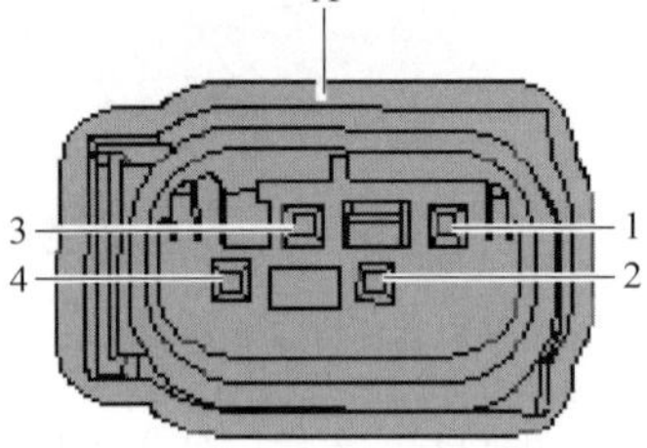

注：图中的数字为端子号。

六、线束连接位置

1. 发动机舱内的线束连接位置（图 6-18～图 6-20）

图 6-18 发动机舱内的线束连接位置（一）

A—3 芯插头连接 T3bi，黑色［连接位置：车外温度传感器（G17）］；B—14 芯插头连接 T14ag，黑色（前保险杠连接位置）；C—4 芯插头连接 T4zd，黑色（前部周围环境摄像头连接位置 R243）；D—10 芯插头连接 T10za，黑色（仅用于带 1.8L TSI 发动机车型），4 芯插头连接 T4，黑色（仅用于 1.4L TSI 发动机车型），14 芯插头连接 T14za，黑色（仅用于 2.0L TSI 发动机车型）；E—14 芯插头连接 T14x，灰色（发动机预接线连接位置）；F—10 芯插头连接 T10ba，黑色（自动车距控制系统控制单元，连接位置 J428）；G—6 芯插头连接 T6bh，黑色（助力转向控制单元，连接位置 J500）

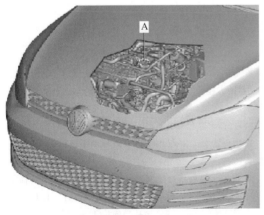

图 6-19 发动机舱内的线束连接位置（二）
A—8 芯插头连接 T8f，黑色

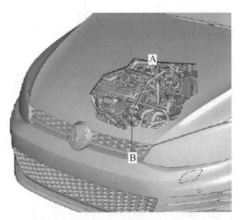

图 6-20 发动机舱内的线束连接位置（三）
A—8 芯插头连接 T8e，黑色；
B—14 芯插头连接 T14d，黑色

2. 车辆其他线束连接位置（图 6-21～图 6-38）

图 6-21　诊断接口-U31 线束连接位置

A—16 芯插头连接 T16h，黑色

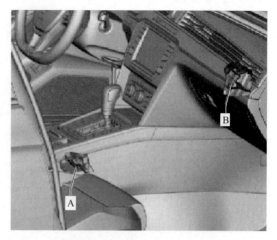

图 6-22　车内的连接位置 TI

A—8 芯插头连接 T8ar，黑色（中控台连接位置）；
B—5 芯插头连接 T5aq，黑色（仪表板中部出风口连接位置）

图 6-23　左前车门上的连接位置 TTVL

A—27 芯插头连接 T27，黑色（仅用于不带周围环境摄像头的汽车）；25 芯插头连接 T25，白色（仅用于带周围环境摄像头的汽车）

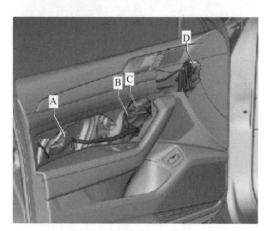

图 6-24　左前车门上的连接位置 TTIVL

A—4 芯插头连接 T4at，黑色（驾驶员侧车门外把手，连接位置 EX6，仅适用于带进入及启动许可的汽车）；B—2 芯插头连接 T2ra，黑色（盲区识别警告灯，在左侧车外后视镜内，连接位置 k312，仅用于带换道辅助系统的汽车）；C—5 芯插头连接 T5ae，蓝色（左侧周围环境摄像头，连接位置 R244，仅用于带周围环境摄像头的汽车）；D—12 芯插头连接 T12za，黑色（扬声器和氛围灯的连接位置，仅用于带氛围灯类型 2 的汽车），或 8 芯插头连接 T8s，黑色（扬声器和氛围灯的连接位置，仅用于带氛围灯类型 1 的汽车）

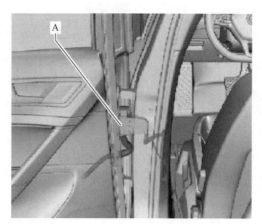

图 6-25　左前车门上的连接位置 TTHL
A—27 芯插头连接 T27e，黑色

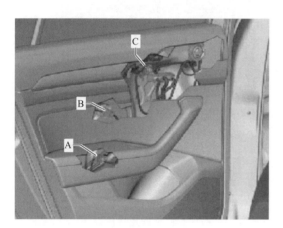

图 6-26　左后车门上的连接位置 TTIHL
A—4 芯插头连接 T4cc，黑色（左后车门内的车窗升降器开关，连接位置 E52，适用于不带后部车门控制单元的汽车）；B—4 芯插头连接 T4ay，黑色（仅适用于带进入及启动许可的汽车）；C—8 芯插头连接 T8x，黑色（扬声器和氛围灯的连接位置）

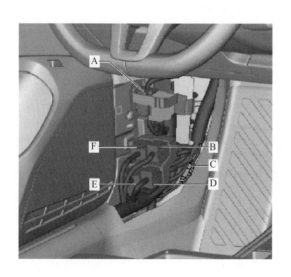

图 6-27　车内的下部左侧连接位置 TIUL
A—17 芯插头连接 T17l，白色；B—17 芯插头连接 T17i，棕色；C—5 芯插头连接 T5bh（前部周围环境摄像头，连接位置 R243）；D—17 芯插头连接 T17k，蓝色；E—17 芯插头连接 T17j，红色；F—17 芯插头连接 T17h，黑色

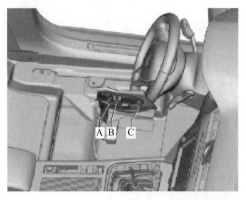

图 6-28 左前座椅连接位置 TSVL

A—3 芯插头连接 T3cl,黄色;B—17 芯插头连接 T17za,红色;C—2 芯插头连接 T2zi,蓝色

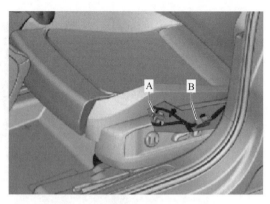

图 6-29 左前座椅内的连接位置

A—6 芯插头连接 T6za,黑色;
B—4 芯插头连接 T4ie,白色

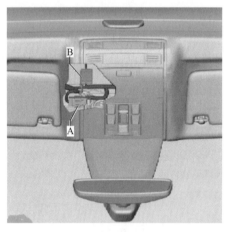

图 6-30 车顶上的连接位置 TH

A—16 芯插头连接 T16i,黑色;
B—6 芯插头连接 T6ar,黑色

图 6-31 右前车门上的连接位置 TTVR

1—27 芯插头连接 T27d,黑色(仅用于不带周围环境摄像头的汽车);或 25 芯插头连接 T25b,白色(仅用于带周围环境摄像头的汽车)

图 6-32 右前车门中的连接位置 TTIVR

A—8 芯插头连接 T8v,黑色(扬声器和氛围灯的连接位置,仅用于带氛围灯、型号 1 的汽车),或 12 芯插头连接 T12zc,黑色(扬声器和氛围灯的连接位置,仅用于带氛围灯、型号 2 的汽车);B—5 芯插头连接 T5af,蓝色(右侧周围环境摄像头,连接位置 R245,仅用于带周围环境摄像头的汽车);C—2 芯插头连接 T2rc,黑色(盲区识别警告灯,在右侧车外后视镜内,连接位置 k311,仅用于带换道辅助系统的汽车);D—4 芯插头连接 T4aw,黑色(副驾驶员侧车门外把手,连接位置 EX7,仅用于带进入及启动许可的汽车)

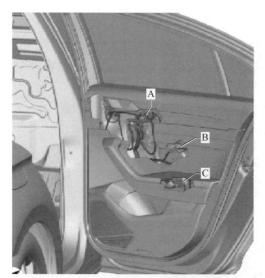

图 6-33　右后车门中的连接位置 TTIHR
A—8 芯插头连接 T8z，黑色（扬声器和氛围灯的连接位置）；B—4 芯插头连接 T4bc，黑色（仅用于带进入及启动许可的汽车）；C—4 芯插头连接 T4gd，黑色（右后车门内的车窗升降器开关），连接位置 E54（仅用于不带后部车门控制单元的汽车）

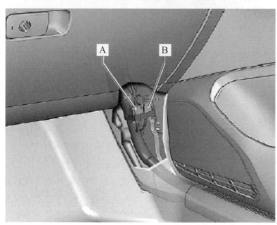

图 6-34　车内的下部右侧连接位置 TIUR
A—17 芯插头连接 T17g，棕色；
B—17 芯插头连接 T17f，黑色

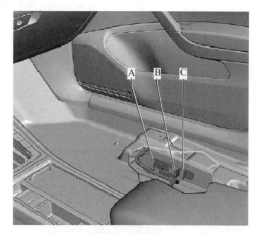

图 6-35　右前座椅连接位置 TSVR
A—2 芯插头连接 T2zh，黑色；B—17 芯插头连接 T17zc，黑色；C—3 芯插头连接 T3ak，黄色

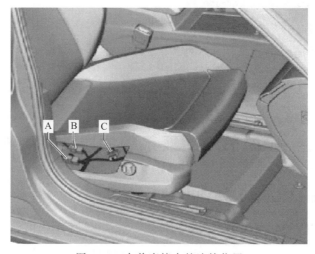

图 6-36　右前座椅内的连接位置
A—6 芯插头连接 T6ac，黑色；B—6 芯插头连接 T6ze，黑色；C—4 芯插头连接 T4ic，白色

图 6-37 后备厢内的连接位置 THRL

A—4 芯插头连接 T4ai, 黑色; B—3 芯插头连接 T3cw, 棕色; C—4 芯插头连接 T4ef, 蓝色;
D—4 芯插头连接 T4eg, 红色; E—4 芯插头连接 T4ad, 棕色

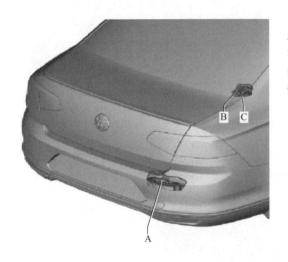

图 6-38 后备厢内的右侧连接位置 THRR

A—10 芯插头连接 T10at, 黑色 (仅用于带驻车辅助的汽车); B—5 芯插头连接 T5bl, 蓝色 (仅用于带周围环境摄像头的汽车), 或 2 芯插头连接 T2do, 绿色 (仅用于带倒车摄像头的汽车); C—4 芯插头连接 T4ao, 黑色 (仅用于带倒车摄像头/周围环境摄像头的汽车)

第二节 主要系统的电路图

一、1.8L 发动机（CUFA）车型电路图

1.8L 发动机（CUFA）车型电路图如图 6-39～图 6-56 所示。电路图中导线颜色的规定如下。

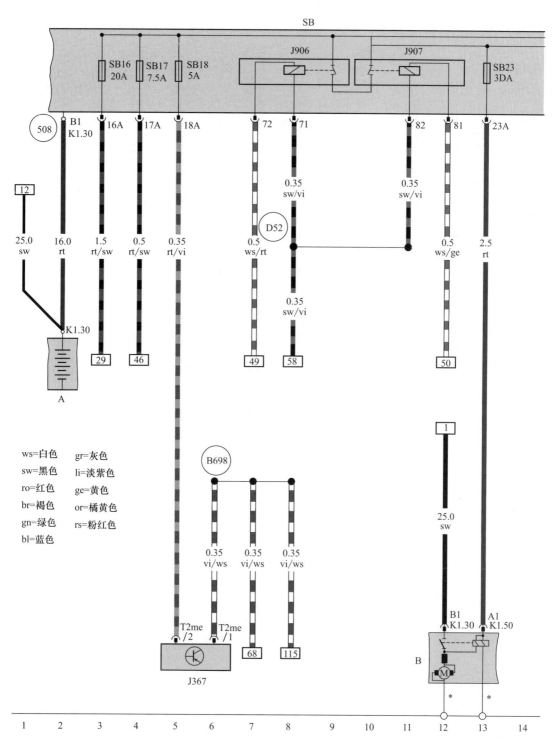

图6-39 蓄电池、起动机、蓄电池监控控制单元、起动机继电器1、起动机继电器2、熔丝架SB
A—蓄电池；B—起动机；J367—蓄电池监控控制单元；J906—起动机继电器1；J907—起动机继电器2；SB—熔丝架B；SB16—熔丝架B上的熔丝16；SB17—熔丝架B上的熔丝17；SB18—熔丝架B上的熔丝18；SB23—熔丝架B上的熔丝23；T2me—2芯插头连接，黑色；508—螺栓连接（30），在电控箱上；B698—连接3（LIN总线），在主导线束中；D52—正极连接（15a），在发动机舱导线束中；*—通过外壳接地

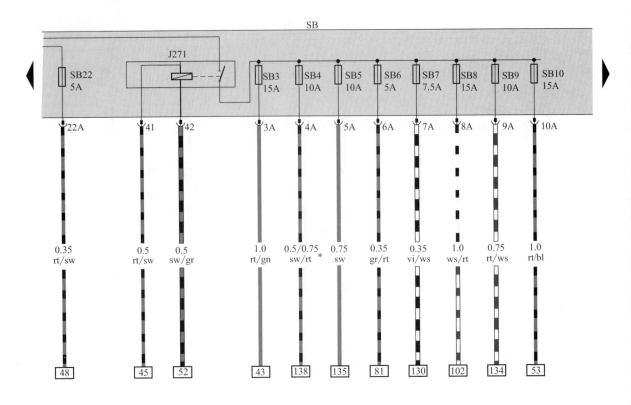

图 6-40 主继电器、熔丝架 SB

J271—主继电器；SB—熔丝架 B；SB3—熔丝架 B 上的熔丝 3；
SB4—熔丝架 B 上的熔丝 4；SB5—熔丝架 B 上的熔丝 5；
SB6—熔丝架 B 上的熔丝 6；SB7—熔丝架 B 上的熔丝 7；
SB8—熔丝架 B 上的熔丝 8；SB9—熔丝架 B 上的熔丝 9；
SB10—熔丝架 B 上的熔丝 10；SB22—熔丝架 B 上的熔丝 22；
*—截面积视装备而定

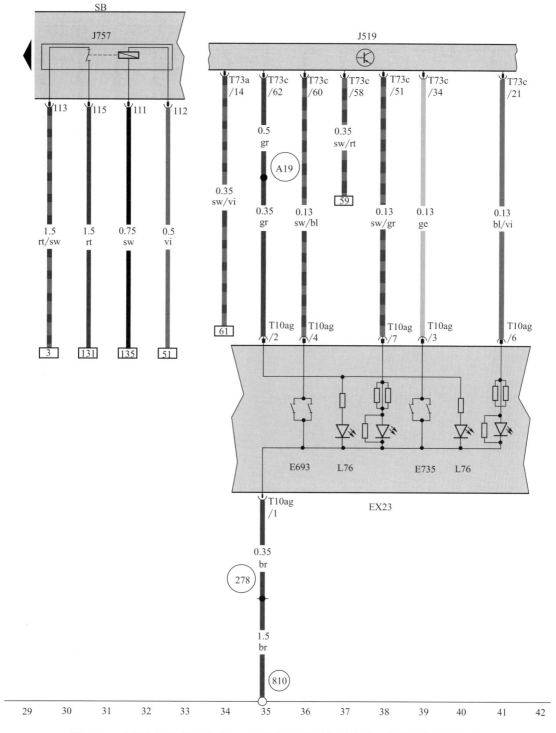

图 6-41 中控台开关控制单元 1、启动/停止控制单元按钮、驾驶风格选择按钮、
车载电网控制单元、发动机部件供电继电器、熔丝架 SB

EX23—中控台开关模块 1；E693—启动/停止模式按钮；E735—驾驶风格选择按钮；J519—车载电网控制单元；
J757—发动机部件供电继电器；L76—按钮照明灯泡；SB—熔丝架 B；T10ag—10 芯插头连接，黑色；
T73a—73 芯插头连接，黑色；T73c—73 芯插头连接，黑色；278—接地连接 4，在车内导线束中；
810—中部仪表板左侧中央管处的接地点；A19—连接（58d），在仪表板导线束中

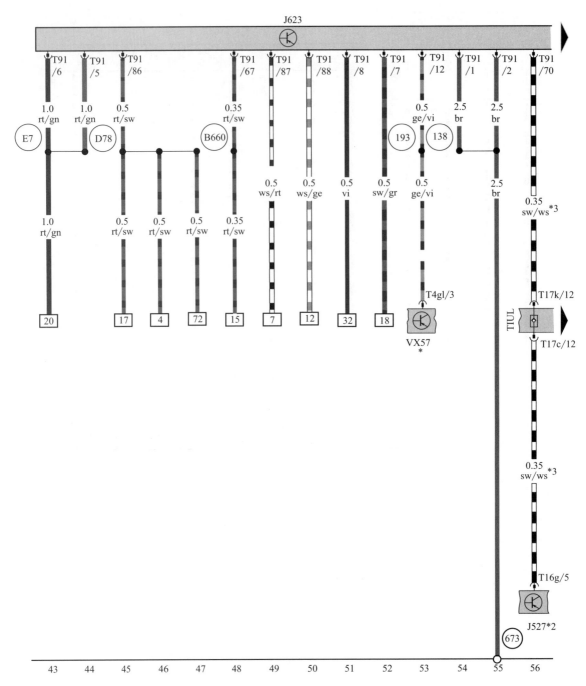

图 6-42　转向柱电子装置控制单元、发动机控制单元、散热器风扇

J527—转向柱电子装置控制单元；J623—发动机控制单元；T4gl—4 芯插头连接，黑色；T16g—16 芯插头连接，黑色；T17c—17 芯插头连接，蓝色；T17k—17 芯插头连接，黑色；T91—91 芯插头连接，黑色；TIUL—车内的下部左侧连接位置；VX57—散热器风扇；138—接地连接（控制单元），在 Motronic 导线束中；193—接地连接 1，在散热器风扇导线束中；673—左前纵梁上的接地点 3；B660—连接（接线端 50 诊断），在主导线束中；D78—正极连接 1（30a），在发动机舱导线束中；E7—连接（87a）在 Motronic 导线束中；*—已预先布线的部件；
*2—见适用的电路图；*3—用于带定速巡航装置（GRA）的汽车

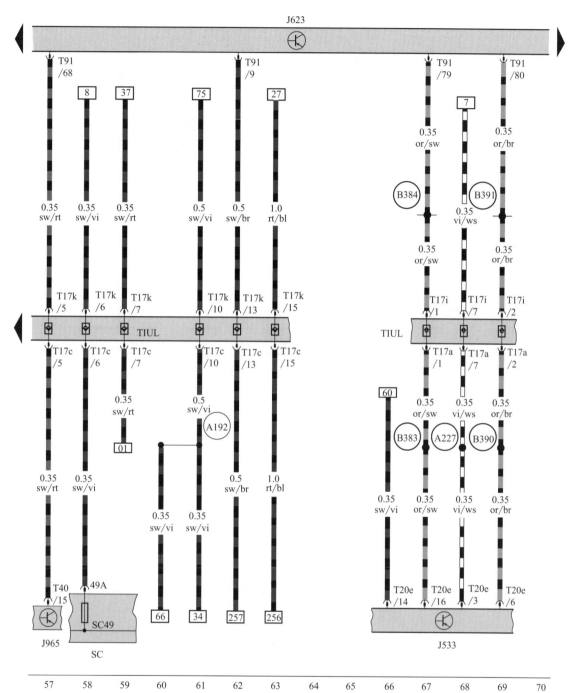

图 6-43 数据总线诊断接口、发动机控制单元、进入及启动系统接口、熔丝架 SC

J533—数据总线诊断接口；J623—发动机控制单元；J965—进入及启动系统接口；SC—熔丝架 C；
SC49—熔丝架 C 上的熔丝 49；T17a—17 芯插头连接，棕色；T17c—17 芯插头连接，蓝色；T17i—17 芯插头
连接，棕色；T17k—17 芯插头连接，蓝色；T20e—20 芯插头连接，红色；T40—40 芯插头连接，灰色；
T91—91 芯插头连接，黑色；TIUL—车内的下部左侧连接位置；A192—正极连接 3（15a），在仪表板
导线束中；A227—连接 2（LIN 总线），在仪表板导线束中；B383—连接 1（驱动 CAN-H），在主导线束中；
B384—连接 2（驱动 CAN-H），在主导线束中；B390—连接 1（驱动 CAN-L），在主导线束中；
B391—连接 2（驱动 CAN-L），在主导线束中

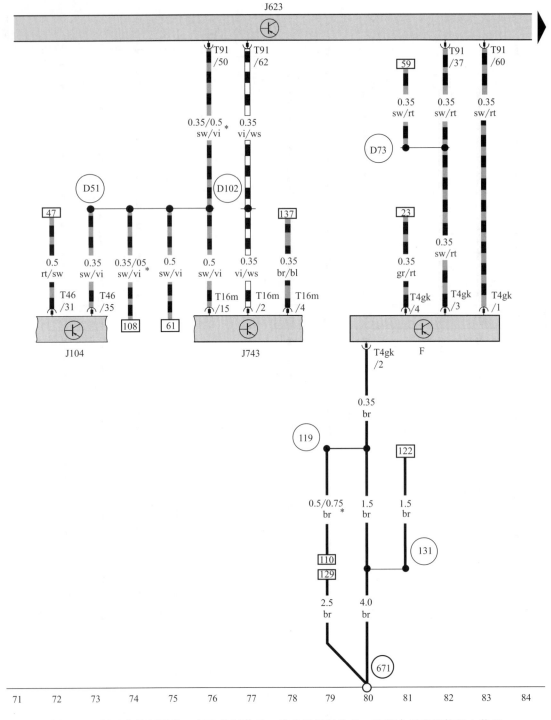

图 6-44 制动信号灯开关、ABS 控制单元、发动机控制单元、双离合器变速箱机电装置

F—制动信号灯开关；J104—ABS 控制单元；J623—发动机控制单元；J743—双离合器变速箱机电装置；T4gk—4 芯插头连接，黑色；T16m—16 芯插头连接；T46—46 芯插头连接，黑色；T91—91 芯插头连接，黑色；119—接地连接 1，在大灯导线束中；131—接地连接 2，在发动机舱导线束中；671—左前纵梁上的接地点 1；D51—正极连接 1 (15)，在发动机舱导线束中；D73—正极连接 (54)，在发动机舱导线束中；D102—连接 2，在发动机舱导线束中；*—截面积视装备而定

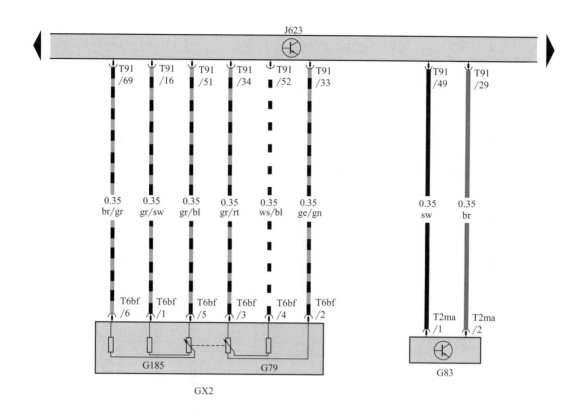

图 6-45 油门踏板控制单元、散热器出口处的冷却液温度传感器、发动机控制单元
GX2—油门踏板模块；G79—油门踏板位置传感器；
G83—散热器出口处的冷却液温度传感器；
G185—油门踏板位置传感器 2；J623—发动机控制单元；
T2ma—2 芯插头连接，黑色；T6bf—6 芯插头连接，黑色；
T91—91 芯插头连接，黑色

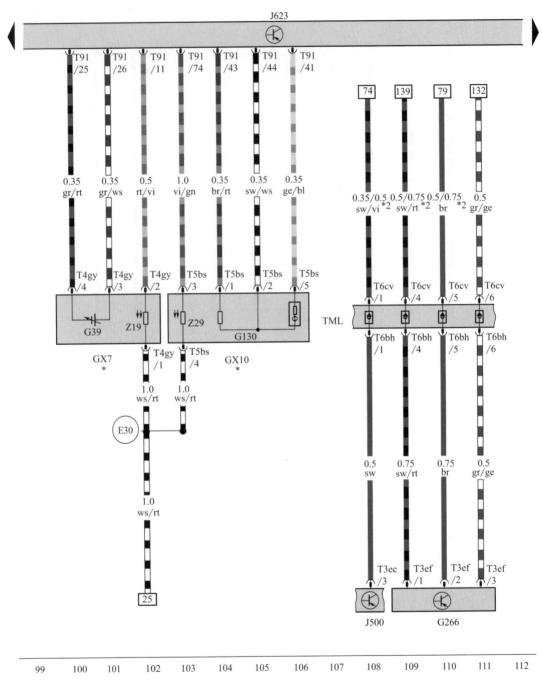

图 6-46 尾气催化净化器后的氧传感器 1、尾气催化净化器前的氧传感器 1、
机油油位和机油温度传感器、助力转向控制单元、发动机控制单元

GX7—尾气催化净化器后的氧传感器 1；GX10—尾气催化净化器前的氧传感器 1；G39—氧传感器；G130—尾气催化净化器后的氧传感器；G266—机油油位和机油温度传感器；J500—助力转向控制单元；J623—发动机控制单元；T3ec—3 芯插头连接，黑色；T3ef—3 芯插头连接，黑色；T4gy—4 芯插头连接，黑色；T5bs—5 芯插头连接，黑色；T6bh—6 芯插头连接，黑色；T6cv—6 芯插头连接，黑色；T91—91 芯插头连接，黑色；TML—发动机舱内左侧连接位置；Z19—氧传感器加热；Z29—尾气催化净化器后的氧传感器 1 加热装置；E30—连接（87a），在发动机导线束中；*—已预先布线的部件；*2—截面积视装备而定

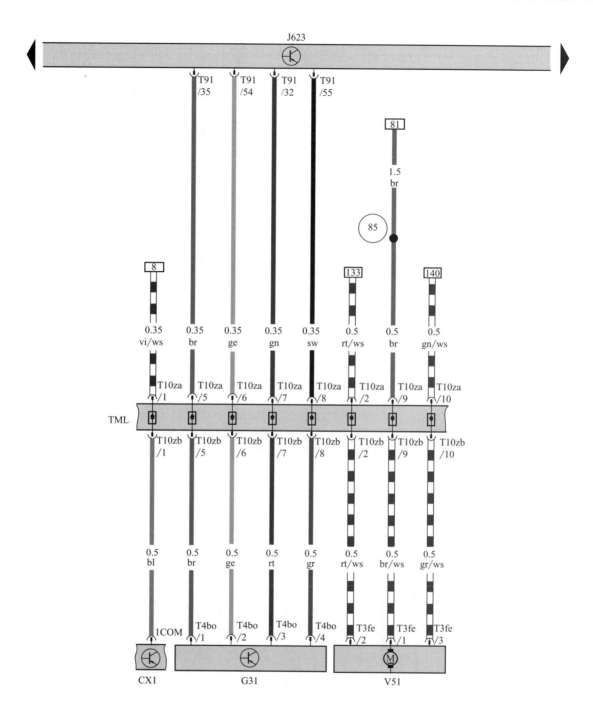

图6-47 带电压调节器的交流发电机、增压压力传感器、发动机控制单元、冷却液继续补给泵
CX1—带电压调节器的交流发电机；G31—增压压力传感器；J623—发动机控制单元；T3fe—3芯插头连接；
T4bo—4芯插头连接，黑色；T10za—10芯插头连接；T10zb—10芯插头连接；T91—91芯插头连接，黑色；
TML—发动机舱内左侧连接位置；V51—冷却液继续补给泵；85—接地连接1，在发动机舱导线束中

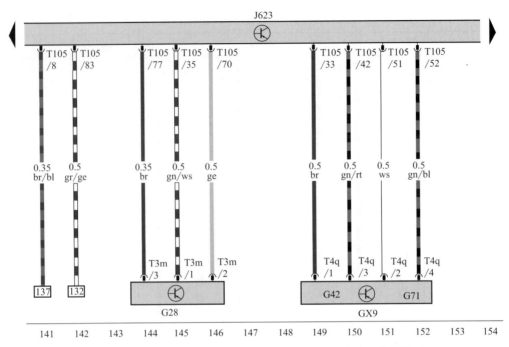

图 6-48 进气歧管传感器、发动机转速传感器、发动机控制单元

GX9—进气歧管传感器；G28—发动机转速传感器；G42—进气温度传感器；G71—进气歧管压力传感器；J623—发动机控制单元；T3m—3 芯插头连接，棕色；T4q—4 芯插头连接，黑色；T105—105 芯插头连接，黑色

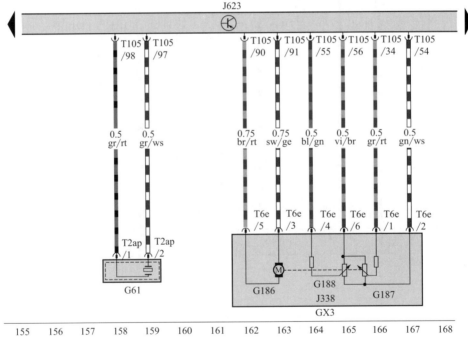

图 6-49 节气门控制单元、爆震传感器 1、发动机控制单元

GX3—节气门控制单元；G61—爆震传感器 1；G186—电控油门操纵机构的节气门驱动装置；G187—电控油门操纵机构的节气门驱动装置角度传感器 1；G188—电控油门操纵机构的节气门驱动装置角度传感器 2；J338—节气门控制单元；J623—发动机控制单元；T2ap—2 芯插头连接，黄色；T6e—6 芯插头连接，黑色；T105—105 芯插头连接，黑色

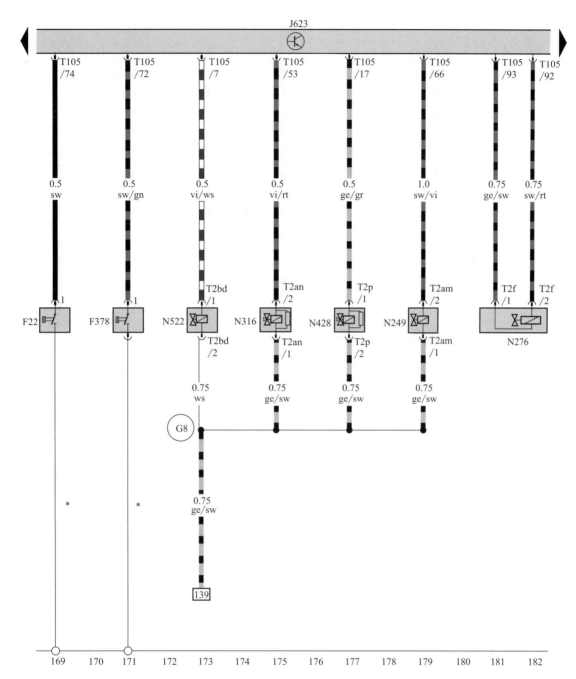

图 6-50　机油压力开关、机油压力降低开关、发动机控制单元、涡轮增压器循环空气阀、
燃油压力调节阀、进气歧管风门阀门、机油压力调节阀、活塞冷却喷嘴控制阀

F22—机油压力开关；F378—机油压力降低开关；J623—发动机控制单元；
N249—涡轮增压器循环空气阀；N276—燃油压力调节阀；
N316—进气歧管风门阀门；N428—机油压力调节阀；
N522—活塞冷却喷嘴控制阀；T2am,T2an,T2bd,T2f,T2p—2芯插头连接，黑色；
T105—105芯插头连接，黑色；G8—正极连接（泵-喷嘴-系统阀门），
在发动机预接线导线束中；*—通过外壳接地

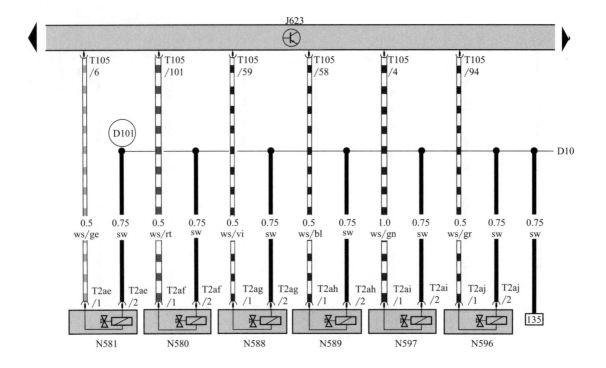

图 6-51 发动机控制单元、气缸 1 的排气凸轮调节器 A 和 B、气缸 2 的排气凸轮调节器 A 和 B、气缸 3 的排气凸轮调节器 A 和 B

J623—发动机控制单元；N580—气缸 1 的排气凸轮调节器 A；
N581—气缸 1 的排气凸轮调节器 B；N588—气缸 2 的排气凸轮调节器 A；
N589—气缸 2 的排气凸轮调节器 B；N596—气缸 3 的排气凸轮调节器 A；
N597—气缸 3 的排气凸轮调节器 B；T2ae，T2ag，T2ai—2 芯插头连接，黄色；
T2af，T2ah，T2aj—2 芯插头连接，黑色；T105—105 芯插头连接，黑色；
D101—连接 1，在发动机舱导线束中

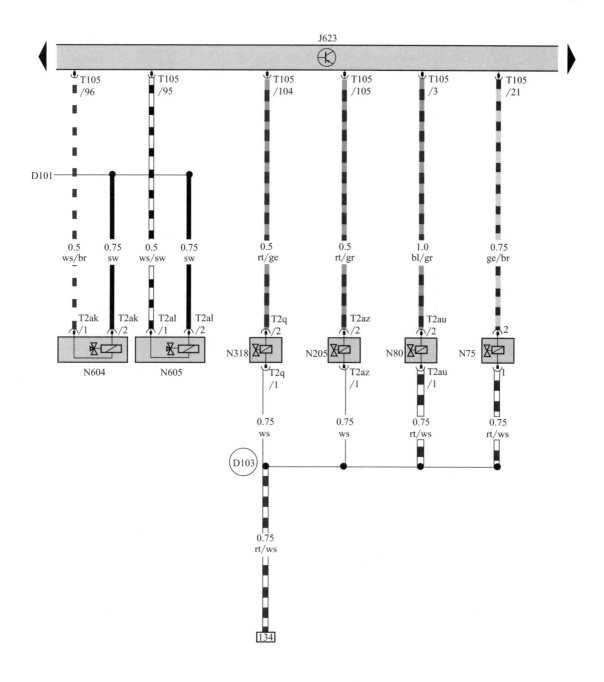

图 6-52 发动机控制单元、活性炭罐电磁阀 1、凸轮轴调节阀 1、排气凸轮轴
调节阀 1、气缸 4 的排气凸轮调节器 A 和 B

J623—发动机控制单元；N75—增压压力限制电磁阀；N80—活性炭罐电磁阀 1；N205—凸轮轴调节阀 1；
N318—排气凸轮轴调节阀 1；N604—气缸 4 的排气凸轮调节器 A；N605—气缸 4 的排气凸轮调节器 B；
T2ak,T2al,T2au—2 芯插头连接，黄色；T2az,T2q—2 芯插头连接，黑色；T105—105 芯插头连接，黑色；
D101—连接 1，在发动机舱导线束中；D103—连接 3，在发动机舱导线束中

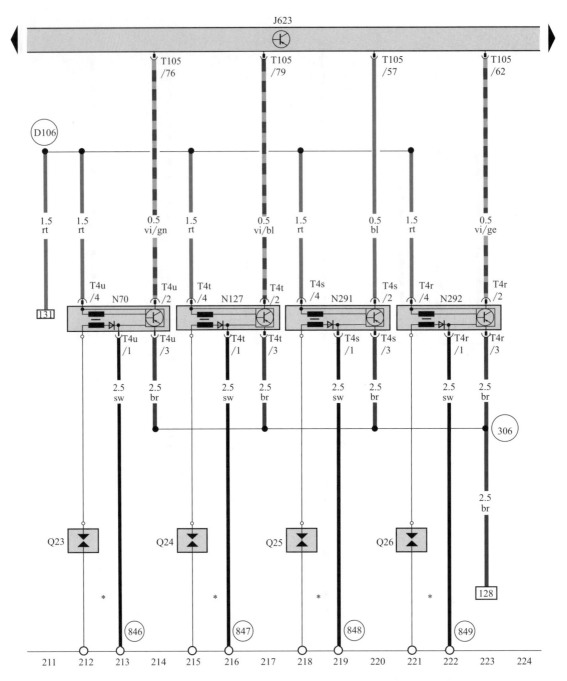

图 6-53 发动机控制单元、带功率输出级的点火线圈 1～4、火花塞 1～4

J623—发动机控制单元；N70—带功率输出级的点火线圈 1；N127—带功率输出级的点火线圈 2；N291—带功率输出级的点火线圈 3；N292—带功率输出级的点火线圈 4；Q23—火花塞 1；Q24—火花塞 2；Q25—火花塞 3；Q26—火花塞 4；T4r,T4s,T4t,T4u—4 芯插头连接，黑色；T105—105 芯插头连接，黑色；306—接地连接（点火线圈），在发动机预接线导线束中；846—点火线圈 1 上的接地点；847—点火线圈 2 上的接地点；848—点火线圈 3 上的接地点；849—点火线圈 4 上的接地点；D106—连接 4，在发动机舱导线束中；*—通过外壳接地

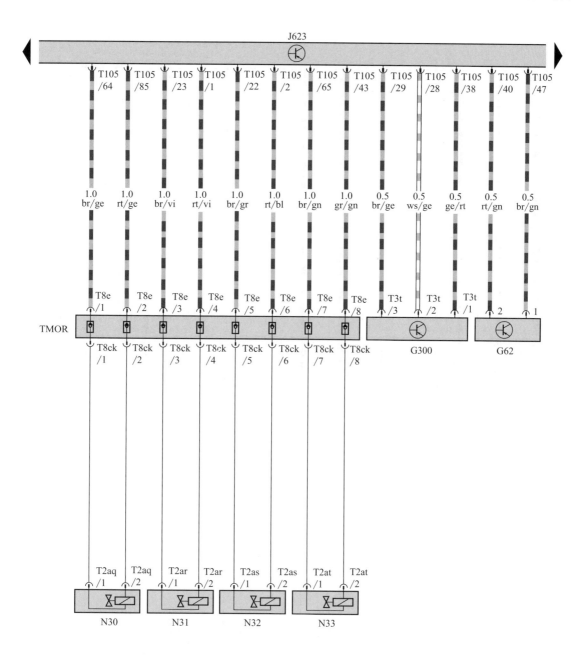

图 6-54 冷却液温度传感器、霍尔传感器 3、发动机控制单元、喷油器（嘴）1～4
G62—冷却液温度传感器；G300—霍尔传感器 3；J623—发动机控制单元；N30—气缸 1 喷油嘴；
N31—气缸 2 喷油嘴；N32—气缸 3 喷油嘴；N33—气缸 4 喷油嘴；
T2aq、T2ar、T2as、T2at—2 芯插头连接，黑色；
T3t—3 芯插头连接，黑色；T8ck、T8e—8 芯插头连接，黑色；
T105—105 芯插头连接，黑色；TMOR—发动机上的上部右侧连接位置

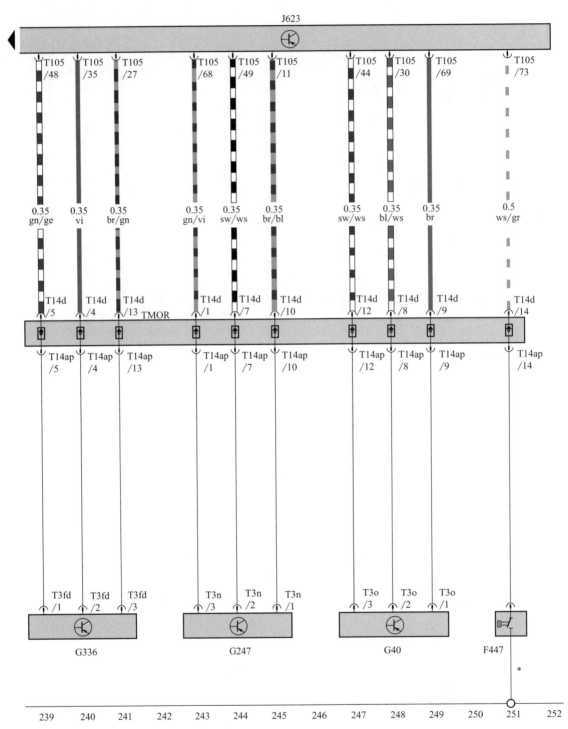

图6-55 机油压力开关(3挡)、霍尔传感器、燃油压力传感器、进气歧管风门电位计、发动机控制单元

F447—机油压力开关,3挡;G40—霍尔传感器;G247—燃油压力传感器;G336—进气歧管风门电位计;J623—发动机控制单元;T3fd,T3n,T3o—3芯插头连接,黑色;T14ap,T14d—14芯插头连接,黑色;T105—105芯插头连接,黑色;TMOR—发动机上的上部右侧连接位置;*—通过外壳接地

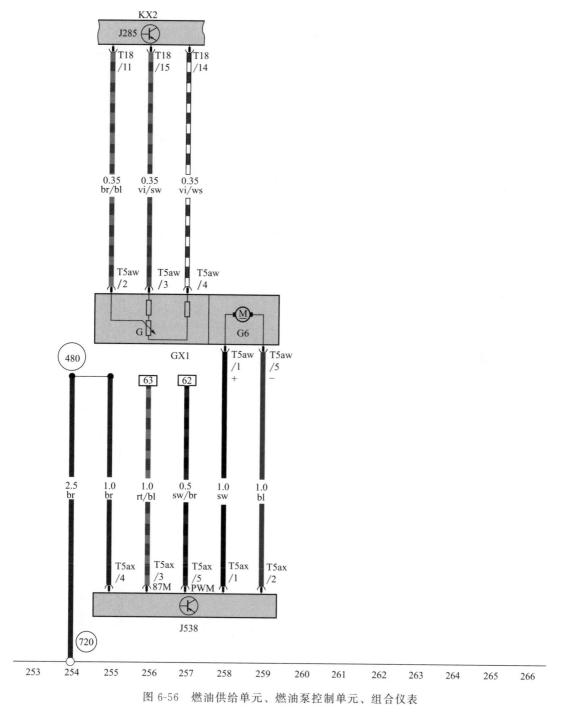

图 6-56 燃油供给单元、燃油泵控制单元、组合仪表

G—燃油表传感器；GX1—燃油供给单元；G6—预供给燃油泵；J285—组合仪表中的控制单元；J538—燃油泵控制单元；KX2—组合仪表；T5aw,T5ax—5 芯插头连接，黑色；T18—18 芯插头连接，黑色；480—接地连接，在油箱导线束中；720—在右侧 B 柱上的接地点

二、2.0L 发动机（CUGA）车型电路图

2.0L 发动机（CUGA）车型电路图如图 6-57～图 6-77 所示，电路图中导线颜色与 1.8L

发动机相同。

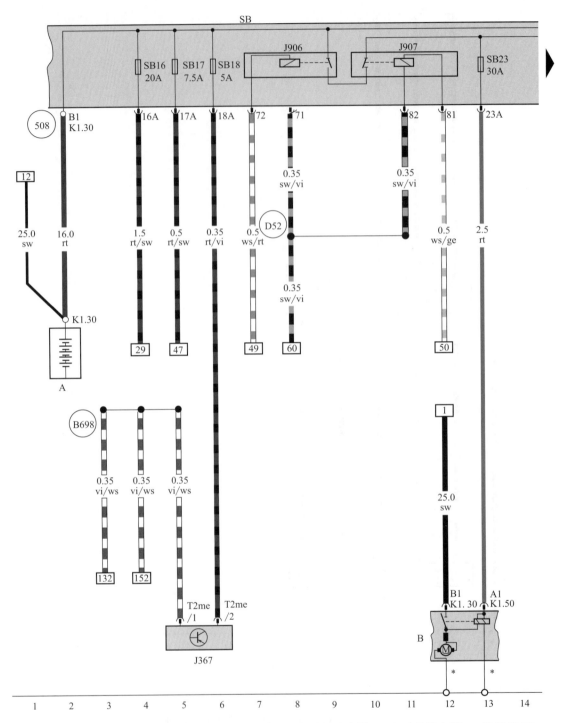

图 6-57　蓄电池、起动机、蓄电池监控控制单元、起动机继电器 1、起动机继电器 2、熔丝架 SB

A—蓄电池；B—起动机；J367—蓄电池监控控制单元；J906—起动机继电器 1；J907—起动机继电器 2；SB—熔丝架 B；SB16—熔丝架 B 上的熔丝 16；SB17—熔丝架 B 上的熔丝 17；SB18—熔丝架 B 上的熔丝 18；SB23—熔丝架 B 上的熔丝 23；T2me—2 芯插头连接，黑色；508—螺栓连接（30），在电控箱上；B698—连接 3（LIN 总线），在主导线束中；D52—正极连接（15a），在发动机舱导线束中；*—通过外壳接地

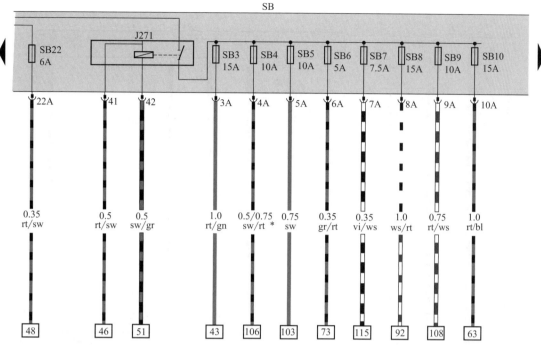

图 6-58 主继电器、熔丝架 SB

J271—主继电器；SB—熔丝架 B；SB3—熔丝架 B 上的熔丝 3；SB4—熔丝架 B 上的熔丝 4；
SB5—熔丝架 B 上的熔丝 5；SB6—熔丝架 B 上的熔丝 6；SB7—熔丝架 B 上的熔丝 7；
SB8—熔丝架 B 上的熔丝 8；SB9—熔丝架 B 上的熔丝 9；SB10—熔丝架 B 上的熔丝 10；
SB22—熔丝架 B 上的熔丝 22；*—截面积视装备而定

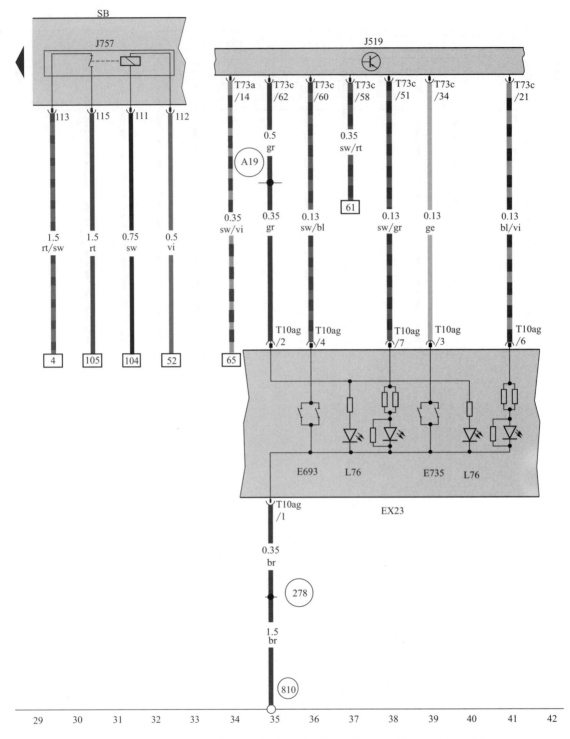

图 6-59 中控台开关控制单元1、启动/停止控制单元按钮、驾驶风格选择按钮、
车载电网控制单元、发动机部件供电继电器、熔丝架 SB

EX23—中控台开关模块1；E693—启动/停止模式按钮；E735—驾驶风格选择按钮；J519—车载电网控制单元；
J757—发动机部件供电继电器；L76—按钮照明灯泡；SB—熔丝架 B；T10ag—10 芯插头连接，黑色；
T73a,T73c—73 芯插头连接，黑色；278—接地连接 4，在车内导线束中；810—中部仪表板
左侧中央管处的接地点；A19—连接（58d），在仪表板导线束中

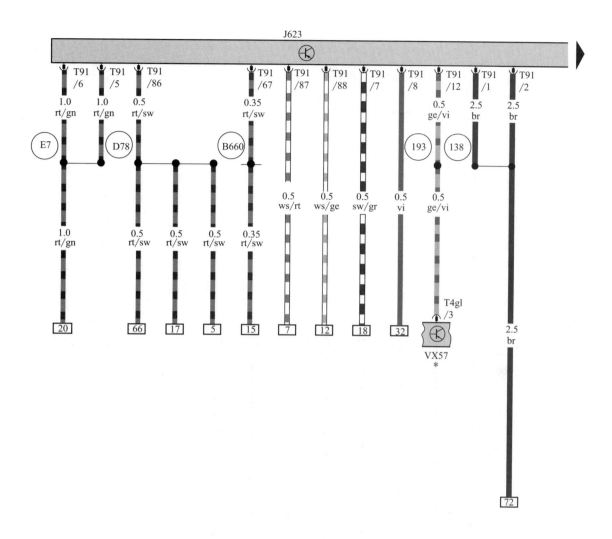

图 6-60 发动机控制单元、散热器风扇

J623—发动机控制单元；T4gl—4 芯插头连接，黑色；T91—91 芯插头连接，黑色；
VX57—散热器风扇；138—接地连接（控制单元），在 motronic 导线束中；
193—接地连接 1，在散热器风扇导线束中；B660—连接（接线端 50 诊断），
在主导线束中；D78—正极连接 1（30a），在发动机舱导线束中；
E7—连接（87a），在 motronic 导线束中；*—已预先布线的部件

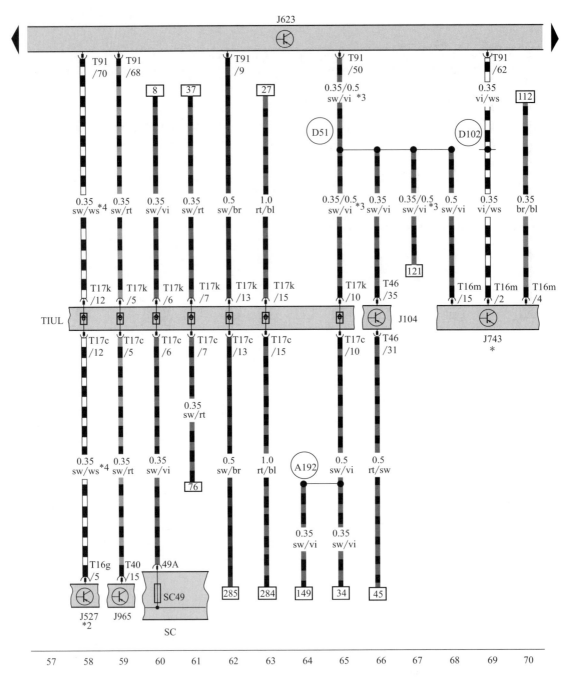

图6-61 ABS控制单元、转向柱电子装置控制单元、发动机控制单元、
双离合器变速箱机电装置、进入及启动系统接口、熔丝架SC

J104—ABS控制单元；J527—转向柱电子装置控制单元；J623—发动机控制单元；J743—双离合器变速箱机电装置；J965—进入及启动系统接口；SC—熔丝架C；SC49—熔丝架C上的熔丝49；T16g,T17c,T17k—17芯插头连接，蓝色；T40—40芯插头连接，灰色；T46—46芯插头连接，黑色；T91—91芯插头连接，黑色；TIUL—车内的下部左侧连接位置；A192—正极连接3（15a），在仪表板导线束中；D51—正极连接1（15），在发动机舱导线束中；D102—连接2，在发动机舱导线束中；*—见双离合器变速箱的适用电路图；*2—见适用的电路图；*3—截面积视装备而定；*4—用于带定速巡航装置（GRA）的汽车

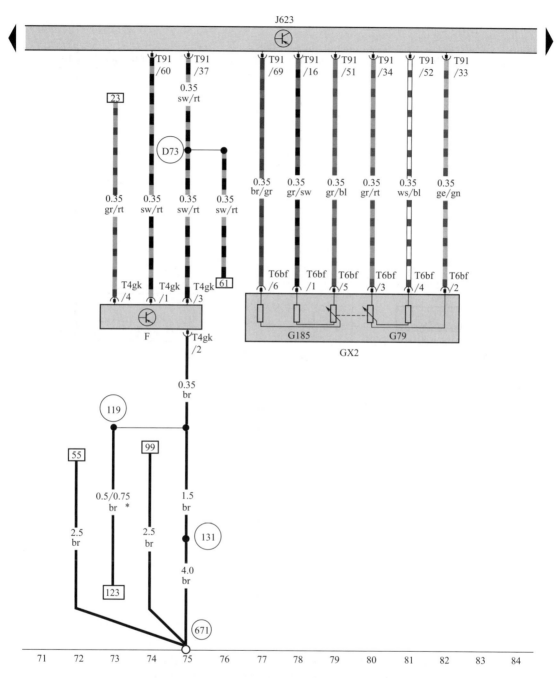

图 6-62 制动信号灯开关、油门踏板控制单元、发动机控制单元

F—制动信号灯开关；GX2—油门踏板模块；G79—油门踏板位置传感器；
G185—油门踏板位置传感器 2；J623—发动机控制单元；T4gk—4 芯插头连接，黑色；
T6bf—6 芯插头连接，黑色；T91—91 芯插头连接，黑色；
119—接地连接 1，在大灯导线束中；131—接地连接 2，
在发动机舱导线束中；671—左前纵梁上的接地点 1；
D73—正极连接（54），在发动机舱导线束中；*—截面积视装备而定

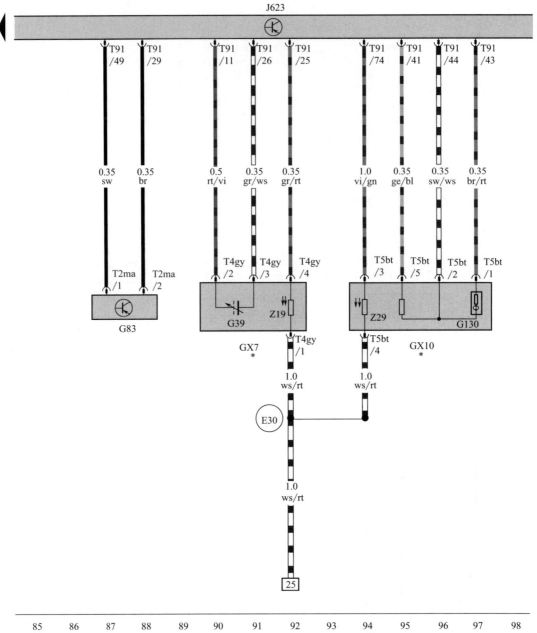

图 6-63 尾气催化净化器后的氧传感器 1、尾气催化净化器前的氧传感器 1、
散热器出口处的冷却液温度传感器、发动机控制单元

GX7—尾气催化净化器后的氧传感器 1；GX10—尾气催化净化器前的氧传感器 1；
G39—氧传感器；G83—散热器出口处的冷却液温度传感器；
G130—尾气催化净化器后的氧传感器；
J623—发动机控制单元；T2ma—2 芯插头连接，黑色；
T4gy—4 芯插头连接，黑色；T5bt—5 芯插头连接，灰色；
T91—91 芯插头连接，黑色；Z19—氧传感器加热；
Z29—尾气催化净化器后的氧传感器 1 加热装置；
E30—连接（87a），在发动机导线束中；*—已预先布线的部件

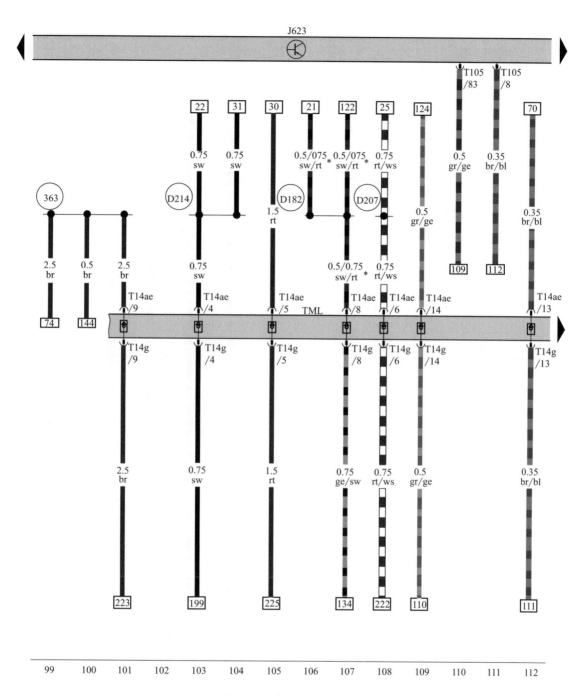

图 6-64 发动机控制单元

J623—发动机控制单元；T14ae—14 芯插头连接，黑色；T14g—14 芯插头连接，灰色；

T105—105 芯插头连接，黑色；TML—发动机舱内左侧连接位置；

363—接地连接 8，在发动机舱导线束中；

D182—连接 3（87a），在发动机舱导线束中；

D207—连接 7（87a），在发动机舱导线束中；

D214—连接 8（87a），在发动机舱导线束中；

*—截面积视装备而定

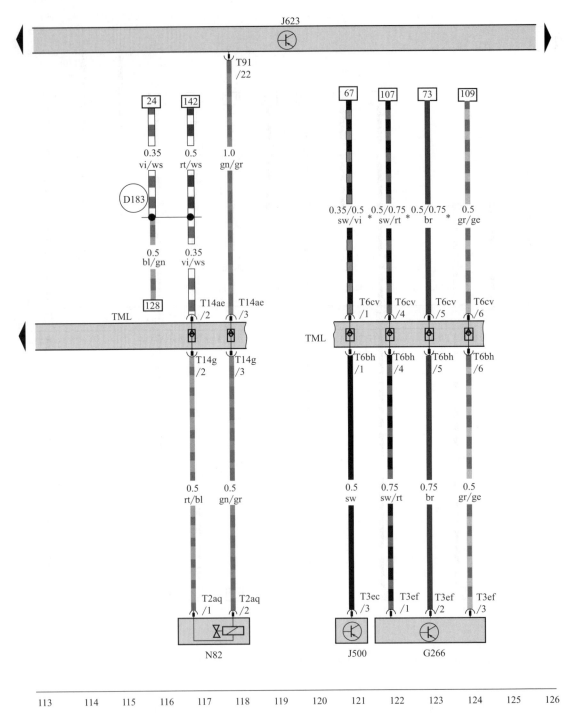

图 6-65 机油油位和机油温度传感器、助力转向控制单元、发动机控制单元、冷却液截止阀
G266—机油油位和机油温度传感器；J500—助力转向控制单元；J623—发动机控制单元；N82—冷却液截止阀；T2aq—2 芯插头连接，黑色；T3ec,T3ef—3 芯插头连接，黑色；T6bh—6 芯插头连接，黑色；T6cv—6 芯插头连接，灰色；T14ae—14 芯插头连接，黑色；T14g—14 芯插头连接，灰色；T91—91 芯插头连接，黑色；TML—发动机舱内左侧连接位置；D183—连接 4（87a），在发动机舱导线束中；*—截面积视装备而定

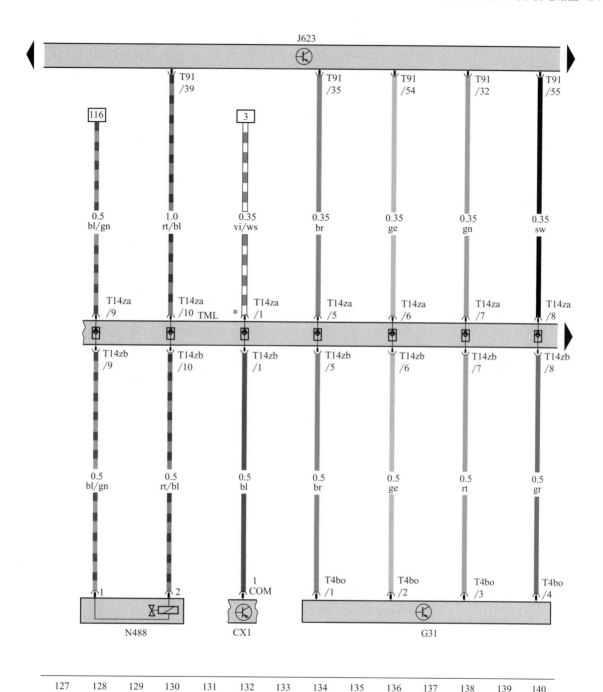

图 6-66 带电压调节器的交流发电机、增压压力传感器、发动机控制单元、变速箱冷却液阀

CX1—带电压调节器的交流发电机；G31—增压压力传感器；
J623—发动机控制单元；N488—变速箱冷却液阀；
T4bo—4 芯插头连接，黑色；T14za,T14zb—14 芯插头连接；
T91—91 芯插头连接，黑色；TML—发动机舱内左侧连接位置；
*—依汽车装备而定

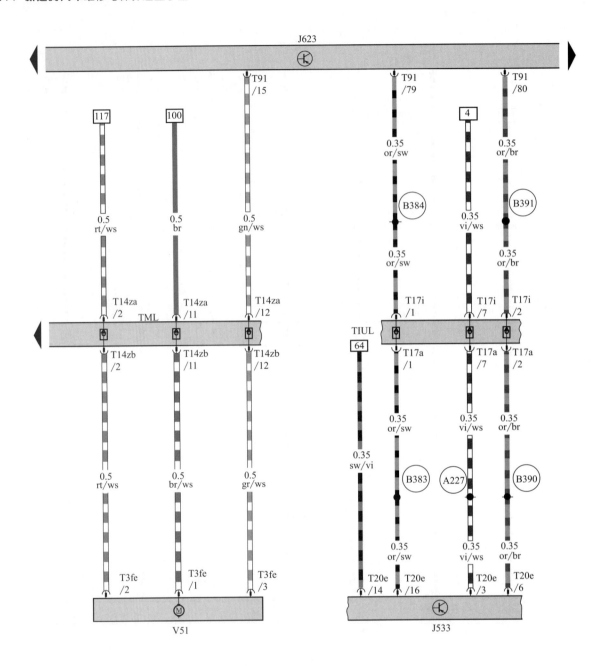

图 6-67　数据总线诊断接口、发动机控制单元、冷却液继续补给泵

J533—数据总线诊断接口；J623—发动机控制单元；T3fe—3 芯插头连接，黑色；T14za,T14zb—14 芯插头连接；T17a,T17i—17 芯插头连接，棕色；T20e—20 芯插头连接，红色；T91—91 芯插头连接，黑色；TIUL—车内的下部左侧连接位置；TML—发动机舱内左侧连接位置；V51—冷却液继续补给泵；A227—连接 2（LIN 总线），在仪表板导线束中；B383—连接 1（驱动 CAN-H），在主导线束中；B384—连接 2（驱动 CAN-H），在主导线束中；B390—连接 1（驱动 CAN-L），在主导线束中；B391—连接 2（驱动 CAN-L），在主导线束中

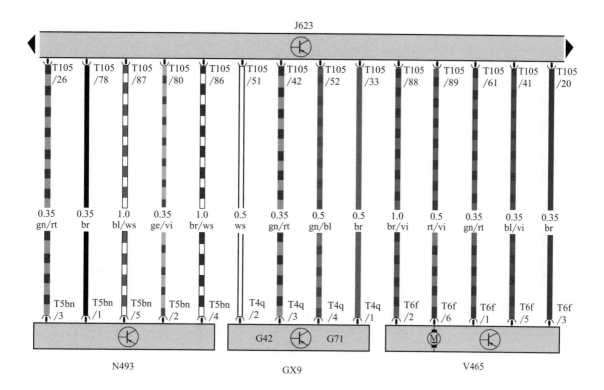

图 6-68 进气歧管传感器、发动机控制单元、发动机温度调节伺服元件、增压压力调节器

GX9—进气歧管传感器；G42—进气温度传感器；G71—进气歧管压力传感器；
J623—发动机控制单元；N493—发动机温度调节伺服元件；
T4q—4 芯插头连接，黑色；T5bn—5 芯插头连接，黑色；
T6f—6 芯插头连接，灰色；T105—105 芯插头连接，
黑色；V465—增压压力调节器

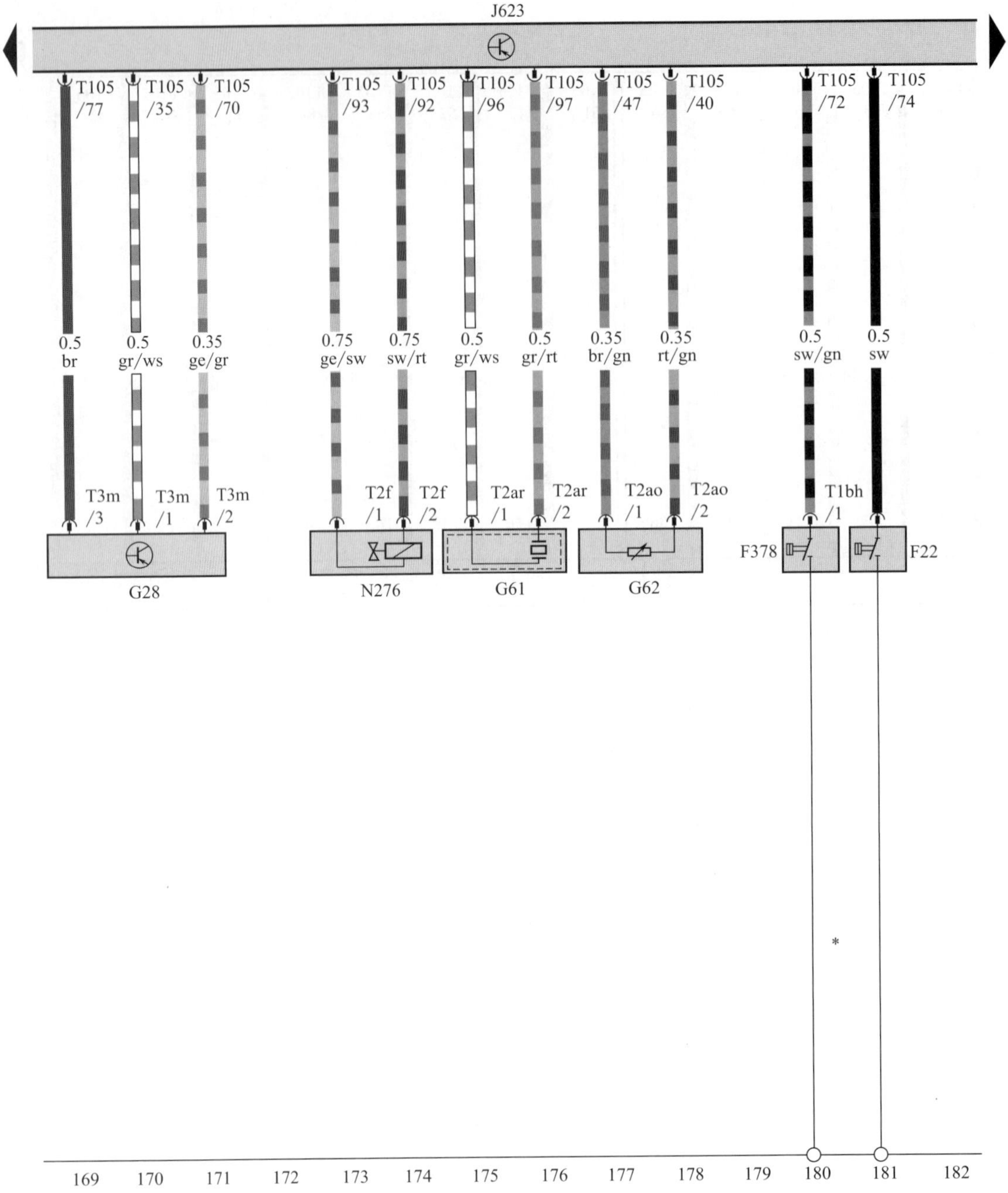

图 6-69 机油压力降低开关、发动机转速传感器、爆震传感器 1、
冷却液温度传感器、发动机控制单元、燃油压力调节阀
F22—机油压力开关；F378—机油压力降低开关；G28—发动机转速传感器；
G61—爆震传感器 1；G62—冷却液温度传感器；J623—发动机控制单元；
N276—燃油压力调节阀；T1bh—1 芯插头连接，黑色；T2ao,T2ar—2 芯插头连接，黄色；
T2f—2 芯插头连接，黑色；T3m—3 芯插头连接，棕色；
T105—105 芯插头连接，黑色；*—通过外壳接地

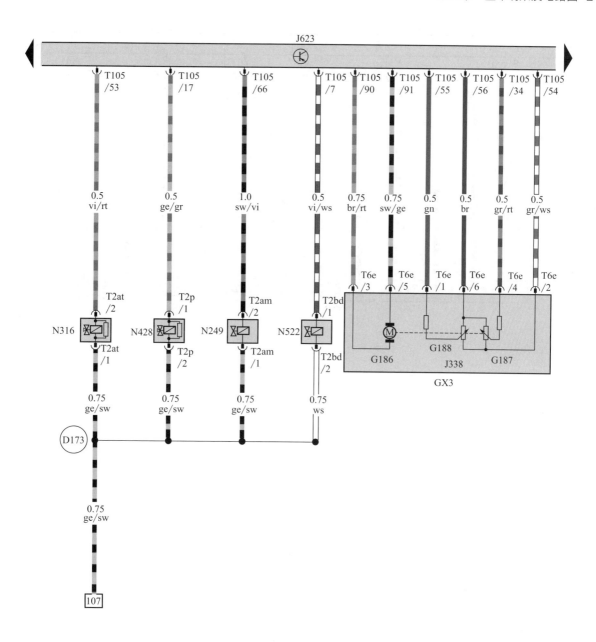

图 6-70 节气门控制单元、发动机控制单元、涡轮增压器循环空气阀、
进气歧管风门阀门、机油压力调节阀、活塞冷却喷嘴控制阀

GX3—节气门控制单元；G186—电控油门操纵机构的节气门驱动装置；G187—电控油门操纵机构的节气门驱动
装置角度传感器 1；G188—电控油门操纵机构的节气门驱动装置角度传感器 2；J338—节气门控制单元；
J623—发动机控制单元；N249—涡轮增压器循环空气阀；N316—进气歧管风门阀门；
N428—机油压力调节阀；N522—活塞冷却喷嘴控制阀；T2am、T2bd、T2p—2 芯插头连接，黑色；
T2at—2 芯插头连接，白色；T6e—6 芯插头连接，黑色；
T105—105 芯插头连接，黑色；D173—连接（87），在发动机前导线束中

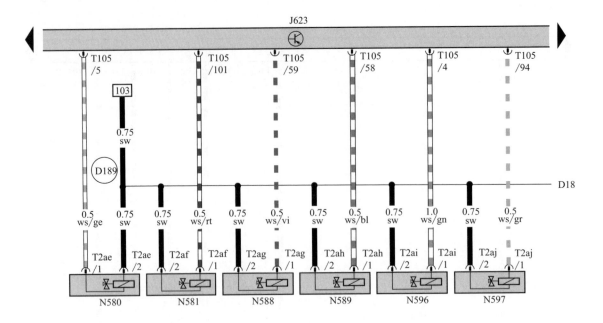

图 6-71　发动机控制单元、气缸 1 的排气凸轮调节器 A 和 B、气缸 2 的排气凸轮调节器
A 和 B、气缸 3 的排气凸轮调节器 A 和 B

J623—发动机控制单元；N580—气缸 1 的排气凸轮调节器 A；
N581—气缸 1 的排气凸轮调节器 B；N588—气缸 2 的排气凸轮调节器 A；
N589—气缸 2 的排气凸轮调节器 B；N596—气缸 3 的排气凸轮调节器 A；
N597—气缸 3 的排气凸轮调节器 B；T2ae,T2ag,T2ai—2 芯插头连接，黄色；
T2af,T2ah,T2aj—2 芯插头连接，黑色；
T105—105 芯插头连接，黑色；
D189—连接（87a），在发动机预接线导线束中

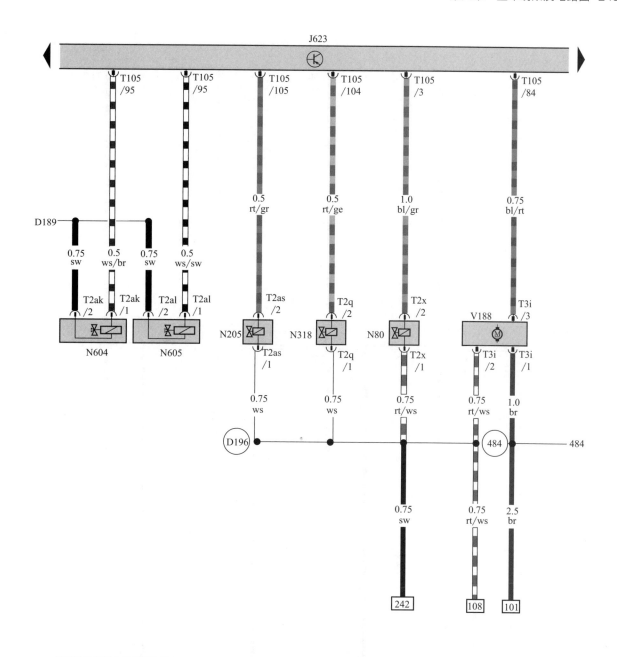

图 6-72 发动机控制单元、活性炭罐电磁阀 1、凸轮轴调节阀 1、排气凸轮轴调节阀 1、
气缸 4 的排气凸轮调节器 A 和 B、增压空气冷却泵

J623—发动机控制单元；N80—活性炭罐电磁阀 1；N205—凸轮轴调节阀 1；N318—排气凸轮轴调节阀 1；
N604—气缸 4 的排气凸轮调节器 A；N605—气缸 4 的排气凸轮调节器 B；T2ak，T2al，T2x—2 芯插头连接，黄色；
T2as，T2q—2 芯插头连接，黑色；T3i—3 芯插头连接，黑色；T105—105 芯插头连接，黑色；
V188—增压空气冷却泵；484—接地连接 2（点火线圈），在发动机预接线导线束中；D189—连接（87a），
在发动机预接线导线束中；D196—连接 2（87a），在发动机预接线导线束中

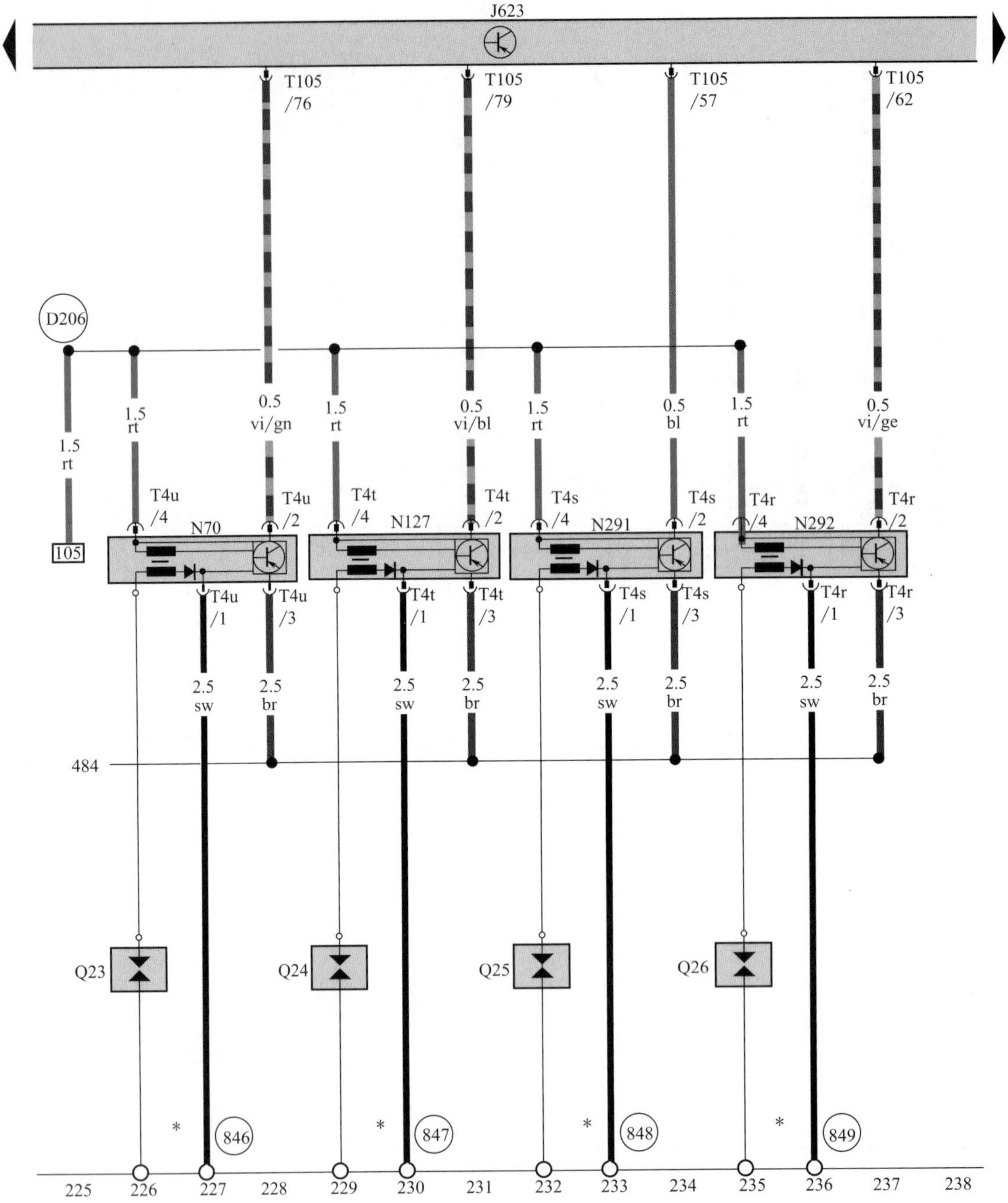

图 6-73 发动机控制单元、带功率输出级的点火线圈 1~4、火花塞 1~4

J623—发动机控制单元；N70—带功率输出级的点火线圈 1；N127—带功率输出级的点火线圈 2；
N291—带功率输出级的点火线圈 3；N292—带功率输出级的点火线圈 4；Q23—火花塞 1；
Q24—火花塞 2；Q25—火花塞 3；Q26—火花塞 4；T4r,T4s,T4t,T4u—4 芯插头连接，黑色；
T105—105 芯插头连接，黑色；484—接地连接 2（点火线圈），
在发动机预接线导线束中；846—点火线圈 1 上的接地点；847—点火线圈 2 上的接地点；
848—点火线圈 3 上的接地点；849—点火线圈 4 上的接地点；D206—连接 4（87a），
在发动机预接线导线束中；＊—通过外壳接地

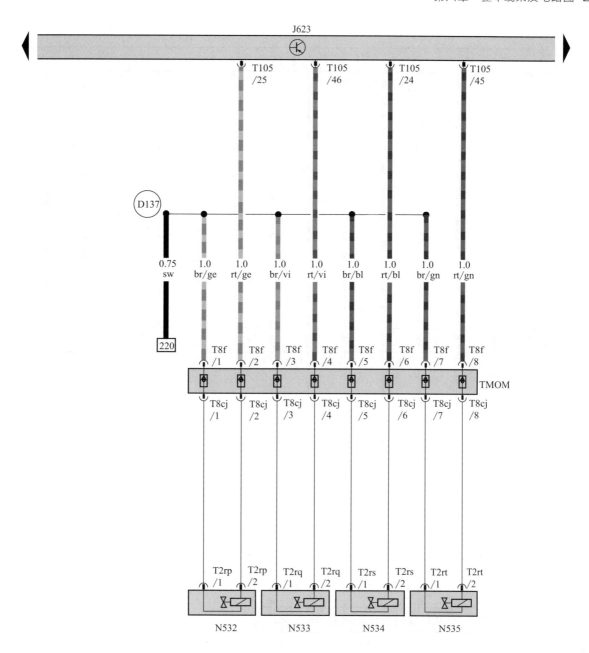

图 6-74 发动机控制单元、喷油器（嘴）1～4

J623—发动机控制单元；N532—气缸 1 喷油嘴 2；N533—气缸 2 喷油嘴 2；
N534—气缸 3 喷油嘴 2；N535—气缸 4 喷油嘴 2；
T2rp,T2rq,T2rs,T2rt—2 芯插头连接，黑色；T8cj,T8f—8 芯插头连接，黑色；
T105—105 芯插头连接，黑色；TMOM—发动机上的上部中连接位置；
D137—连接 2（喷油嘴），在发动机舱导线束中

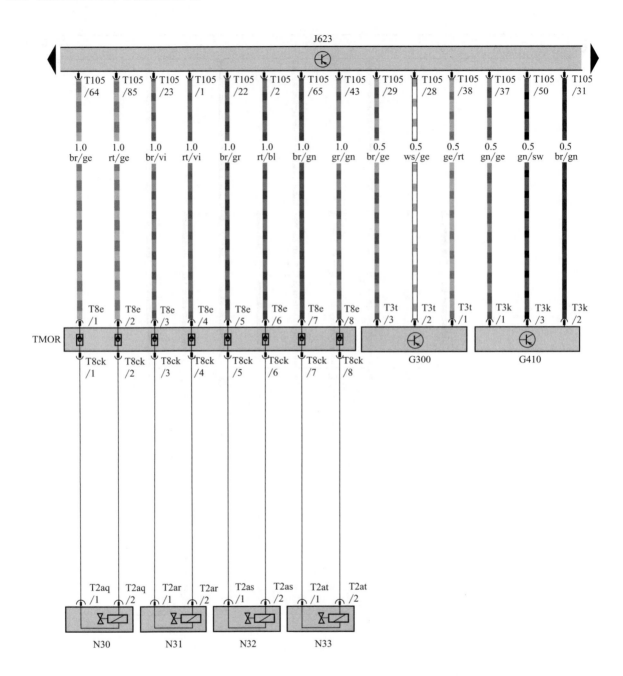

图 6-75 霍尔传感器 3、低压燃油压力传感器、发动机控制单元、喷油器（嘴）1~4
G300—霍尔传感器 3；G410—低压燃油压力传感器；J623—发动机控制单元；
N30—气缸 1 喷油嘴；N31—气缸 2 喷油嘴；
N32—气缸 3 喷油嘴；N33—气缸 4 喷油嘴；T2aq,T2ar,T2as,T2at—2 芯插头连接，黑色；
T3k—3 芯插头连接，蓝色；T3t—3 芯插头连接，黑色；T8ck,T8e—8 芯插头连接，黑色；
T105—105 芯插头连接，黑色；TMOR—发动机上的上部右侧连接位置

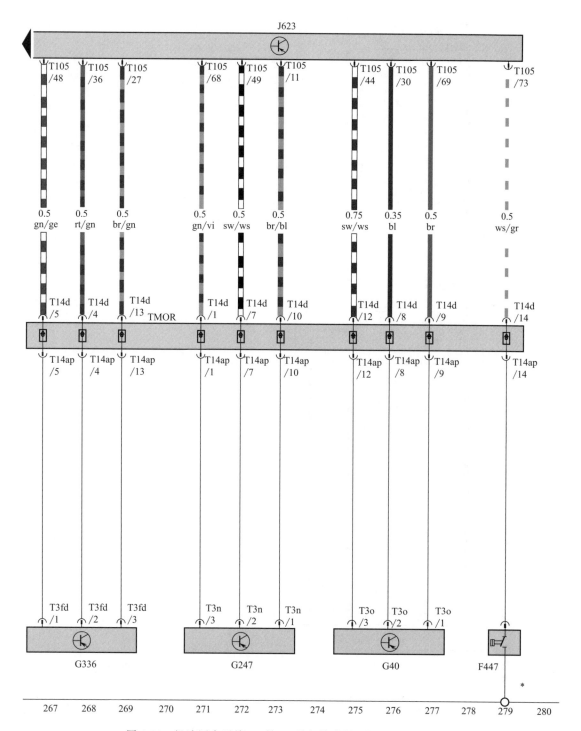

图 6-76 机油压力开关（3 挡）、霍尔传感器、燃油压力传感器、进气歧管风门电位计、发动机控制单元

F447—机油压力开关，3 挡；G40—霍尔传感器；G247—燃油压力传感器；G336—进气歧管风门电位计；J623—发动机控制单元；T3fd,T3n,T3o—3 芯插头连接，黑色；T14ap,T14d—14 芯插头连接，黑色；T105—105 芯插头连接，黑色；TMOR—发动机上的上部右侧连接位置；＊—通过外壳接地

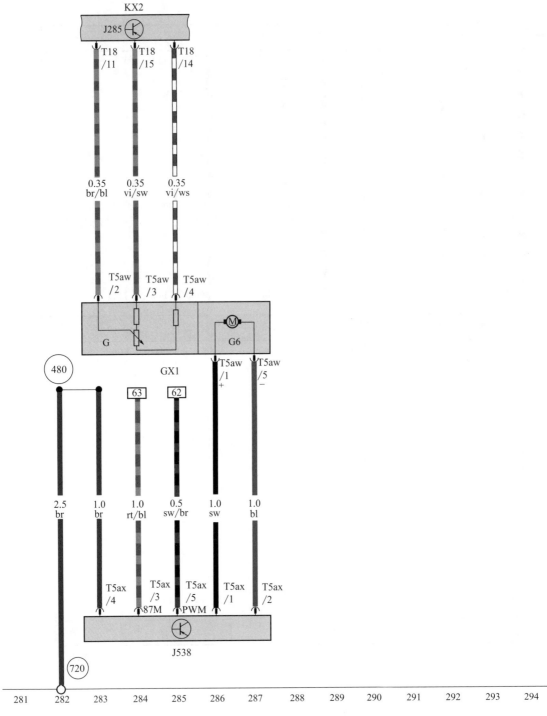

图 6-77　燃油供给单元、燃油泵控制单元、组合仪表
G—燃油表传感器；GX1—燃油供给单元；G6—预供给燃油泵；
J285—组合仪表中的控制单元；J538—燃油泵控制单元；
KX2—组合仪表；T5aw,T5ax—5 芯插头连接，黑色；
T18—18 芯插头连接，黑色；480—接地连接，
在油箱导线束中；720—在右侧 B 柱上的接地点

三、LED 大灯电路图

LED 大灯电路图如图 6-78～图 6-81 所示。

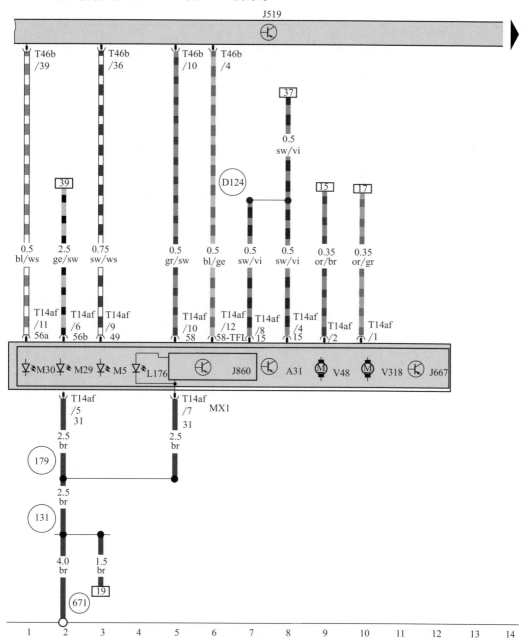

图 6-78 左侧 LED 大灯控制单元化电源、车载电网控制单元、左侧大灯电源控制单元、
左侧日间行车灯和驻车示宽灯控制单元、日间行车灯和驻车示宽灯左侧光电管模体、左前大灯、
左前转向信号灯灯泡、左侧近光灯灯泡、左侧远光灯灯泡、左侧大灯照明距离
调节伺服电动机、左侧动态弯道灯伺服电动机

A31—左侧 LED 大灯模块化电源；J519—车载电网控制单元；J667—左侧大灯电源模块；J860—左侧日间行车灯和驻车示宽灯控制单元；L176—日间行车灯和驻车示宽灯左侧光电管模体；MX1—左前大灯；M5—左前转向信号灯灯泡；M29—左侧近光灯灯泡；M30—左侧远光灯灯泡；T14af—14 芯插头连接，黑色；T46b—46 芯插头连接，黑色；V48—左侧大灯照明距离调节伺服电动机；V318—左侧动态弯道灯伺服电动机；131—接地连接 2，在发动机舱导线束中；179—接地连接，在左侧大灯导线束中；671—左前纵梁上的接地点；D124—连接 22，在发动机舱导线束中

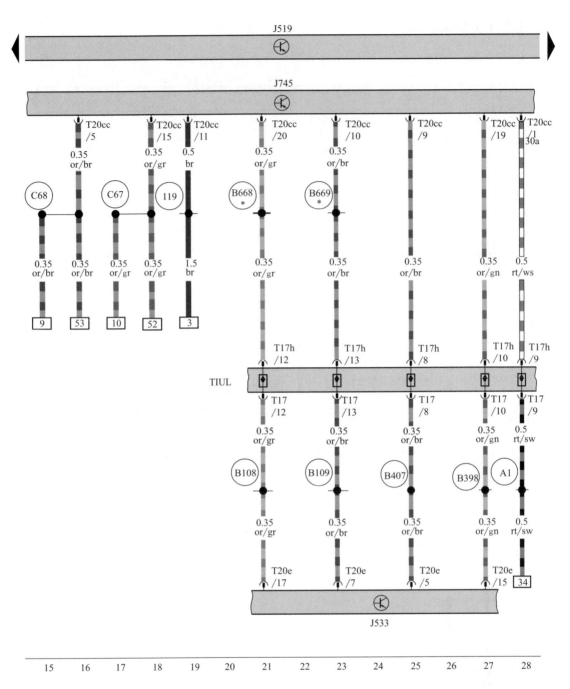

图 6-79 车载电网控制单元、数据总线诊断接口、弯道灯和大灯照明距离调节控制单元

J519—车载电网控制单元；J533—数据总线诊断接口；J745—弯道灯和大灯照明距离调节控制单元；T17,T17h—17芯插头连接，黑色；T20cc—20芯插头连接，红色；T20e—20芯插头连接，红色；TIUL—车内的下部左侧连接位置；119—接地连接，在大灯导线束中；A1—正极连接（30a），在仪表板导线束中；B108—连接1（扩展CAN-H），在主导线束中；B109—连接1（扩展CAN-L），在主导线束中；B398—连接2（舒适CAN-H），在主导线束中；B407—连接2（舒适CAN-L），在主导线束中；B668—连接2（扩展CAN-H），在主导线束中；B669—连接2（扩展CAN-L），在主导线束中；C67—连接（CAN-H），在大灯导线束中；C68—连接（CAN-L），在大灯导线束中；*—依汽车装备而定

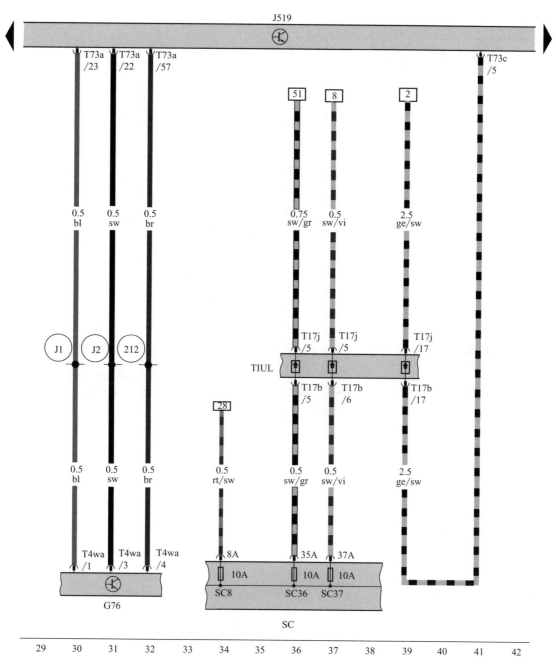

图 6-80 左后汽车高度传感器、车载电网控制单元、熔丝架 SC

G76—左后汽车高度传感器；J519—车载电网控制单元；SC—熔丝架 C；

SC8—熔丝架 C 上的熔丝 8；SC36—熔丝架 C 上的熔丝 36；

SC37—熔丝架 C 上的熔丝 37；T4wa—4 芯插头连接，黑色；

T17b,T17j—17 芯插头连接，红色；T73a,T73c—73 芯插头连接，黑色；

TIUL—车内的下部左侧连接位置；

212—接地连接 2，在 ABS 导线束中；

J1—正极连接（30），在 ABS 导线束中；

J2—正极连接（15），在 ABS 导线束中

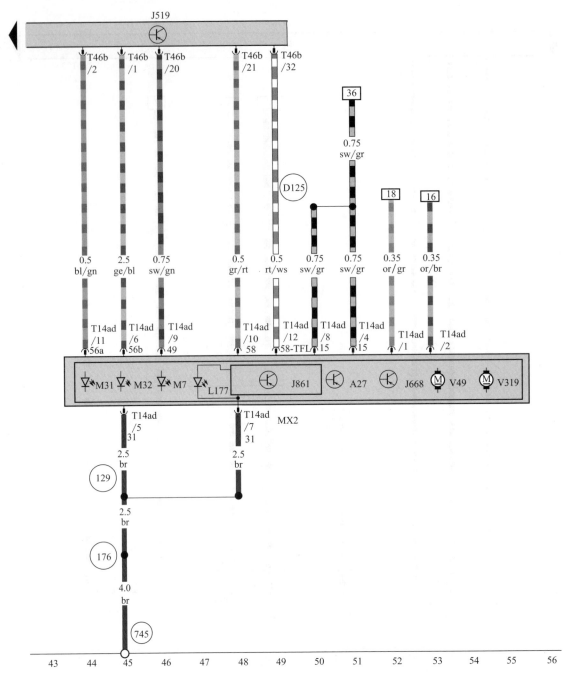

图 6-81 右侧 LED 大灯控制单元化电源、车载电网控制单元、右侧大灯电源控制单元、
右侧日间行车灯和驻车示宽灯控制单元、日间行车灯和驻车示宽灯右侧光电管模体、右前大灯、
右前转向信号灯灯泡、右侧近光灯灯泡、右侧远光灯灯泡、右侧大灯照明距离调节伺服电动机、
右侧动态弯道灯伺服电动机

A27—右侧 LED 大灯模块化电源；J519—车载电网控制单元；J668—右侧大灯电源模块；
J861—右侧日间行车灯和驻车示宽灯控制单元；L177—日间行车灯和驻车示宽灯右侧光电管模体；MX2—右前大灯；
M7—右前转向信号灯灯泡；M31—右侧近光灯灯泡；M32—右侧远光灯灯泡；T14ad—14 芯插头连接，黑色；
T46b—46 芯插头连接，黑色；V49—右侧大灯照明距离调节伺服电动机；V319—右侧动态弯道灯伺服电动机；
129—接地连接，在双喇叭导线束中；176—接地连接，在右侧大灯导线束中；
745—右纵右梁上的接地点；D125—连接 23，在发动机舱导线束中